사교육비 안 들이고 자녀공부 목표를 성취하다

3부자
같은 길을 걷다

3부자 세무사의 한국세무사고시회 입성수기

합편을 출간하며 드리는 말씀

저는 저의 자녀 영어교육에 대한 체험수기 『사교육비 안 들이고 자녀 영어 회화 공부 성공하기』를 2006. 8. 25. 출판 **[제1부] [제2부] [제3부]** 하여 출판한 지 40여 일 만에 불가분의 사정으로 절판하였습니다. 그리고 절판 이후, 아이들은 대학생활을 거쳐 자신들의 목표였던 세무사 고시(考試)에 모두 합격 **[제4부]** 하고 지금에 이르렀습니다. 그래서 뒤늦게라도 본인과 아이들이 겪었던 내용을 발췌·보완하고, 순서대로 정리하여 **사교육비 안 들이고 목표를 성취한 '3부자 같은 길을 걷다'**를 적어 출간하게 되었습니다.

출간에 즈음하여 주위를 돌아보면, 이제 우리 사회는 과학, 문명의 급속한 발달로 어느 한 분야도 빠짐없이 모든 방면에서 지식과 경험이 있어야 적응할 수 있는 선진국 사회로 정착되었음을 알 수 있습니다.

그러므로 우리 사회에서 자녀들을 적정한 사회의 구성원으로 성장시키기 위해서는 어릴 때부터 조기 교육하시는 것이 효과가 있지 않을까 생각합니다. 그렇지만 조기 교육은 큰 비용 문제가 발생하므로 모든 학과목을 전부 조기교육 시키실 필요는 없으시고, 한 과목만 선택해야 하는데 모든 학과목이 다 중요하지만 그래도, 앞으로 진학이나 취업에 **감초**처럼 들어가는 영어를 선택하시는 것이 여러모로 유리하지 않을까 생각합니다.

왜냐하면, 영어는 단기간에 혼자서 습득하기가 어렵기 때문에 누군가가 아이들 옆에서 협조하시는 분이 있어야 그나마 수월하게 터득이 가능한 학과목이기 때문입니다.

그리고 요즘은 초·중·고등학교의 영어 교과서가 모든 면에서 영어 공부하기에 적절하게 편찬되어 있으므로 어릴 때부터 가정에서 엄마, 아빠께서 저자 부부처럼 아이를 조기교육을 시키시기에 참으로 좋은 조건을 갖춘 **영어학습 지도서**라고 생각됩니다.

이렇게 영어를 조기 교육하시게 되면 자녀가 영어에 대한 거부감이 줄어들고, 오히려 친근감이 생겨 영어 점수가 좋게 나오고, 또, 공부에 대한 여유와 자신감이 붙어 다른 과목도 잘하게 되므로 공부 잘하는 아이가 될 확률이 높아지기 때문입니다.

그리고 이러한 목표를 세우셨다면 자녀가 초·중·고·대학교를 거쳐 자녀의 목표에 도달할 때까지 부모님께서는 자녀와 함께 끊임없이 끈기있게 노력하시고 행동하셔야 한다고 생각합니다.

모든 부모님께서 각각의 목표나 처해 계신 환경이 다르기 때문에 제가 뭐라고 단정적으로 말씀드릴 수는 없지만 넉넉지 못한 생활에서도 저와 아내가 합심하여 자녀를 사교육비 안 들이고 집에서 조기 교육했던 행동과 방법, 그리고 Y 대학교 입학 후, 두 아이가 모두 세무사 고시(考試)에 합격한 체험수기를 참고하시어 조금이라도 도움이 되셨으면 하는 바람입니다.

끝으로, 이 책에 나오는 인물의 이름은 가명을 사용했으며, 실명은 [제3부] 표지에 참고자료로 인쇄된 약사면허증(1부)과 세무사 자격증(3부)의 사람이 저의 가족이며, 실제 인물입니다. 이 책에서 인용되신 인물은 [제4부] 끝 부분에 참고자료로 소개하였습니다.

그리고 이 책의 출간을 승낙해 주신 가족에 감사드리며, 출간을 위하여 힘써 주신 모든 분께 머리 숙여 진심으로 감사드립니다.

2023. 07. 10. 저자 김종근

드리는 말씀(2006년)

최근 들어 신문이나 방송 등 매스컴에서는 부쩍이나 공교육이 부실하다면서 이에 따른 사교육비의 증가에 관하여 기사나 보도를 많이 하고 있습니다.

또 교육부에서 사교육비 절감 방법에 대하여 여러 가지로 연구하고 있다고는 하지만, 특별한 방법을 찾지 못하고 있는 듯하며 실로 어쩌다 교육부에서 공교육의 질을 향상하겠다고 내놓는 방법조차도 공교육이라는 특성 때문에 그 한계에 부딪혀 부모님들을 만족시킬 수 없는 것은 어쩔 수 없는 현실입니다. 그러나 부모들의 입장에서는 내 자식을 좀 더 좋은 대학, 좀 더 좋은 직장에 보내려 하시는 마음은 누구도 같기 때문에, 모든 수단과 방법을 동원하여 애써보려 하시는 것 또한 현실입니다.

사실, 내 자식이 장래에 어느 정도는 부모님이 바라는 위치에 자리를 잡아야 부모로서는 안심입니다. 그리고 부모로서도 그것이 최고의 바람일 것입니다. 모든 부모님들이 그런 생각을 하고 계시니 부모님들의 희망을 성취할 수 있는 가장 확실한 투자 방법은 자식에게 공부를 시키시는 것이며, 공부 중에 가장 어렵고 공부하는 시간도 오래 걸려, 사교육비가 많이 드는 것이 영어 공부인데, 이렇게 영어 공부를 하는데 지출되는 사교육비를 줄일 방법은 이제까지는 뾰족한 수가 없다고 봐도 과언이 아닙니다.

국내 현실을 볼 때, 대학 입시경쟁은 치열하고, 취업은 어렵고, 국내 밖으로 눈을 돌리면 모든 선진 문화는 일차적으로 영어를 통하지 않고는 접근하기 어렵고, 영어를 알아야 해외에 나가서 좀 더 나은 여러 가지 새로운 환경을 접해보는데, 영어 한두 마디 한다고 해보았자 고작 관광 여행용, 즉 소비용 영어 실력밖에는 안 되니 이런 실력으로 해외 어디를 가서 책임 있는 일이나 돈 버는 일을 할 수 있겠느냐는 것입니다.

그러면 우리나라가 세계 제일의 국가가 되어 우리 한글이 세계어로써 통용되면 되지 않겠느냐 하지만, 아직 현실적으로 어려운 일이며, 영어라는 언어의 속성을 조금만 이해하고 보면 영어가 언어로써, 보통 학문이나 예체능 분야보다도 특히, 과학 분야에서의 다양한 활용성 면에서 특성이 있기 때문에 몇십 년 내에 쉽게 그 위치가 약해질 것 같지는 않습니다. 이러한 이유 때문에, 현실적으로 소위 이름있는 대학에서는 대학 교육과정에서도 많은 수업 과목이 영어 원서로 된 교과서를 배우고 있으며, 수업과목 전체가 직접 영어를 사용하면서, 수업을 진행하는 강의가 점점 늘고 있는 실정입니다.

이토록 영어가 언어로써의 유리한 특성 때문에 세계어로 자리를 차지하게 되었고, 우리는 우리 한글의 우수성과 독창성을 소중히 간직하고 사용하면서, 좋든 싫든 세계 속에 어깨를 나란히 하기 위하여 또, 잘 살기 위한 생활의 수단으로, 시간도 오래 걸리고 속상한 일이지만, 영어라는 언어를 한 가지 더 배워 두는 것이 좋겠다고 생각합니다.

더구나 최근 알려진 소위 일류 10대 대학의 입시 내용을 보면 가까운 장래에 수능고사도 대입자격 기준 정도로 전락하고, 논술과 면접을 중요시하여 입학생을 뽑는다 하면서, 논술에서 영어지문을 제시하고 이에 해당하는 논술고사를 볼 것으로 예상됩니다. 그러면서 면접에서도 영어 회화의 능력을 테스트하는 방법을 채택하지 않을 것이라는 확신이 없는 상태입니다. 따라서 제 생각으로는 면접에서도 영어 회화를 테스트하는 과정이 도입될 것으로 생각됩니다.

여기서 좀 더 비약해서 생각해보면, 영어 회화 테스트하는 사람이 한국인이 아니고 갈색 머리의 서양인 교수가 할 수도 있습니다. 사실 영어 회화 테스트는 서양인이 해야 옳은 것입니다. 왜냐하면, 이미 우리나라는 세계 속에 한국이 되어 있고, 많은 우리 젊은 인재들이 이 지구를 차지하기 위하여 세계로, 세계로 뻗어가고 있기 때문입니다.

세계로, 그리고 초선진국으로 뻗다 보면 서양인들과 접촉하는 것은 필연적이고 그들과 의사소통이 되려면 영어 회화는 너무나 중요한 위치를 차지하고 있음을 알 수 있습니다. 그래서 우리나라의 중학교 이상 공교육에 영어가 필수로 들어가는 것이고, 최근 초등학교의 현실은 3학년(앞으로 1~2학년으로 낮출 가능성 있음) 때부터 1주일에 한두 시간씩 영어 시간을 배정하고 있어 어릴 때부터 영어를 배우도록 하고 있습니다.

또 앞에서 말씀드린 이러한 여러 가지 이유 때문에 영어는 대학 입시뿐만 아니라 자격고시 시험 또는 취업시험에 필수적으로 영어 실력을 테스트하고 있다고 보아야 할 것입니다.

여기서 꼭 하고 싶은 말은 우리가 세계 속에서 앞장서기 위해 영어 실력을 향상하는 일과 우리 한글을 사랑하는 마음과는 좀 다른 차원에서 생각해 주십사 하는 것입니다. 현실적으로 생각해 볼 때 좀 인기 있다는 직업은 모두 영어에 능통하지 않으면 안 되고, 그렇지 않은 직업도 그중에서 영어를 잘하면 승진은 물론 대우도 잘 받게 되는 것 또한 사실입니다. 이런 현실은 직장에서도 사업에서도 영어의 실력이 업무를 성취하는 데 꼭 필요하기 때문인 것입니다.

굳이 애써 영어의 필요성에 대하여 부인해 보려 합니다만, 어쩐 일인지 사회 지도층이라든지, 중산층 또는 배운 사람들이 먼저 서

둘러 자식들의 영어 공부에 열을 올리고 있는 것을 보더라도 틀림 없는 것 같습니다. 요즘 유행하는 기러기 아빠, 펭귄 아빠가 그 좋은 예요, 한 해 십여 조억 원의 사교육비가 지출된다던데 그 지출 순위 중 제1순위가 영어 교육일 것입니다. 이렇게 엄청난 돈이 사교육비로 지출되고 있는 실정인데 부모가 재산이 많아, 자녀 교육비에 많은 돈을 투자해서 이것저것 지출해가며 가르치는 수준의 집안에서는 사교육비의 부담이 별것 아니라고 생각하실지 모르겠으나, 대부분 부모님께서는 자녀들의 과다한 사교육비에 부담을 느끼지 않을 수 없는 것이 현실입니다.

여기서 부모가 재산이 많아 영어 교육을 제대로 받을 수 있는 아이와 그렇지 못한 아이들에게 앞으로 다가올 장래에 대하여 잠깐 생각해보겠습니다. 이 경우, 두말할 필요도 없이 영어 공부를 잘 받은 아이가 유리하게 사회에 진출할 수 있는 기회가 많을 것입니다. 이렇게 된다면 가정 형편이 넉넉지 못하다는 이유로 아이가 공부해야 할 나이에 충분히 영어교육을 받을 수 없어, 공부할 노력도 해볼 기회도 없이 영어교육을 잘 받은 아이들에게 모든 면에서 순위가 밀리게 될 것입니다.

앞서 말씀드린 대로 부유층의 자녀는 사교육비를 투자해서 자녀들에게 영어 공부를 충분히 시키는데, 그렇지 못한 부모님은 돈을 벌어서 영어 공부를 시켜야지, 시켜야지 하며 차일피일 미루다가 아이들이 공부하기 좋은 나이를 놓쳐버리기 쉽기 때문입니다. 그러면 아무리 재능이 뛰어난 아이일지라도, 한번 놓친 기회를 회복하기란 그리 쉬운 것은 아닙니다.

이런 상태가 계속 유지된다면 교육마저도 부유층의 아이들이 앞서 나가게 되기 때문에 그렇지 못한 아이들은 성장하여 신분 상승을 노릴 기회마저도 점점 희박해질 수밖에 없습니다. 왜냐하면, 영어 공부는 앞으로 점점 더 중고등학교는 물론 대학 입시에서도 꼭 필요할 것이고, 그보다 더 중요한 것은 대학 시절과 취업 후의 직장 생활에서 중요한 위치에 오르려면 절대적으로 필요한 것이기 때문입니다.

이런 이유 때문에, 많은 부모님들께서 공교육이 정상화되어 영어 공부를 부유층 아이나 그렇지 못한 아이에게 골고루 잘 시키기를 원하고 있지만, 적어도 현실은 짧은 세월 안에 공교육이 이런 부분을 해결할 것이라고 기대하기는 어려울 것으로 보입니다. 생각해보면 다른 학과목은 그래도 독학이 가능합니다.

그러나 영어 공부 만큼은 독학이 어렵습니다.

돌이켜보건데, 영어 공부를 중학생이 되어 처음 배우던 옛날 같은 시절, 다시 말씀드리면 독해력과 영어 문법 정도만 눈과 암기력으로 잘 터득하면 무난했던 시절에는 혹시 학생 스스로 독학해서 따라갈 수 있을지도 모릅니다. 그러나 지금은 시대가 변하여 영어 회화를 포함해서 영어의 모든 것을 요구하는 시대로 변하고 있습니다. 이 때문에 어쩔 수 없이 초등학교 저학년 때부터 영어 공부의 열풍이 불고 있는 시대입니다.

그런데 문제는 이렇게 어린 나이의 아이에게 영어를 가르쳐 주려면 어린이는 스스로 공부할 능력이 부족하기 때문에, 반드시 누군가가 영어를 자세히 가르쳐 주어야 영어를 습득할 수 있다는 사실입니다. 이런 이유 때문에 부유층에서는 해외 조기유학을 보내거나 영어 고액 과외가 성행하고 있고, 따라서 엄청난 사교육비를 쓰고 있는 것이 현실입니다.

잘 아시다시피 공부란, 앞서가는 사람을 따라잡기가 쉬운 일이 아닙니다. 그러니 우리 아이도 영어 공부를 시켜야겠는데 공교육이 잘해주면 좋으련만 이것을 기대하기는 어렵고, 부유층 자녀들은 영어 공부 때문에 이리 뛰고 저리 뛰고 하는 것 같은데, 내 소득으로는 감당하기 어렵고, 영어 사교육비만 줄일 수 있다면, 앞으로 우리 가정도 좀 넉넉해질 텐데 사교육비를 안 쓸 수도 없고, 어쨌든 부모님의 고민은 많으시리라 생각됩니다.

그러면, 말만 들어도 가슴이 덜컹 내려앉는 사교육비를 거의 지출하지 않고서도 자녀들이 장래에 부모님의 기대에 충족시켜 줄 아이로 성장할 수 있도록 교육할 방법은 없는가? 언제까지 공교육 타령만 하고 있을 수도 없는 것이 현실이고 남들은 자녀를 해외 조기유학 보낸다, 영어 과외를 시킨다, 법석인데 나도 없는 돈을 쥐어짜 이짓을 덩달아 해야 하는가, 기러기 아빠, 펭귄 아빠가 되어야 하나, 돈 안 들이고 아이를 영어 공부 잘하도록 할 수 있는 방법은 없는가 하는 의문과 함께 아이들에게 영어 공부를 가르칠 새로운 방법은 없는가 하는 의문과 더불어 별의별 생각이 다 드실 것입니다.

그리고 우리 아이가 영어 공부만 잘할 수 있다면, 어떤 고달픈 일도 기꺼이 맡아 하실 생각으로 아이의 장래를 걱정하고 계실 것입니다. 사실 이런 현실은 자녀를 둔 부모님께서는 누구나 겪는 커다란 고민거리라고 생각합니다.

그렇다면 한번 생각해봅시다. 만약에 우리 아이가 실제로 초·중·고등학교 시절에 스스로 공부한 결과로 영어 회화도 잘하면서, 영어 실력이 뛰어나서 어떤 영어 시험에도 모두 맞출 수 있는 실력이 된다면 어떤 변화가 일어나겠습니까? 이렇게 된다면 우선 조기유학이나 과다한 영어 사교육비가 지출되지 않아도 된다고 생각합니다.

왜냐하면, 학교 공부나 대학 입시 시험을 위한 공부에서 영어를 제외한 나머지 과목은 독학이 가능한 과목일 뿐만 아니라, 설령 과외 공부를 시킨다 해도 사교육비의 비중은 미미하기 때문입니다. 그리고 또, 영어 공부를 잘하게 된다면 아이는 학교 공부에 자신감이 있어 다른 공부도 잘하게 될 것이기 때문입니다. 그러면 어떻게 돈 안 들이고 아이들에게 영어를 잘하게 할 수 있는 방법이 있을까요? 영어 공부를 위해 값비싼 사설 학원에 가지 않고, 외국에 영어 공부하러 비싼 돈을 들여가며 조기 유학을 하지 않고, 그 많은 영어 과외 사교육비를 지출하지 않고서도 학교의 모든 영어 시험과 입시의 영어 시험에 자신 있게 시험 문제를 모두 맞출 수 있도록 영어 실력을 쌓을 방법이 있느냐는 것입니다.

더불어 영어 회화까지 잘해서 원어민에게 우리나라 말처럼 자신의 의견을 모두 전달할 수 있고, 영어방송이나 영어로 말하는 영화를 보고 그 내용을 정확히 파악할 수 있느냐는 것입니다. 또, 세계화 시대에 걸맞게 아이들이 성장한 후, 다양한 자신들의 직업에서 충분히 영어를 구사할 수 있는 지식인으로서의 면모를 갖추어 세계를 누비며 세계화 시대에 앞서 나갈 수 있느냐는 것입니다. 저자는 이렇게 말하겠습니다.

"할 수 있습니다."

그러면 어디서 어떻게 등 의문이 꼬리를 물고 일어날 수 있겠습니다. 어디서? 가정에서. 어떻게? 누가 가르치는데? 부모님이 직접 가르치면 됩니다. 부모가 영어를 잘해야 할 텐데요? 그렇지 않습니다. 부모가 저자와 같이 영어를 잘하지 않아도 됩니다. 부모가 대학을 졸업하신 분이면 좋겠으나 그렇지 않고 고등학교를 졸업하셨더라도 영어에 조금만 관심이 있으신 분이면 가능합니다.

언뜻 이해가 되지 않는 말씀입니다만, 영어라고는 지금도 말 한마디 못하는 저자가 저자의 아이 두 명을 초등학교 2학년 때부터 영어 공부를 시켜 앞에서 말씀드린 대로 언어의 기본, 즉 말하기, 듣기, 쓰기, 읽기, 짓기 등을 터득하고 중고등학교 공부는 물론, 대학 입시에서 두 명의 아이를 모두 명문 Y대에 입학시킨 성공한 사례를 말씀드리려 합니다.

말씀드리는 순서는 **제1부** '사교육비 안 들이고 자녀 영어 회화공부 성공하기' 그리고 **제2부**는 '저자 체험에 의한 자녀에게 영어 공부 시키는 방법' **제3부**는 '자녀의 교육과 저자의 생각들'의 편으로 나누어 말씀드려보겠습니다.

모름지기 이런 종류의 체험수기는, 책을 한 번 읽고 덮어두지 마시고 여러 번 읽으셔야 한다고 생각합니다. 두 번 읽을 때와 세 번, 네 번 읽었을 때 느끼시는 각오가 각각 다르기 때문입니다. 부디, 이 책을 부모님께서 틈나는 대로 꺼내어 여러 번 읽어, 경험이 있는 사람의 체험을 느끼면서 그 체험을 내 것으로 만들어, 부모님의 상황에 맞도록 응용하여 실천하셔서 미래의 자녀 공부, 특히 영어 공부를 걱정하시는 부모님들의 좋은 길잡이가 되시길 바라는 마음입니다.

끝으로 이 글을 쓰는 과정에서 당연히 등장하게 되는 저자의 아내와 두 아이가 이 글을 쓰는데 허락해준 점에 감사하게 생각합니다.

2006년 7월 2일

저자 김종근

목차

제3부 자녀의 교육과 저자의 생각들

제4부   엄마, 고맙습니다, 그리고 영원히 사랑합니다

제 1 부
사교육비 안 들이고
자녀 영어 회화 공부 성공하기

아이가 서울 88올림픽 다음해에 서울을 방문한
캐나다인 부부 배낭 여행객에게 길을 안내하는 모습

1. 자녀 교육은 신혼 초부터 계획을 세운다

"저더러 맞벌이하라 하면 결혼 안 할래요."

29년이 지난 지금에서도 생생하게 저의 귓가에 들려옵니다. 그토록 예쁘고 상냥하고 귀여운 그 입에서 어쩌면 남같이 토라지듯 던지는 그 말이 그렇게도 차가울 수가 있을까요?

사실 저는 이 처녀와 결혼 후에 아내와 함께 맞벌이하게 되면 가정 경제에 큰 도움이 될 수 있을 것이라는 생각이 없는 것은 아니었습니다.

그러나 순간, 얼떨결에 대답한다는 저의 말이 "인숙 씨! 제가 언제 맞벌이하면 좋겠다고 말씀을 드린 적이 있습니까? 저는 앞으로 절대로 그런 말을 안 합니다. 저는 인숙 씨가 맞벌이할 수 있는 분이라는 이유 때문에 좋아하는 것이 아닙니다. 정말 인숙 씨의 상냥함과 교양 때문에 따라다니는 것입니다."

제가 이렇게 말을 해도 그녀는 잘 믿어지지 않았던 모양입니다.

"정말이에요? 저는 맞벌이는 정말 못합니다. 저를 약사라고 생각하지 마세요. 저를 평범한 어느 처녀라고 생각하세요."

"네, 저는 어느 경우에도 제가 벌어서 가정을 꾸려 나가겠습니다. 약속하겠습니다."

그리고 계속 이어서 말을 했습니다.

"사실 부부가 맞벌이를 하게 되면 어느 정도 경제적인 득은 있겠으나, 가정의 중요한 어느 부분은 잃어버릴 것입니다. 저는 경제적인 득보다는 가정의 중요함을 택하겠습니다."

제가 이렇게 힘주어 말하자 그녀는 조용히 듣고 있었습니다. 이런 말이 오간 뒤, 우리는 더욱 가까워질 수 있었고, 저에 대한 믿음을 확인한 아내는 저에게 그녀 자신을 맡길 수 있었을 것입니다.

돌이켜 생각하면 저의 부부는 29년 전, 장모님과 저의 형수님의 주선으로 만났습니다. 그분들의 도움으로 처음 선을 보았을 때, 저는 공무원이었습니다. 그러나 그녀는 약사라는 보증서가 있었고 모습이나 품행이 깔끔하여 누가 보아도 저에게는 과분해 보였습니다. 첫 만남에서부터 그녀는 애교 있고 상냥하였지만, 도도한 편이었고, 소신 있는 당당한 태도는, 항상 교양 있는 행동으로 마무리 지었습니다. 그리고 상대의 허를 찌르는 듯한 개성 있는 언행이 언뜻 교만하게까지 보였습니다만, 저는 티 없이 맑고 순박한 이 꿈 많은 처녀의 그런 점이 좋았습니다. 그리고 결코 그녀를 위하는 것이라면 어떠한 어려움도 헤쳐나갈 수 있는 용기가 생겼습니다.

처음 만나 3개월 정도가 지난 후에 저는 이 처녀에게 인천 월미도 해안가에서 결혼을 청하였고, 이때 결혼 조건이 또 하나 더 추가되었습니다. 결혼식은 반드시 교회에서 하는 약속이었습니다. 저는 이때까지 종교를 갖지 않았기 때문에 교회에서 결혼식 하는 일은 전혀 생각 밖이었습니다. 그러나 결혼하고 싶은 마음에 이 두 가지 약속을 기꺼이 수락하였습니다.

이렇게 저의 아내는 저에게 절대로 맞벌이를 하지 않는다는 약속과 교회에서 결혼식을 올리는 약속을 다짐받은 뒤에야 결혼을 승낙했습니다. 그 뒤 곧바로 저희 부부는 약혼식에 이어 교회에서 결혼식을 올리고 결혼생활을 시작하였습니다.

그리고 현재까지 저의 아내는 맞벌이에 대한 미련도 전혀 갖지 않았고, 서로 이에 관한 얘기는 한 번도 하지 않았습니다. 아내는 그저 보통 주부로서 평범한 봉급 생활자의 아내로서 우리 사이에 생긴 두 아이를 돌보며 교육에 전념하였습니다. 친척들 모임에 가면 간혹 윗동서께서 생활도 넉넉지 못한데 왜 아까운 면허증을 썩히느냐고 반문하며 좀 바보스럽다는 듯이 묻지만, 저의 대답은 그저 한 가지뿐이었습니다.

"돈 좀 버는 것보다 엄마 손에 자라는 아이들 교육이 더 중요하지 않을까요? 지금은 당장 손해 보는 듯해도 부모 뜻대로 아이들이 잘 자라준다면 먼 훗날 그것이 훨씬 득이 될 것 같습니다."

지금부터 29년 전, 당시 저의 이런 말은 어떤 소신이 있어서 말하였다기보다 경제적으로 어려운 중에서도 아내와의 처음 약속을 지키려는 저의 절규에 가까운 대답이었습니다. 동기야 어쨌든 그 후에도 저희 부부는 맞벌이를 해보라는 주위의 어떠한 권유도 받아들이지 않았으며, 아내는 자신의 경험과 투지와 정성을 두 아이를 위해 전념하였습니다.

사실 저는 어느 가정교사도 어느 학원 선생님도 자식들의 어머니보다 훌륭할 수 없다고 생각합니다. 제가 퇴근하면 항시 아내가 반갑게 미소를 지으며 손을 꼭 잡고 맞이하여 주었고, 공부하고 있는 아이들이 함께 방에 있었으며, 정성스레 차린 저녁 식사가 기다리고 있었습니다. 사랑이 가득 담긴 저녁 식사의 가족모임은 생에 대한 감사와 보람을 느끼게 하고, 아내의 가족 사랑이 행복이란 것을 알게 해 줍니다.

저에게 아내는 평강공주였습니다. 하지만 저는 속은 비어있으면서 겉모양은 돌처럼 딱딱하게 굳어있는 멍게 같은 사람이었습니다. 게다가 저는 총각 시절, 술을 잘 마시는 편이었고, 담배도 잘 피우는 편이었습니다. 그러한 습관을 고치라는 여러 번 반복되는 아내의 간곡한 권유로 신혼 초에 드디어 그 어렵다던 술과 담배를 끊게 되었습니다. 저의 마음이 바뀌기 시작한 것입니다.

이렇게 술을 먹지 않게 되자 친구와 어울려 늦게 집에 오는 습관도 결혼 후 없어졌습니다. 장가간 후로 '인간 변했다'는 친구들의 조롱 소리를 귓전에 내던지고 퇴근 시간이 되면, 저를 기다리는 아내와 아이들을 생각하면서 곧바로 집에 왔고, 퇴근 시간 이후에는 어떠한 약속도 하지 않았습니다. 그리고 아내는 제가 공무원이라는 신분에 있는 사람인 만큼 이웃이나 주위의 모든 사람들에게 늘 겸손하게 행동을 조심하는 것 같았습니다.

"여보, 당신 절대로 부정한 짓은 하지 마세요. 우리가 살다가 경제적으로 너무 어려워지면 저도 나가서 돈을 벌지요. 정말 부정한 짓은 하지 마세요. 저를 실망시키는 행동도요. 어린 자식에게 모범이 되세요. 애들이 자라서도 우리 아빠가 정직하고 떳떳한 자랑스러운 아빠라는 소리를 듣도록 하세요. 어렵게 살아도 저는 좋아요. 지금 이 순간, 순간이 너무 행복해요."

그러면서 처녀 시절 어느 책에서 감명 깊게 읽었다는 이야기를 저에게 해 주었습니다. 이야기 내용은 이렇습니다.

동네 아주머니들이 여러 명이 모였습니다. 그들은 어느 때나 다름없이 서로 자기 자랑을 하고 있었습니다. 한 여인이 말했습니다.

"나는 며칠 전에 우리 남편이 고급 옷을 사 주었어. 이 옷이 얼마인 줄 알아? 자그마치 백만 원이 넘는 옷이야. 어때 예쁘지?"

그러자 또 한 여인이 말을 이었습니다.

"나는 우리 남편이 여행을 다녀오면서 사파이어 목걸이를 사오셨어. 이 광채가 어찌 빛나는지 황홀해. 어때, 눈부시잖아?"

또 이 여인에게 질세라 한 여인이 나서서 말했습니다.

"나는 엊그제 남편과 함께 보석상에 가서 칠보 팔찌와 다이아 반지를 샀어. 너무 좋아서 어제저녁엔 팔찌와 반지를 끼고 잠을 잤지. 자, 이것 좀 봐. 이렇게 반짝이니 최고의 보석이잖아. 어때, 아름답지?"

이렇게 저마다 자신들의 보석을 자랑하였습니다. 서로 한참 동안 큰소리로 웃고, 뽐내고 나자 여인들은 아까부터 말 한마디 못하고 저만치 서 있는 한 여인을 보았습니다.

한 여인이 물었습니다.

"아니, 아까부터 말 한마디 안 하고 계신데, 아줌마는 뭐 좀, 자랑할 것이 하나도 없어요?"

그러자 그 여인이 대답하였습니다.

"있지요."

여인들은 눈이 휘둥그레졌습니다. 모습도 초라해 보이고, 별로 자랑할 것도 없어 보이는데 여태껏 값비싼 보석들을 가지고 수다를 떨던 자기들의 말끝에, 무슨 굉장한 보석이길래 우리 앞에서 보석이 있다고 할까? 궁금하기 짝이 없었습니다.

"글쎄 보석이 뭐예요. 우리에게 보여줄 수 있어요?"

"보여 드리지요."

"잠시 집에 가서 보석을 가져오겠습니다."

여인들은 더욱더 궁금했습니다. 얼마나 좋은 보석이길래 집에다 숨겨두고 있을까? 여인들은 이 세상에 제일 좋은 보석을 '이제 보는구나.' 하고 기다렸습니다. 곧바로 여인이 도착하였습니다. 여인의 양손에는 두 아이가 손을 꼭 붙잡고 있었습니다.

한 여인이 물었습니다.

"그 귀한 보석을 좀 보여주세요."

여인이 대답하였습니다.

"지금 보고 계시지 않습니까? 저의 보석은 이 두 아이입니다. 세상에 가장 아름답고 귀한 보석이지요."

그러면서 여인은 두 아이의 머리를 쓰다듬고 있었습니다. 여인들은 이 말을 듣는 순간 가슴이 뭉클함을 느꼈습니다. 그리고 자신들의 허황됨을 깨닫게 되었습니다.

저의 아내는 이런 이야기를 저에게 해주었습니다. 그리고 말을 덧붙였습니다.

"저도 우리 두 아이가 저에겐 가장 귀한 보석이에요."

이런 글을 읽고 나서 아내도 결혼 후, 자식을 낳으면 자식들을 보석처럼 갈고 닦아 훌륭한 보석을 만들려고 마음을 가졌는지 모르겠습니다.

어쨌든 이 이야기를 듣는 순간, 저는 아내의 말과 행동에 감동을 받았고 아내가 자신이 직업을 갖는 즐거움을 포기하고 엄마의 역할에 충실해 보려는 굳은 의지를 비로소 깨달을 수가 있었습니다. 그리고 아내가 저에게 지금까지 일관성 있게 누구에게도 부끄럽지 않고, 성실하고 정직하게 살자고 말해온 내용이 무엇인지도 알 수 있을 것 같았습니다.

그날, 저는 밤늦게 남아 잠자고 있는 아내를 바라보면서 홀로 많은 눈물을 흘렸습니다. 그리고 이 성스럽고 사랑스러운 아내의 꿈이 이루어질 수 있도록 내 일생을 바칠 각오를 했습니다.

요즈음 같으면 지금 말씀드린 여인들의 보석 이외에 여인들의 자랑거리는 아파트, 골프 회원권, 승용차, 고급가구, 골프채, 유명 핸드백, 고급 옷, 남편의 지위, 학벌, 땅, 성형수술, 주식 등 숱하게 많이 있을 것입니다. 그러나 저는 이런 것들이 그리 중요하다고 생각되지 않습니다. 살다 보면 여유가 조금 있어 이런 것들을 장만하면 없는 것보다 있는 것이 더 나을 수도 있을 것입니다. 그러나 저는 이런 것들은 우리 삶에서 중요한 우선순위를 차지하지는 않는다고 생각합니다. 아마도 가장 중요한 우선순위는 자식들의 미래일 것이라고 생각합니다.

저는 이 이야기가 오간 후, 저의 두 아이가 커가는 모습과 장래 문제 그리고 교육 문제들을 아내와 긴밀히 상의하게 되었고, 우리 부부의 실정에 맞는 새로운 아이디어를 생각해내며 아내의 생각과 행동을 적극적으로 도왔습니다. 그러는 과정에서 우리 부부는 서로를 이해하고 대화도 많아졌습니다. 이렇게 우리 부부가 대화를 하면서 마음을 합하고 서로를 격려하는 행동 하나하나가 곧 사랑이었고, 이러한 일들은 아이들에게 있는 모습 그대로 전달되었습니다.

자식을 어떻게 교육할까? 장래 10년 후, 20년 후, 그리고 30년 후 어떤 모습으로 아이를 가꾸어 나갈까? 이것은 참으로 중요한 부모의 선택이며, 부모가 어릴 때부터 어떻게 아이를 가꾸느냐에 따라 그 아이는 물론 부모들의 장래도 희비가 엇갈린다고 생각됩니다.

우리 속담에 "세 살 버릇 여든 간다."라는 말이 있습니다. 아주 쉬운 듯한 말이지만, 무척 심사숙고해서 새겨들어야 할 속담이라고 생각됩니다. 그리고 이 속담의 뜻은 적어도 자식들은 세 살부터 부모님들의 보이지 않는 노력이 필요하다는 뜻일 것입니다.

사실, 세 살에 어느 교육기관에 아이를 맡기겠습니까? 설령 맡긴다 한들 아이를 맡은 그 사람이 아무렴 부모와 같겠습니까? 아이를 위하여 부모님들처럼 지성으로 돌보겠습니까? 이 글을 읽는 독자께서 남의 아이를 맡은 사람이라면 내 아이도 아닌데 과연 정성으로 아이를 위하여 혼신의 힘을 기울이겠습니까? 기대하기가 어려울 것입니다. 바로 그런 마음을 저는 말씀드리고 싶습니다.

즉, 어떤 선생님도 부모님보다는 못하다고 생각됩니다. 물론 아이들이 자라서 새로운 학문에 접할 때라면, 그때는 아이들이 부모 밑에서 착하고 고운 인성을 갖춘 뒤, 지식을 향해 걸어가는 과정에서 부모님보다는 각 분야에 실력을 갖춘 선생님들이 필요할 것입니다.

그러나 세 살부터 열서너 살 정도까지는 아이들에게 성격과 인성이 갖추어지는 나이이므로 부모님의 특별한 관심이 필요할 것입니다. 그리고 부모님들은 자신의 아이를 세 살부터 열서너 살 정도까지는 아이의 능력을 계속 관찰해가면서 그 후에, 내 아이의 장래에 대한 희망을 부모님께서 결정하시는 것이 좋다고 생각합니다.

만약에 그렇지 못한 부모님이시라면 아이들에 대한 부모님의 희망은 문자 그대로 희망 사항에 지나지 않을 것이라고 생각합니다. 왜냐하면, 부모님께서 아이들이 자라나는 과정에서 계속해서 관찰하며 돌보지 않은 상태에서는 그 아이의 속내에 있는 성격, 인성, 관심, 소질 또는 지적 능력을 정확히 파악했다고 보기 어렵기 때문입니다.

만약 이렇게 부모님께서 아이들에게 관심이 부족하면서 내가 부모이니까 아이에 대하여는 누구보다도 잘 안다고 자만하신다면, 그것은 부모님께서 요즈음 자라나는 아이들을 잘 이해하신 것이 아니고, 오히려 어느 한쪽으로 치우치는 편견을 갖고 계신 것이라고 생각됩니다. 어쨌든, 아이의 성장 과정에서 잘 자라느냐 그렇지 못하느냐 하는 것은 오로지 부모님의 애정 어린 관심과 손길에 달렸다고 보입니다.

등산하다 보면 산에 멋지고 곧은 나무들이 많이 있습니다. 아니, 이런 나무들이 아니더라도 다른 어떤 나무도 좋습니다. 즉, 이렇듯 잘 자란 나무들도 처음 어릴 때는 고사리같이 힘이 없어 손으로 꺾으면 그냥 부스러질 정도의 보잘것없는 어린나무였습니다. 그러나 어릴 때부터 잘 보살펴 주었기 때문에 수십 년이 지난 후 훌륭한 거목으로 성장했음을 알 수 있습니다.

우리 아이들도 마찬가지라고 생각합니다. 즉, 부모가 아이를 어릴 때부터 어떻게 키워나가야 하느냐에 달려있다고 봅니다. 그래서 이런 점을 이미 알고 있는 저의 아내가 대학 시절 어렵게 취득한 면허증을 돌돌 말아 장농 안에 구겨 넣고 기꺼이 전업 주부의 길을 택했던 이유가 바로 여기에 있었던 것이라고 생각합니다.

아내가 자기 자신을 생각한다면 당연히 직업을 가져야 했을 것입니다. 그러나 아내는 자식이라는 두 보석을 선택한 것입니다. 그리고 기쁜 마음으로 두 보석을 갈고 닦는 연마사가 된 것입니다. 전업 주부이며, 두 보석의 연마사로써 30년 가까이 되는 아내 행적을 돌이켜 보면서 가장 가까이서 서로 도우며 지켜보았던 저는 아내의 그 깊은 뜻을 이해할 수 있었습니다.

저는 정치인이나 유명인사, 또는 갑자기 출세했다는 사람들에게 점수를 주는 편이 아닙니다. 왜냐하면, 그들이 그런 위치에 올라올 때까지는 가정에 그만큼 불충실했을 수 있을 것이라는 생각 때문입니다. 그리고 그런 사람들이 자신의 입지가 그렇게 될 수 있기까지는 보이지 않게 뒤에서 희생당하는 아내와 자식들을 생각해 보았기 때문입니다.

여기서 제가 말씀드린 희생의 뜻은 그만큼 가족에게 사랑의 손길이 덜 갔을 것이라는 추측을 의미하며, 그 가족들이 겪었을지 모를, 다시 말씀드리면 겉모습으로는 잘 나타나지 않는 가족들의 내면 심리의 결핍을 말하는 것입니다. 그러니 우리 속담에 "그 집안을 보려면 삼 대를 봐라." 하는 말이 생긴 것이라고 생각합니다.

이런 사람들은 당대에는 아버지 한 사람은 성공했다고 볼 수 있습니다. 또 이 사회는 그렇게 평할 것입니다. 그러나 그 아버지가 성공할 때까지는 자식 교육, 가족 사랑을 소홀히 한 경우가 의외로 많습니다. 그래서 아버지는 그럴듯한 위치에 올랐는데 그 자식들은 아버지보다 못한 처지에 놓인 경우를 우리는 주위에서 흔히 볼 수 있습니다.

이런 분들에 대하여 집안의 사정을 알아보면, 이런 분들은 자신의 입지확보를 위해 자녀들에게 시간을 투자하지 못하고 자신을 위해서만 시간을 썼다든지, 아빠는 바쁘다는 이유로 엄마에게 모든 자녀 교육을 떠맡겼다든지, 공교육의 특성을 잘 알면서도 자식들의 교육을 공교육의 탓으로만 돌린다든지, 또는 돈이 많아서 부모는 빠지고 자녀 교육의 모든 것을 사교육비를 들여 남에게만 의존했다든지 하는 등의 여러 가지 이유 때문에 부모님이 자녀에게 관심을 제대로 기울이지 못하고, 아이들을 교육했어야 할 적절한 시기를 놓친 경우가 많은 집안일 것이라고 생각합니다. 더불어 이러한 현실은 자식의 교육을 소홀히 했던 이런 위치에 있는 부모님들 자신이 더욱 잘 알고 있을 것입니다.

그리고 부모가 아이에게 관심을 소홀히 한 이런 위치에 있는 아이를 잘 살펴보면, 아이들이 이미 많이 자라서 나름의 성격과 고집과 성품을 갖고 있습니다. 그뿐만 아니라 이런 아이들은 공부도 열심히 하지 않았고, 부모님과 대화도 끊겨 있으며, 자신의 장래에 대한 소신도 불투명한 채 방황하는 경우가 많습니다.

또 이미 나이가 들었으므로 부모님들도 어떻게 해보기가 쉽지 않습니다. 또 한편, 이런 상황을 뒤늦게 후회한들 이미 늦어있고 해결책 또한 뾰족한 방법이 없습니다. 그래서 저는 아버지의 출세가 좀 더디다 해도 어릴 때 자녀 교육에 시간을 할애할 필요가 있지 않나 생각합니다.

저는 이런 점을 미리 알고 결혼 초에 아내의 조언에 따라 아이들의 교육에 신경을 쓰면서 특히 영어교육과 대화에 시간을 투자하기 시작했습니다. 그 결과, 지금 두 아이는 최고의 명문 Y 대학교에 다닐 수 있게 되었고, 아이들이 다 성장하였는데도 자유롭게 부모와 의견을 나누고, 자기 자신의 장래 진로를 나름대로 설정하고 노력하고 있음을 볼 수 있습니다.

실로, 이러한 상황은 부모로서 뿌듯하다고 생각합니다. 저는 이 러한, 어찌 보면 소박한 경험을 아이들을 키우는 부모님들께 조금 이나마 도움이 될까 하여 글로 적는 것입니다. 이렇게 저자의 경험 을 글로 적으면서 느끼는 심정은 30년 가까이 지난 지금 생각해도 결혼 당시부터 아내가 사회활동할 수 있는 위치를 포기하고 전업 주부로서 가정생활에 충실해 준 것에 대하여 감사하게 생각하고 있습니다.

이런 일들은 저의 주위에서 저와 비슷한 처지에 있었던 사람들 을 비교해 보면 곧 알 수 있습니다. 대부분, 아내가 결혼 초부터 돈 을 벌기 위하여 직업전선에 뛰어들면, 남편은 덩달아 가족의 부양 책임에서 홀가분해진 듯하여 생활력이 약해져 남편은 별일도 아 닌데 직장을 도중에 그만두고, 아내 일을 돌본다든지 또는 실직한 상태로 있게 되어 별로 바람직하지 못한 쪽으로 방향이 바뀌는 분 들을 많이 보았기 때문입니다.

앞으로 10년 후, 20년 후의 우리 부부의 앞날을 생각하고 미리 저를 의지력이 약한 남편을 만들지 않으려는 아내의 깊은 뜻을 느 껴보면서 아내의 이런 행동이 '현대판 평강공주'라고 저는 생각했 습니다.

2. 어린아이의 인성 교육은 엄마 손에 달려있다

신혼도 잠깐 곧바로 아이가 생기자 남편이 출근한 후 집안에서 아내는 아이를 보살피는 데 전념하였습니다.

젖먹이에서 걸어 다닐 때까지, 걷기 시작하면서부터 말을 배울 때까지, 말을 배우면서부터 경어 쓰기, 올바른 말하기, 올바른 행동하기, 말 배우는 것이 끝나자 예쁜 노래 배우기, 그림책 보기, 한글 읽히기와 쓰기, 예의범절 가르치기, 공작품 만들기, 그림 그리기, TV 어린이 프로 보기, 놀이터에서 뛰어놀기, 클래식 음악 듣기 등 초등학교에 들어가서 뒤지지 않을 만큼 엄마의 따뜻한 사랑으로 매일 매일 열심히 관찰하며 여러 차례 반복해가면서 가르쳤습니다.

특히, 한글 쓰기를 배울 때는 처음에는 네모 칸 노트를 사용하여 초등학교 교과서나 동화책 등을 보고, 있는 그대로 또박또박

예쁘게 쓰도록 시켰습니다. 이렇게 어릴 때부터 한글을 예쁘게 쓰는 습관을 갖도록 시킨 이유는 글씨 공부는 아이가 앞으로 초·중·고등학교에 다닐 때는 물론 논술고사까지도 영향이 미칠 것으로 생각되었고, 그보다도 더 중요한 것은 글씨는 마음의 거울이란 말대로 글씨를 예쁘게 쓰면 아이의 품성도 고와질 것이라고 생각했기 때문입니다. 이런 일을 하는 데는 돈이 많이 드는 것이 아니었습니다. 다만 아내와 저는 시간이 투자되는 것이었고 또 아내와 함께 지내는 이런 시간들은 서로를 이해하고, 서로를 아껴주고, 서로를 협력하는 아름다운 시간들이었습니다.

그러던 중 동생이 태어나고…. 두 녀석이 온 방 안을 어질러 놓아도 정리하고 또 청소하고, 때맞춰 아이들 밥 해주고, 간식 주고, 씻겨주고 아내는 정말 일이 많았을 것입니다. 그리고 주말마다 시부모님께 문안드리는 일도 잊지 않았습니다. 저희 집은 파출부가 없었습니다. 물론 지금도 없습니다. 그래서 저는 퇴근 후면 곧바로 집안일을 도와줍니다. 청소, 빨래, 설거지 등. 그런데 이런 일은 저에게 참으로 재미있고 즐거운 일이었습니다. 마치 어릴 때 동심으로 돌아가 소꿉장난하던 것 같은 기분입니다.

집안일이 100개가 있다고 가정해 봅시다. 이 일은 누군가 집안 식구가 해야 할 일입니다. 이 중에 제가 집안일의 40%를, 그것도 좀 힘든 일을 해준다고 생각해보면, 아내는 60%만 일을 하면 됩니다.

그러면 아내는 시간적 여유가 조금 생깁니다. 이 시간에 아내는 자신의 신앙생활에 시간을 좀 쓸 수 있고, 또 나머지 시간에 아이 돌보기에 시간을 더 많이 쓸 수 있을 것이라고 생각했으며, 시간이 나는 대로 시집 식구나 친정 식구 챙기기에도 시간을 쓸 수 있다고 생각했습니다. 이렇게 신혼 초부터 가사를 분담하여 서로 도와 일을 한 것은 아내를 위한 저의 사랑 때문이었습니다.

생활 형편도 넉넉지 못하여 신혼 초, 25평 아파트 전셋방에서 두 아이를 기르는 일은 아내로서도 쉬운 일이 아니었을 것입니다. 그래서 저희 부부는 아이들에게 초등학교 입학 전까지 교회 유치원에 보낸 것을 제외하고는 그 흔한 학원에 한 번도 보내지 않았습니다.

그 당시에도 미술학원, 속셈학원, 태권도학원, 음악학원 등이 있었는데 그 비용도 만만치 않았기 때문입니다. 이렇게 아내는 어릴 때부터 아이들을 학원에 보내지 않은 대신에 다양하고 좋은 책들을 사서 읽을 수 있도록 훈련을 시켰습니다.

그리고 아이가 초등학교를 다니게 될 때부터는 학교에 갔다 오면 집에서 엄마의 관찰과 보살핌 아래 스스로 학교 숙제를 예습, 복습도 하고 학습지도 풀고, 시간 되면 놀이터에서 친구들과 뛰놀

기도 하였습니다. 그리고 친구들과 뛰노는 아이들 저 멀리에는 항상 엄마가 지켜보고 있었습니다.

아내는 결혼 후에 한두 명을 제외하고는 학교 친구들과도 거의 만나지 않았습니다. 그저 아이들의 같은 반 학부형과 또 교회의 교우 분들과 서로 친분을 갖고 있을 뿐이었습니다. 그리고 가장 친한 친구는 저와 자식들이었습니다. 이렇듯 어린 두 아이를 집에서 교육한다는 것은 종일 바쁜 일과였습니다.

3. 아빠는 앞에서 끌고 엄마는 뒤에서 밀다

큰아이의 초등학교 입학 통지를 받았습니다.

우리 부부는 입학 통지를 받고 얼마나 기뻤는지 모릅니다. 이제, 우리 아이도 학교에 다니게 되었다는 기쁨과 더불어 학교에 입학하기 전까지 어느 정도는 아이에게 가르쳤기 때문입니다.

한글 읽기와 쓰기를 완전히 익히고, 우송되는 매일 학습지와 산수 문제도 많이 풀었으며, 그림책이나 동화책도 수백 권 읽었고, 그림 그리기, 자연 학습지, 노래 부르기, 존댓말 하기, 웃어른께 인사하기 등 나름대로 터득했기 때문입니다.

예상했던 대로 초등학교 입학 후 학교생활은 순탄했습니다.

이 시절 어느 아이도 그렇겠지만 간혹 보는 학교 시험은 거의 만점이었고, 학교를 즐겁게 다니는 아이 모습에 저희 부부는 항상 기쁘고 감사했습니다.

들리는 말에는 초등학교 때 비싼 수업료를 내고 사립학교를 보낸다고 들었습니다. 저희 형편에는 그럴 형편도 되지 못했지만 그럴 필요가 없다고 생각하였습니다.

어릴 때부터 특별하게 사립학교를 보내서 어린아이 마음을 우쭐하게 만든다든지, 아이 자신들이 생각할 때 나는 특별하다고 생각하게 된다면 그 아이는 어릴 때부터 벌써 부모님의 재력에 의지하는 버릇이 생겨, 성장 후에도 본인 스스로 홀로서기를 하기 어렵다는 생각을 했기 때문입니다.

그리고 어릴 때부터 특수한 집안이 아닌 보통의 많은 친구 아이들과 어울려 지내는 습관을 갖는다는 것은 장래에 아이가 성장한 후, 여러 층의 사람들과 어울려 사회생활을 하게 될 터인데 이렇게 어울리는 습관이야말로 그 어떤 교육보다도 중요하다고 생각했기 때문입니다.

어린아이들에게는 부모님들과 같이 여러 계층이 없습니다. 그저 순수하게 아이들만의 만남이 있을 뿐입니다. 그 안에서 여러 환경의 아이들과 만나 이런 일 저런 일에 부딪히면서 아이들도 여러 가지 문제를 어린아이들의 입장에서 생각해 보고 그 나름대로 해결해 나가면서 성장해나가는 것이기 때문입니다.

다시 말씀드리면, 저의 이러한 생각은 아이들의 학교생활에 굳이 부모가 깊이 관여할 필요는 없다고 생각했기 때문입니다. 아이들이 정말 나쁜 쪽으로만 나가지 않는다면 학교생활도 아이 스스로 생각하고 결정하여 행동할 수 있도록 해주자는 생각이었습니다. 그렇게 되면 아이들도 아빠와 대화거리를 찾기 위하여 하루를 알차고 의미 있게 보내게 됩니다. 그런 후 퇴근하시는 아빠를 기다립니다.

제가 퇴근하여 식구들이 저녁 식탁에 둘러앉아 있노라면 아이들은 학교생활에서 있었던 일과 집에서 있던 하루의 일들을 자랑도 할 겸, 칭찬도 받을 겸, 조잘조잘 재미있게 이야기합니다. 이렇게 단순하지만 기특한 행동을 보이는 것이 아이들이며, 이토록 아이들의 행복은 정말 소박합니다. 이런 때 저는 아이들의 기다림을 외면하지 않았습니다.

친구들과 만나거나 회식에 참석하여 술 마시는 일, 특히 고스톱 하면서 집에 늦게 들어오는 일은 일절 하지 않았습니다. 동창회 모임도 정말 필요할 때 아니면 참석하지 않았습니다. 왜냐하면, 이러한 모임은 제가 지금 굳이 참석하지 않더라도 아이들이 대학교를 입학한 후에 시간적으로 좀 여유가 생기면 그때 가서 참석해도 충분하다고 생각했기 때문입니다.

제가 집에 늦게 들어오는 핑계를 댄다면 못 댈 게 없습니다. 그러나 이렇게 집에 늦게 들어올 수 있는 거의 모든 일에, 누가 뒷전에 서 무슨 말을 한다 해도 단호한 의지로 참여하지 않았기 때문에 아내와 아이들이 기다리는 집에 빨리 올 수 있었고, 아내와 아이들과 마주 앉아 다정스레 오늘 하루를 얘기할 수 있었습니다. 그리고 이러한 부모의 모습을 아이들이 보면서 자라고 있으며 아이들은 부모를 그대로 닮아갈 것이라고 생각했습니다.

아내와 다정스레 이야기한다는 말이 나왔으니 제가 아내와 대화하는 말씨에 대하여 말씀드려볼까 합니다. 저는 아내와 대화할 때 꼭 존칭어를 사용합니다. 물론 결혼 후 30년이 지난 지금까지도 계속 사용합니다. 이렇게 사용하게 된 것은 신혼 초부터인데 아내에게 존칭어를 사용하게 된 연유를 잠깐 말씀드려볼까 합니다.

제가 신혼 초 아직 첫아이를 낳기 전 어느 일요일, 집안 식구들의 모임이 있어 아내와 함께 아버님 댁에 갔을 때의 일입니다. 이제 결혼한 지도 꽤 지났고 아버님, 어머님께도 장가간 후 아버님 자식이 이제는 아내에게 꽉 잡히지 않았다는 것을 과시도 할 겸 해서, 저는 부엌에서 일하고 있는 아내에게 반말투로 이래라저래라 지시했습니다.

저는 아내와 단둘이 있을 때는 다정하게 지냈지만, 장소가 장소인 만큼 이제는 제가 이 정도로 아내를 꽉 쥐고 산다는 것을 부모님을 포함한 모든 다른 식구들에게 보여주고 싶었던 것입니다. 제가 생각해도 평소보다 좀 심하다고 생각할 정도의 말투였습니다. 그런데 이런 일이 있은 후, 한 시간쯤 흘렀을까요. 아버님께서 저를 아버님 방으로 부르시는 것이었습니다. 저는 아버님께서 무슨 일 때문에 그러시나 궁금증을 가지고 아버님 방에 들어갔습니다.

아버님께서 말씀하시기를 "너 아까 보니 네 처에게 심하게 말하는 것 같더구나. 너는 네 집에서도 네 처에게 그렇게 대하니? TV 사극 드라마를 한 번도 안 보았니? 잘 알아 두어라. 옛부터 좋은 집안에서는 남편이 자기 부인에게 반드시 존댓말을 쓰는 것이다. 부부는 어느 누가 우위에 있는 것이 아니고 똑같은 위치에 있는 것이다. 네가 네 처를 무시한다거나 얕잡아 본다든지, 또 그런 식으로 반말을 한다면 남들인들 네 처를 어떻게 대하겠느냐? 네가 지금같이 네 처에게 대하듯 할 것 아니냐? 네가 네 처를 존중해 주어라. 그래야 앞으로 네 아이들이나 남들도 네 처를 존중해주는 것이다."

"예, 잘 알아 듣겠습니다."

저는 아버님께 이 말씀을 듣고 그 날 저녁 많은 것을 생각하게 되었습니다. 생각해보면, 아내는 저 하나를 믿고 시집온 것입니다. 아무리 부부 단둘이 있을 때, 잘해준다고 해도 공식적인 집안 모임에서 아내를 비하하는 이야기를 한다든지, 아내가 혹 잘못을 한 일이 있으면, 그런 일들을 좀 부풀려서 우스갯소리로 늘어놓는다든지, 시댁 식구 등 여러 사람이 있는 데서 반말로 일을 시키거나 무안을 준다든지 하는 행동을 한다면, 단둘이 있을 때만 잘 해주면서 그럴듯하게 한들, 그것이 무슨 소용이 있겠는가?

그리고 제가 이런 철부지 같은 행동을 한다 해도, 아내는 시댁 식구나 여러 사람이 있는 데서 벙어리 냉가슴 앓듯 말 한마디 못하고, 당하고만 있을 것이라는 사실도 뒤늦게 깨달았습니다.

그래서 저는 앞으로는 평소에 내 집안에서나 남들이 보고 있는 집 밖에서나 항시 아내에게 남편으로서 예의 있는 행동을 해야겠다고 생각했습니다. 그리고 자칫 제가 잃어버릴 뻔한 기억을 되살려 보았습니다. 제가 어릴 적부터 결혼하기 전까지 아버님께서 어머님께 보여주신 부부애의 모습이 떠올랐습니다.

저의 아버님은 어머님께 항상 존댓말을 쓰셨습니다. 그리고 집안의 모든 일들 즉, 여러 가지 잡다한 일까지도 항상 도와주셨습니다. 이렇게 하시는 아버님을 따라 저희들도 어머님 일들을 종종 도와드리곤 하였습니다. 예를 들면, 집 안 청소하는 일,

걸레 빠는 일, 잠자리 이불 개고 펴는 일, 다리미질, 간단한 설거지, 잔심부름과 어느 때는 동생들 밥 차려 주는 일 등 다섯 남매를 키우시는 어머님께서 하시는 일에 조금이라도 도움이 된다면 기쁘게 도와드렸습니다. 이렇듯 집안일에 관심을 가지고 도왔던 제가 결혼 후 달라질 뻔한 행동을 아버님께서 일깨워 주셨던 것입니다.

저는 본래의 제 모습으로 되돌아가기로 작정하였습니다. 그리고 아내를 위하여 집안일도 같이 도우며, 아내를 진심으로 아껴주기로 마음을 먹었습니다. 그리고 이 날 이후부터는 아내에게 존대말을 쓰기로 하였습니다. 가사일도 제가 퇴근 후 어떻게 든 시간을 내서 더 많이 돕기로 하였습니다.

우선 저녁 식사 후 설거지, 집안 청소, 빨래 등을 제가 했습니다. 토요일이나 공휴일에는 시장 보는 것도 꼭 아내와 함께 가서 장 꾸러미를 제가 들고 다녔습니다. 그 시절만 해도 장 꾸러미를 들고 다니는 남편은 정말 찾아보기 힘든 때였습니다. 지금과 같이 차도 없을 때요, 대형 마트도 없었고 집에서 좀 멀리 떨어진 재래식 시장에서 장을 보아야 하는 시절이었습니다.

사실, 저는 아내와 함께 시장에 가는 것이 좋았습니다. 아내와 같이 장을 보면서 군것질도 하고, 이런 이야기, 저런 이야기를 하며 웃기도 하고, 이것저것 기웃거리며 유모차에 태워 온 아이에게 세상 구경도 시키고, 이러다 보면 아내와 여러 가지로 대화도 풍부해지고….

데이트가 별것입니까? 이런 것이 부부가 참사랑을 나누는 진정한 데이트가 아닐까 저는 이렇게 생각했습니다. 그리고 이때부터 아내가 줄기차게 권유해 왔던 술과 담배를 끊었습니다. 아내는 무척 기뻐했습니다. 제가 저의 욕심이나 만족감을 조금만 양보한다면 아내를 기쁘고, 즐겁게 해주는 일은 그리 어려운 일이 아니었습니다.

제가 설거지를 해주거나, 빨래를 하는 일은 사랑하는 아내의 고운 손을 보호하고자 하는 마음이었습니다. 지금은 고무 장갑이나 피부 보호제가 발달되었지만, 그 때는 그렇지 못할 때였기 때문에 아내가 설거지나 빨래를 많이 하게 되면 아내의 고운 손이 쉽게 거칠어지리라는 생각을 했던 것입니다.

결혼 생활이 20년이나 30여 년이 지난 뒤에 일을 많이 하신 어머니들의 손을 보게 되면, 처녀 때의 고운 손 모습은 사라지고 손바닥이 매끈해지며 심지어 지문까지도 닳아 없어지는 어머니의 손을 우리는 흔히 볼 수 있습니다. 저는 이러한 사실을 알기 때문에 아내의 손을 보호하고 싶었던 것입니다.

물론 요즘같이 경제적으로 여유가 있는 분은 파출부를 시켜 집 안 일들을 시키면 됩니다. 그러나 저는 경제적으로 그럴 형편이 아니었습니다. 그리고 설령 경제적으로 여유가 있다손 치더라도 저는 저의 식구들만이 소꿉장난하듯 오손도손 단란하게 지내는 이 정겨운 집안 분위기를 남의 식구인 파출부가 옴으로써 깨지 는 것도 싫었습니다. 이렇게 제가 집안일을 적극적으로 도와준 덕 에 결혼 30년이 가까이 되었어도 전업주부인 아내의 손은 처녀 때와 비슷하게 곱습니다. 저는 그런 아내의 모습이 참으로 좋습 니다.

어쨌든 이런 생활의 연속으로 큰아이가 3살 무렵 동생을 보게 되었고 그 후, 우리 부부는 아이들에 대한 장래 문제를 토론하는 기회가 많아졌습니다. 모든 부모님들이 다 그렇듯이 아이들을 낳 게 되면 아이들이 귀여운 것은 말씀드릴 필요도 없고, 이 아이들 을 어떻게 키울까 하는 방법에 대하여 고민을 해보셨을 것입니다. 저도 예외는 아니었습니다. 우리 부부가 이런저런 생각들을 주고 받을 그 시절에 어느 날, 아내가 종이 한 장을 저에게 내미는 것이 었습니다.

"우리에게 좋은 기도문 같아요, 너무 마음에 와 닿아서 제가 얻 어 왔지요. 한번 읽어 보셔요."

그 종이에는 '어버이의 기도'라는 기도문이 적혀있었습니다. 저는 조용히 아이들이 잠들고 있는 방으로 가서 천천히 읽었습니다. 그리고 또 읽었습니다. 몇 번을 읽었는지 모릅니다. 읽고 또 읽고 저는 기도문을 수없이 읽으면서 얼마나 눈물을 흘렸는지 모릅니다. 그리고 잠자고 있는 어린아이들을 보고 또 보았습니다. '앞으로 아버지로서 제가 아이들에게 어떻게 해야 할까?' 하는 방향을 제시해주는 고마운 기도문이었습니다. 여기에 그 기도문을 소개합니다.

어버이의 기도

캐리 마이어스

아이들을 이해하고,
아이들이 하는 말을 참을성 있게 듣고
묻는 말에 일일이 친절하게
대답을 하도록 도와주소서.
면박을 주는 일이 없도록 도와주소서.

아이들이 나에게 공손하기를 바라는 것같이

나도,

아이들에게 잘못하였다는 것을 깨달을 때는

나의 잘못을 말하고

아이들의 용서를 구하는 용기를 주소서.

공연히,

아이들의 감정을 상하게 하지 않기를 비오며,

아이들의 과실에 대한 벌로

비웃거나 창피를 주거나

놀리는 일이 없도록 하여 주소서.

나의 말과 행동으로써

정직은 행복을 가져온다는 것을

때로 증명을 하도록 인도하여 주소서.

나의 마음속에 비열함을 없애 주시며,

잔소리를 하지 않게 하여 주소서.

그리고 오, 주님이시여!

나의 기분이 언짢을 때,

나의 혀를 삼가게 하여 주소서.

아이들의 사소한 잘못에 눈을 감고

착한 일만 보도록 도와주소서.

아이들이 잘한 일에 대해서 서슴지 않고

진심으로 칭찬하게 하여 주소서.

아이들의 나이대로 아이들을 대하고

어른들의 판단이나 관습을

강요하지 말게 하여 주시옵소서.

아이들이 스스로 자기 일을 돌보고

스스로 생각하고, 선택하고,

결정하는 기회를 빼앗지 말게 하시옵소서.

나의 본위적인 만족을 위하여

아이들에게 벌을 주는 일을 금하시옵소서.

정당한 소원을 다 들어주고

아이들에게 해롭다고 생각하는 권리는

언제나 허락하지 않는 용기를 주옵소서.

나를 공정하고, 올바르고, 동정심이 많고,

사귐성이 있게 만드시어

아이들의 진정한 존경을 받도록 만들어 주소서.

아이들의 사랑을 받고

아이들의 본이 될만한 사람이 되게 하여 주옵소서.

이런 일이 있은 후 다음날, 저는 이 어버이의 기도문을 그대로 서랍에 넣어두면 지금의 이 마음이 곧바로 잊어지거나 식어질까봐 좀 큰 흰 종이를 사서 그 위에 사인펜으로 또박또박 적기 시작했습니다. 그리고 마침, 방에 걸려있던 판넬 액자 위에 덧붙여 어버이 기도문 액자를 만들었습니다. 그리고 기도문 액자를 저의 침대 옆에 걸어놓았습니다. 매일 기도문을 보면서 아이들의 교육문제, 장래문제를 생각해보고 아버지인 제가 아이들에게 어떻게 해야 하는가를 생각하고 반성하면서 올바른 행동을 가져보려는 마음에서였습니다.

이 기도문 액자는 글씨가 탈색되고 종이가 누렇게 변할 때까지, 그러니까 아이들이 고등학교 들어갈 때까지 10여 년간을 저의 침실을 지키고 있었으며 그렇게 세월이 흐르기까지 저는 제 자신의 부족함을 깨달으면서 이 기도문 액자를 붙들고 눈물을 흘린 적이 한두 번이 아니었습니다.

아이들의 어린 시절 엄마, 아빠와 아이들과의 대화는 중요하다고 생각합니다. 아이들은 자신의 아빠나 엄마에 대한 생각은 순수합니다. 어린아이들은 아직 이 사회의 생활을 잘 모릅니다. 그리고 아빠나 엄마가 이 사회에서 어떤 위치에 있는지도 잘 모릅니다. 아빠나 엄마가 부자인지, 가난한지, 지위가 높은지, 낮은지 그리고 직업이 무엇인지 학교는 어디를 나왔는지…, 또 이런 것들이 미래에 어린 자신들에게 어떤 영향을 미치는지도 잘 모릅니다.

그저 아이들이 보기에 자신의 엄마 아빠는 이 세상에서 가장 훌륭하시고 제일 좋으신 분이며, 가장 똑똑하고, 인자하신 분이고, 가장 능력이 있으신 분으로 생각합니다. 그리고 다른 부모들과 비교도 하지 않습니다. 그래서 컴컴한 밤길에서도, 동네 큰 형들이 모여 있는 놀이터에서도, 또 어떤 어려운 문제에 부딪히는 곳일지라도 엄마 아빠의 손만 붙잡고 가면 두려운 마음이 싹 없어지고 즐거워하며, 모든 일이 다 해결되는 줄 알고 있는 것이 아이들입니다.

훗날 세월이 흘러 아이들이 성장하면 부모에 대한 처지를 이해하겠지만, 그때까지는 적어도 순수한 어린이 마음입니다. 그러니 이런 아이들에게 부모는 아이들의 동심을 이해하고, 아이들의 생각에 맞추어 행동해야 한다고 생각했습니다. 그래야 떡잎 같은 어린아이들이 해맑게 자라고 차츰차츰 건전한 학생으로, 또 성실한 청년으로 성장할 수 있는 기틀이 될 수 있을 것이기 때문입니다.

이야기가 길어졌습니다만 큰아이가 초등학교에 입학하게 됨에 따라 저는 시간이 있을 때마다 아내와 함께 여러 방면으로 아이들의 장래 문제를 생각해 보곤 했었는데, 특히 교육 문제에 대하여 제가 어릴 때 공부하던 시절을 돌이켜 생각해보았습니다. 그 당시 시대적 배경과 환경을, 지금의 현실에서 아이들의 사고방식과 입장에 비추어 비교해 보고, 현재와 같이 엄청나게 변화된 현재의 모습으로 바꾸어 생각해보면서 '어떻게 하는 것이 저의 처지에서 가장 현명한 부모의 행동일까?'를 생각해 본 것입니다.

우선 그때나 지금이나 변함없이 가장 중요한 것은 아이가 학교생활에 기뻐해야 할 것입니다. 그러기 위해서는 아이가 어느 정도는 학교의 생활이나 공부에 대하여 미리 알고 있어야 할 것입니다. 그리고 학교에 다녀왔을 때 부모가 아이의 학교생활에 관심을 가져야 한다는 것입니다.

예를 들면, "오늘 학교에서는 무슨 재미있는 일이 있었니? 즐겁게 지냈니? 다른 아이들과 다투면 안 된다. 다툴 일이 있으면 네가 좋게 피해라. 여자아이들을 보호해 주어라. 공부시간에 발표는 해 보았니? 모르는 것이 있었니? 선생님께 꼭 인사해라. 담임선생님이 아니더라도 학교나 길에서 선생님을 만나면 꼭 인사해라. 엘리베이터나 길가에서도 이웃집 어른들을 보면 꼭 인사해라. 그리고 누구와도 어울려 잘 지내야 한다." 등 …. 이렇게 매일 학교에서 아이가 오면 엄마가 물어보고, 그 후 퇴근 후에 아빠가 물어보면 아이들은 자랑스럽고 즐거워서 조잘조잘 이야기합니다. 그리고 아이의 생각도 이야기하게 됩니다.

이런 과정에서 부모와 아이는 더욱 친밀해지며, 아이도 말하기와 듣기뿐만 아니라 그 어떤 일에 대하여도 스스로 생각하는 판단력이 길러지게 되는 것입니다. 이때 부모가 이것이 옳다, 저것이 옳다고 금방 선을 그어주면 안 된다고 생각합니다. 왜냐하면, 아이가 스스로 판단하는 판단력을 키우는 데 도움이 되지 못하기 때문이며, 아이들은 자기 나름대로 아이들의 나이, 환경, 처지, 지적 능력에서 생각하기 때문입니다.

그러므로 부모님은 차분히 참으며 아이들의 말에 귀를 기울이는 인내심이 필요하고, 가능한 한 아이들에게 말을 많이 시켜야 한다고 생각합니다. 말을 많이 할수록 아이들은 더욱 똑똑해지기 때문입니다.

그러다가도 아이들이 심하게 판단력이 흐릴 때가 있으면, 이때 살짝 방향만 고쳐주시면 되고, 아이들이 잘했다고 생각되시면 칭찬을 많이 해 주셔야 한다고 생각합니다. 왜냐하면, 칭찬을 받는 아이들은 자신감이 있고 티 없이 맑고, 깨끗하고, 명랑하게 자라며, 물론 공부도 잘하게 되기 때문입니다.

저는 일요일이나 공휴일에는 늘 집안 식구들과 함께 있었습니다. 저 혼자서 등산을 간다든지, 낚시를 간다든지, 친구를 만나는 모임에 간다든지, 하는 일은 하지 않았습니다. 가장이 가족 생활비를 벌어오는 데 바쁜 일 때문에 집에 좀 늦게 가거나 토요일, 공휴일에 볼일이 있어 혼자서 밖에 일 보러 나간들 집 식구 중 누가 막을 수가 있겠습니까? 막을 사람이 없습니다. 사실 직장 때문에, 친구 때문에, 접대 때문에, 모임에 빠질 수가 없어서, 일이 바빠서 등 핑계를 대면 못 댈 이유가 없습니다.

돈을 버는 사람이 집안에서 발언권이 가장 센 법입니다. 그것을 모르는 사람은 아무도 없습니다. 그러나 이런 위치에 있을수록 가장은 좀 더 가족들에게 낮은 위치에서, 가족들의 무릎 아래로 내려와 가족들의 말을 귀담아듣고 수용하는 낮은 자세가 필요하다고 생각합니다.

공휴일이나 일요일 집안 식구와 함께 보내는 이유는 여러 가지 이유가 있겠으나, 그중에서 제일 큰 이유는 제가 휴일에 집을 혼자 빠져나가 휴일을 거르게 되면 그다음에는 다시 일주일이 지나 보름 후에나 가족과 휴일을 갖게 되므로 그 공백 기간이 너무 길기 때문입니다. 한번은 제가 일요일 아침에 바쁜 일이 있어서 꼭 밖에 나가봐야 한다고 한 적이 있었습니다. 그때 아내는 물론 두 아이의 실망하는 얼굴빛을 잊을 수가 없습니다.

가장은 가족들을 위해 노력하며 산다고 해도 과언이 아닙니다.

가장이 즐거우면 가족들 전체가 즐겁고, 가장이 괴로우면 가족 전체가 괴롭습니다. 그래서 부부는 같이 호흡하고 서로 용기를 북돋 워 주며 살아가는 것 같습니다.

큰아이가 초등학교에 입학하면서부터 우리 부부는 큰아이가 그 동안 한글을 충분히 익혔고, 그림이 섞인 동화책, 아동 전집과 아동과학 전집 등을 많이 읽었으므로 이제부터는 그림이 거의 없고 좀 작은 글씨로만 써 있는 세계 아동문학 전집과 위인전, 또는 어렵지 않은 어린이용 문학 전집 등을 사주면서 읽히기 시작하였습니다. 활자가 너무 작지 않아서 읽기도 좋고, 소설책 전체를 어린이용으로 적절히 편집하였기 때문에 더 없이 내용도 좋은 책이었습니다.

시간이 지남에 따라 책의 종류도 다양하게 선택하여 읽도록 하였습니다. 이렇게 잘 습관 된 아이는 엄마의 뜻대로 책을 즐겨 보게 되었고, 책만 잡으면 어느 때는 밤늦게까지 읽곤 하였습니다. 그리고 시간만 있으면 읽은 책을 다시 읽고 또 읽고 하였습니다.

어린 시절 아이들이 여러 종류의 책을 많이 읽는다는 것은 아이들에게 풍부한 상상력과 사고방식을 키워준다는 데서 큰 의미가 있고, 또 책이란 처음 이야기를 시작해서 내용을 전개해 나가고, 그 내용을 올바르고 선한 쪽으로 결론을 내어 종결한다는 데서 큰 의미가 있다고 생각됩니다.

이런 이유 때문에 어릴 때부터 아이들에게 좋은 책을 많이 읽힌다는 것은 아이가 착한 인성을 스스로 기르도록 도와주는 방법으로써 가장 좋은 방법이라고 생각합니다.

그리고 아이들의 독서 습관은 나중에 학교 공부하는 데, 즉 공부하는 습관을 몸에 익히는 데 커다란 도움이 되었음은 두말할 나위도 없었습니다. 또 이렇게 독서를 많이 함으로써 부수적으로 얻는 것은 어린이들의 산만함과 일의 끝맺음을 적절히 수습하는 습관을 들이는 데도 도움이 되는 것 같습니다.

물론 읽고 난 뒤 책의 내용과 독후감에 대하여도 우리 부부는 간단하게 물어보았고, 그 내용에 대하여 아이는 자신의 생각을 덧붙여 가며 충실히 대답하였습니다.

이때부터 초등학교 졸업할 때까지 큰아이가 읽은 책은 고스란히 보관되어 동생도 똑같은 방법으로 책을 읽었습니다. 또 큰아이가 초등학교 3~6학년을 거치는 동안에는 활자가 작은 세계 문학집 같은 책을 사주어 읽도록 시켰습니다. 그래서 아이 방의 한쪽 면은 모두 동화집, 위인전, 문학집, 과학도서 등의 책으로 채워지게 되었습니다. 그리고 국어사전, 영한사전, 한영사전도 사주어 사전을 보는 법도 가르쳐 주면서 모르는 단어가 나오면 스스로 사전을 보고 그 뜻을 찾아보는 법도 가르쳐 주었습니다. 이러한 방법은 아이들이 홀로 공부하는 습관을 기르는 데 도움이 된 것 같습니다.

저는 아이들에게 책을 사주는 것이 취미 중의 하나였습니다. 일요일이 되면 자주 식구들과 나들이 나가 교보문고에 가서 아이들이 볼 만한 수준의 책을 서너 권씩 골라서 샀고, 아이들이 좋아하는 햄버거나 간단한 음식으로 외식도 하며 집에 돌아오는 행복함을 맛보았습니다. 이렇게 온 가족이 함께 골라온 책들은 아이들도 즐겁게 읽게 됩니다.

이토록 어릴 때부터 아이들에게 독서하는 훈련을 시킨 이유는 좋은 책을 읽어 풍부한 상상력과 사고력과 착한 인성을 길러 주는 것은 물론이고, 글씨를 빨리 읽어서 독해할 수 있는 능력이 발달됨으로써 장래에 중고등학교 시험뿐만 아니라 대학수능시험 등 모든 시험에서 문장이 길어지는 문제가 출제될 때, 빨리 읽고 뜻을 이해하기 때문에 시험점수 관리에 도움이 될 수 있으리라는 판단도 작용했습니다. 그리고 기본적으로는 우리나라 말인 국어 학습이 철저히 되어야겠다고 생각했기 때문이었습니다.

4. 앞서가는 영어 공부는 영어 회화의 지름길이다

이렇게 아이들을 교육하고 있는 중 어느덧 큰아이가 초등학교 2학년 1학기가 막 지났습니다. 2학년 1학기가 지나게 되자 아이의 국어 교육이 어느 정도 마쳐졌다고 생각되어서 우리 부부는 이 책의 주요 내용인 아이들에게 영어 공부를 가르치기 시작했습니다.

영문학 교수님이나 영어 전문가들의 말에 의하면, 비영어권의 외국인이 영어를 어느 정도 숙달되도록 익히려면 적어도 3,000~4,500시간이 걸린다고 합니다. 이를 하루 한 시간으로 환산하면 약 10~15년입니다. 이것도 지속적으로 매일 한 시간씩을 투자한 경우입니다.

그런데 우리나라 공교육의 현실은 그렇지 못합니다. 또 그렇게 기대하는 것도 무리입니다. 왜냐하면, 영어 선생님이 턱없이 부족하기 때문입니다. 그리고 대부분 영어 선생님은 그 자신이 그렇게 배웠듯이 독해력이나 영어 문법 부분만을 가르쳐주고 있는 실정입니다. 특히 말하기, 듣기에 약합니다. 이것은 어쩔 수 없는 현실입니다.

그러면 이런 현실에서 영어를 배우려는데 아직도 열악한 환경에 있는 공교육만을 탓하고 있을 것인가? 아니면 이 모든 부분을 사교육비를 엄청나게 들여 학원을 보내야 하나? 사교육비도 없는데 회의적일 수밖에 없습니다. 그래서 저는 돈 안 들이고 영어 공부 잘하는 방법을 연구해 보았습니다.

저는 영어를 말할 줄 모릅니다. 물론 듣기도 못합니다. 그저 'Good Morning, Thank You.' 정도입니다. 또 봉급생활자라서 돈도 없습니다. 그러나 아이들에게는 영어 공부를 시켜야겠고 그래서 생각난 것이 제가 직접 영어를 저의 아이들에게 좀 빠른 시기부터 시작하여 꾸준히 가르쳐 보겠다는 생각을 했습니다. 이에 대한 영어교육 방법은 제2부에서 자세히 말씀드리겠습니다.

어쨌든 저의 아이들은 영어를 배우려고 단 하루, 한 번도 미국 등 외국에 다녀온 일이 없지만, 초등학교 2학년 1학기가 끝나고 여름방학 때부터 아이들에게 영어 공부를 가르친 후 5~6년 만에 영어 듣기는 물론, 말하기, 읽기, 쓰기, 짓기 등 여러 부분에서 숙달되고 특히, 외국인과의 직접 대화에서는 서로 한국말 하듯 자연스럽게 주고받고 말할 수 있을 정도의 수준에 이르렀습니다.

이렇게 되니 아이들이 중·고등학교 다닐 때 영어 시험은 모두 100점이었고 대학 수능시험도 만점 받았습니다. 토종 영어 학습이 성공한 것입니다.

일반적으로 학교 성적이 좋으려면 영어 점수가 높아야 합니다. 영어 공부는 단시간에 안 되지만 기타 과목은 그래도 단시간에 공부가 가능하기 때문입니다. 또 영어 공부를 잘하면 학교생활에 취미가 붙고 공부에 취미가 붙어 모든 과목의 성적이 우수해진다고 생각합니다.

요즈음 항간에 돈 있는 사람들 사이에서 유행하는 것처럼 자녀들을 초·중·고등학교 시절에 우리나라에서 정규 교육과정을 거치지 않고 조기 유학을 해서 수년간 외국에서 공부를 시킨 뒤, 다시 우리나라에서 공부를 시키는 방법이 늘고 있는 추세입니다.

이런 아이들은 외국에서 공부를 열심히 했다면 영어만큼은 잘할 수 있을 것입니다. 그러나 그동안 특히 국어 등 다른 과목에서 실력이 뒤떨어져 전반적인 공부를 잘할 수는 없다고 생각됩니다. 또 친구 관계도 원만치 못한 경우가 많습니다.

이 글에서 굳이 학생들이 외국 유학을 가서 잘못된 경우를 적을 생각은 없습니다. 물론 일부이겠지만 유학을 보내신 부모님들의 말씀을 들어 보면, 유학하게 되면 영어 한 가지라도 확실히 공부하고 올 것 아닌가 하는 기대를 안고 계시는 것 같습니다.

그리고 "우리 아이는 기숙사에 있다.", "친구나 친척집에 있다.", "엄마가 같이 있다." 등 여러 가지 이유를 대며 내 자식만큼은 잘못된 곳에 빠지지 않았다고 애써 부인합니다. 글쎄요. 부모님께서 옆에 계셔도 안심이 안 되는 현실에서 정말 안심이 되겠습니까?

엄청난 돈을 들여 유학 다녀와 과연 부모가 처음 기대한 정도의 위치에 다다른 학생이 과연 얼마나 될까 생각해 봅니다. 그리고 만약에 기대에 미치지 못했다면 수억대에 달하는 유학비가 아깝지 않나 생각합니다.

그런데 만약에 이런 사교육비 등을 쓰지 않고 아낄 수만 있다면 아마도 가정의 경제형편은 아주 넉넉해질 것입니다. 이렇듯 사교육비와 가정 경제 중 어느 쪽을 택하느냐 하는 문제는 아주 중요한 문제라고 생각합니다.

물론 부모님들이 선택해야 할 문제입니다만 저희 부부는 앞서 말씀드린 대로 가정 경제를 택했습니다. 그리고 유학비를 포함한 사교육비는 돈을 거의 들이지 않고 저희 부부가 직접 해결한 것입니다.

어릴 때부터 영어 공부를 시켜보자. 엄마, 아빠가 시키면 될 것 아닌가? 한글 배우듯, 동화책 읽히듯, 노래 배우듯 하면 안 될 게 없지 않을까요? 아이들에게 우리 부부가 힘을 합하여 시간을 투자하면 될 것입니다. 이 방법이 나중에 아이들이 커서 학원비를 안 들이고 공부 잘하는 학생을 만드는 길이 아닌가요?

돈 버는 것이 따로 있나요. 사교육비 안 들이고 유학 비용 안 들이는 이 방법이 돈 버는 것이지, 어릴 때부터 공부하는 습관을 들이면 커서도 스스로 공부하는 학생이 될 것 아닌가요?

이것저것 겸사겸사 어릴 때부터 공부하는 버릇을 들이는 것이 좋습니다. 그러다 보면 공부 잘하는 학생이 되고, 공부 잘하면 자신의 장래 진로를 스스로 판단할 줄 아는 학생이 되어 홀로서기를 할 수 있을 것이 아닌가요?

과목은 제일 시간이 오래 걸리고 어렵다는 영어를 선택하는 것이 좋습니다. 영어만 잘하면 나머지는 웬만큼 따라가겠죠. 또 영어는 대학 입시에도 필수적이고 앞으로 우리 아이들이 대학에 들어가게 될 때쯤이면 독해력뿐만 아니라 듣기, 말하기 등도 시험에 나올지도 모르니 이것도 열심히 가르치면 됩니다. 우리 때엔 독해력만 배워서 영어를 잘 모르는데 사실 영어를 제대로 하려면 독해력은 당연하고 듣기나 말하기도 충분하게 해야 영어를 잘한다고 할 수 있겠죠.

저는 당시 저의 아이가 초등학교 2학년 1학기부터 그런 생각을 했습니다. 그리고 퇴근 후 저녁마다 약 두 시간 정도씩 아이에게 제2부에서 말씀드릴 내용대로 영어 공부를 가르치기 시작하였습니다.

중고등학교 시절 영어 공부를 잘못했던 저의 경험으로 봐서는 이렇습니다. 우선 성적표를 보면 영어 점수에 눈이 가고 영어 시험을 잘못 친 후, 다른 과목에서 총점을 만회해야지 해보지만 잘 안됩니다. 월례 고사를 친 후 성적이 나오는 것을 보면 역시 영어점수 100점 맞은 아이가 1등이 되고, 98점짜리가 2등이 되었습니다. 저같이 70점 맞는 아이는 성적이 중간에 맴도는 것이었습니다.

저의 이러한 경험이 우리 자식 대에서도 그대로 적용되리라는 것을 저는 알고 있었습니다. 그래서 저의 자식들이 공부 잘하게 하는 것은 영어 공부를 잘하게 하는 것이라고 생각하게 되었습니다. 그래서 저는 앞서 말씀드린 대로 아이가 4살~5살 때부터 초등학교 가기 전까지 우선, 한글을 완전히 터득시켜야겠다는 생각으로 그림 동화책을 시작으로 수백 권이 넘는 책을 읽혔습니다. 그리고 초등학교에 들어간 후 순수하게 글씨만 있는 책으로 점점 수준을 높여 읽혔습니다.

그러던 중 큰아이가 초등학교 2학년 1학기가 끝날 무렵 저희 부부는 아이가 어릴 때부터 여러 종류의 책을 줄잡아 오륙백 권 가까이 읽혔으므로 이 정도면 한글을 어느 정도 터득했으니 영어 공부를 시작해도 되겠다고 생각하고 영어 공부를 시킬 교재를 구하러 다니기 시작했습니다.

이 궁리 저 궁리 끝에 우리 부부가 선택한, 아이들에게 제일 좋은 교재는 중학교 1학년 영어 교과서였습니다. 다른 영어 교재는 저희 부부가 영어를 잘 모르기 때문에 혹시 틀리게 가르쳐 줄 수도 있고 또 아이에게 잘 가르쳐 주기 위하여 미리 공부해서 준비해야 하는데 너무 시간이 오래 걸리기 때문이었습니다.

그러나 중학교 영어 교과서는 자습서라는 해설 참고서가 있어 그것을 보면 엄마 아빠도 금방 알 수 있었으며, 어느 초보자용 영어 공부 책보다도 값도 무척 저렴하면서 내용이 충실하기 때문에 중학교 영어 교과서만큼 완벽하게 영어 공부를 할 수 있는 책이 없다고 생각했습니다.

저희 부부 생각은 적중하였습니다. 지금은 중학교도 검인정 교과서이기 때문에 여러 가지의 다양한 영어 교과서가 나오지만, 당시는 국정 교과서로 한 종류의 영어 교과서만 나왔습니다. 영어 교과서는 중고 서점에서 쉽게 구입할 수 있었고 영어 자습서는 교보문고에서 새것으로 구했습니다. 그 뒤 저는 퇴근 후 집으로 곧바로 돌아와서 큰아이에게 영어를 가르치기 시작하였습니다. 길고 긴 영어 공부 약 3,000~4,500시간의 여정에 들어가게 된 것입니다.

여기서 잠깐 드릴 말씀은, 처음 영어를 배우는 초등학교 2학년 학생에게 중학교 영어 교과서는 좀 어렵지 않느냐는 질문이 있을 수 있습니다. 그러나 저는 그렇지 않다고 생각했습니다. 중학교 1학년 교과서의 수준은 고작 미국 아이들의 3~4세의 수준에도 못 미치는 수준일 것이라고 생각했습니다.

제가 미국에 살아볼 기회가 없어서 잘 모르겠습니다만 우리나라의 3~4세 정도의 아이들이 한국말을 썩 잘하는 것을 보면 미국 아이들의 수준도 짐작할 수 있기 때문입니다. 그리고 다른 영어 교재나 어린이 영어 학원에서는 초등학교 2학년 정도로 성장한 아이들에게 영어를 가르쳐 준다고 하면서 오래 걸려야 2~3일 정도면 마칠 수 있는 알파벳이나 쉬운 영어단어나 짧은 문장을 가지고, 시간만 질질 끌면서 아까운 세월을 낭비하는 일은 할 필요가 없다고 생각했습니다.

또 실제로 아이들은 초등학교 2학년 정도라면 웬만큼 공부할 수준과 능력이 있기 때문에 중학교 영어 교과서 정도의 문장은, 물론 부모가 조금만 노력한다면 그다지 어렵지 않게 터득할 것으로 생각했습니다. 그래서 처음 영어를 가르칠 때부터 아예 수준을 좀 높여서 가르칠 필요가 있다고 생각했습니다.

추후의 일입니다만 아이들에게 영어 공부를 시켜본 결과 당시 저의 이 판단은 정말 올바른 판단이었습니다. 왜냐하면, 공부의 흡수력이 강한 어린 나이에 좀 많다 싶은 양의 영어 학습을 아이에게 공부시킴으로써 아이들도 지루하지 않고 흥미를 갖게 되며 비록, 영어 단어나 숙어 또는 문장의 일부를 까먹는다 치더라도 다시 반복하고 또 복습하여 기억할 수 있도록 유도하면 되기 때문입니다. 제 생각은 결국 영어 공부는 어릴 때부터 반복하며 시간을 투자하는 것이 최선의 방법이라고 생각했습니다.

앞서 말씀드린 대로 저는 영어 실력은 없지만, 어느 부모님이나 할 수 있듯이 중학교 영어 교과서, 더구나 자습서를 보면서 하는 영어는 할 수 있었습니다. 가르치는 상대도 초등학교 2학년이기 때문입니다.

저는 중학교 시절, 제가 영어 공부했던 경험을 되살려 보았습니다. 발음기호 알기, 영어 단어 외우기, 숙어 외우기, 문장 해석하기, 문장 읽기, 문장 외우기, 필기체 쓰기, 인쇄체 쓰기, 대문자, 소문자 쓰기 또 영어 선생님께서 학생들에게 영어 교과서 문장을 읽어주시면 듣기, 학생 하나씩 하나씩 불러서 영어 선생님과 간단한 대화해보기, 제가 그렇게 싫어했던 영어 시간이지만 생각해 보니 영어 선생님의 얼굴과 모습, 그리고 영어 시간에 저의 차례가 가까이 돌아올 때쯤이면 겁나서 두근거렸던 심정까지 생생히 기억할 수 있었습니다.

'아! 그렇게 해야겠구나.'

저는 중학교 1학년 때 담임 선생님이자 영어 선생님이셨던 선생님의 이름까지 떠올랐습니다. 그리고 제가 영어 공부했던 기억을 더듬어 보았습니다. 당시 저는 영어 공부라는 것은 중학교에 들어가서 하는 줄 알았습니다. 그래서 중학교 입학하기 전까지는 영어 공부를 전혀 하지 않았습니다. 중학교에 입학하자 첫날 학교에서 여러 권의 교과서를 내주셨고, 그 속에는 영어책도 있었습니다. 영어책을 들고 그제야 처음으로 표지와 영어 글씨를 보았습니다.

'영어 시간에 가서 그때그때 배우면 되겠지.'

초등학교 시절 여느 때와 같이 생각했습니다. 그런데 첫 영어 시간에 선생님께서는 ABC 대문자, 소문자를 가르쳐 주시고 발음기호를 가르쳐 주시고, 제1과의 문장을 읽어주셨습니다.

저는 영어 공부는 "웃고 들어가서 울고 나온다."라는 얘기를 선배 형들에게서 듣기는 했습니다만 어떤 것이 웃는 것이고, 어떤 것이 우는 것인지도 몰랐습니다. 다만 중학교에 와서 영어만큼은 잘

해야 한다는 생각은 늘 하고 있었습니다.

그러나 역시 그것은 생각뿐이었습니다. 영어는 외국어입니다. 그리 쉬운 과목이 아닙니다. 일주일에 4시간이 있는 영어 시간은 빨리 돌아오고 진도는 쭉쭉 나갔습니다. 저도 영어 공부를 열심히 해보겠다고 영어 공부에 시간을 꽤 소비했습니다. 그러나 왠지 다른 학생은 더 잘하는 것이었습니다. 나중에 알고 보니 공부 잘한다는 다른 학생은 이미 중학교에 들어오기 전 초등학교 6학년 겨울방학 때, 영어 공부를 시작했던 것입니다. 그래서 이미 알파벳은 물론 발음기호, 문장 읽기, 쓰기, 영어 단어, 숙어 외우기 뿐만 아니라 이미 영어 교과서까지 상당히 진도가 나가 있음을 알 수 있었습니다. 어쨌든 이런 일들은 제가 영어를 처음 배우던 중학교 1학년 시절에 경험했던 일입니다.

학생들의 학습능력 수준은 누구나 대략은 비슷합니다. 그런데 어느 학생들은 미리 공부하여 영어 기초를 터득해 있고, 저의 경우는 아무것도 하지 않고 6학년 겨울방학 때 실컷 놀고 나서 중학교에 와서 영어 공부를 시작한다면 따라가겠습니까?

아무리 열심히 해도 따라가기가 어려울 것입니다. 공부 잘하는 그 학생은 공부 안 하고 놀고 있습니까? 그렇지 않습니다. 그 학생은 공부 잘한다는 소문에 신바람이 나서 더욱 열심히 공부할 것입니다.

그러니 한 번 뒤처진 학생은 계속 공부 못하는 학생으로 남게 된다고 생각합니다. 그래서 만약에 공부를 못했던 학생이 공부를 잘하게 됐다는 것은 보통 노력의 결과가 아님을 알 수 있습니다.

그러면 여기서 대학 입시나 취직시험을 목적지라고 가정하고, 그 목적지까지 가는데 언제든지 출발해도 상관없는 마라톤 경기에 이 상황을 비유하여 생각해 보기로 하겠습니다.

목적지까지 달리는 거리는 42.195km입니다. 학생들이 골인 지점까지 가야 하는데, 어느 학생 그룹은 준비운동도 잘하고 평소 연습도 하면서 컨디션도 잘 조절했습니다. 이렇게 모든 것이 갖추어져 있는데도 이 학생 그룹은 이미 출발선을 떠나 2~3km 또는 5~10km를 더 달려가고 있습니다.

또 다른 한 그룹은 출발하긴 해야 하는데 언제 출발해야 하나 망설이며, 서성대면서 누가 자신들을 이끌고 같이 달려줬으면 하고 기대하는 그룹이 있다고 합시다. 그리고 마지막 한 그룹은 자신들이 무엇을 해야 하는지 자신의 할 일조차 모르며, 왜 남들은 저렇게 달려가는지 까닭도 모르고, 어디를 향해 가는지 방향도 모릅니다. 그저 달려가는 학생들을 멍하니 쳐다만 볼 뿐입니다.

이 세 가지 유형의 학생들은 모두 학생임에는 틀림이 없습니다.

그러나 마라톤이 끝난 후의 결과는 너무도 차이가 큽니다. 그래서 저는 제 자신이 어릴 때 공부하던 모습을 떠올리며 잘못되었던 저의 모습을 개조하여 현 시대에 맞추어 아이들을 좀 일찍부터 가르치기 시작했던 것입니다.

비록 저 자신은 영어를 잘 모르지만, 영어를 가르치는 데 아무 준비 없이 그냥 가르칠 수는 없었습니다. 아빠가 영어 교과서와 자습서를 미리 보고 문장의 해석도 해봐야겠고 문장을 여러 번 숙달되게 읽어 아이 앞에서 아빠가 영어책을 읽어줌으로써 아이가 리스닝(듣기)할 수 있도록 영어책을 술술 읽어내는 아빠의 모습도 보여야 했습니다. 단어도 미리 찾아 익혀두어야 했고, 이제는 굳어졌지만, 혀도 약간은 굴릴 줄도 알아야 하겠기에 혼자서 읽는 연습도 했습니다.

이렇게 준비를 한 후 아이와 마주 앉아 어제 내준 숙제를 꼼꼼히 점검하고 본문 읽기, 본문 쓰기, 단어와 숙어 쓰기 등 3가지로 나누어 각각 시험을 보고 시험마다 100점을 받을 땐 상금으로 1,000원을 주었습니다.

이렇게 되면 1과당 시험을 3번 보게 되는데 아이가 시험에서 100점을 받아 상금을 받게 되면, 그 상금으로 자신이 쓰고 싶은 곳에 자유로이 쓸 수 있도록 하였습니다. 단어와 숙어 시험을 본 뒤 100점을 맞으면 상금을 주고 곧바로 읽기 시험을 봅니다. 이때 읽는 속도나 단어 억양 등이 정확해서 합격하여 100점을 맞으면 또 상금을 주었습니다.

그리고 보통 본문 쓰기 시험은 숙제로 주면서 영어 공부가 시작되면 맨 처음에 숙제검사 형식으로 시험을 치렀는데 본문을 5번 쓰기가 시험이라면 5번을 단어나 띄어쓰기 등 정확히 썼을 경우 즉, 100점을 맞을 경우에 또 상금을 주었습니다.

아빠가 읽는 본문을 듣거나 나중에 아이가 본문을 읽고 해석을 하는데 이 경우에는 상금을 주지 않았습니다. 이 과정은 공부할 때 당연히 해야 하는 과정이었기 때문입니다.

단어 숙어 시험, 읽기, 쓰기 시험에서 한 문제만 틀려도 100점이 안 됩니다. 이때는 100점 맞을 때까지 그 자리에서 시간을 주어 계속 연습을 시킨 후 다시 시험을 보아 100점을 맞을 때 상금을 주었습니다.

이런 과정이 하루에 약 2시간 정도 매일매일 진행되었습니다. 일주일에 제가 약 5~6일 정도 했고 어쩌다 아주 드물게 좀 늦게 집에 오게 되면 엄마가 대신해서 숙제 점검과 영어 공부를 시켰습니다. 이렇게 공부하게 되니 아이의 영어 실력은 꾸준히 향상되었습니다.

여기서 잠깐 말씀드릴 것은 아이를 학원에는 안 보냈느냐는 질문이 있을 것입니다. 앞에서도 잠깐 말씀드렸지만 저는 아이들을 어릴 때부터 초등학교에 입학하고 또 초등학교를 졸업할 때까지도 그 나이 또래의 아이들이 잘 다니는 사설 학원은 보내지 않았습니다.

제가 이렇게 사설 학원에 보내지 않았던 이유는 아이들을 예체능 계통의 학원에 어릴 때부터 보내게 되면, 본인도 모르는 사이에 그런 계통으로 취미가 있게 되어서 중·고등학교 시절에 공부를 안 하고 예체능 계통으로 나간다고 하면 어쩌나 하는 생각이 들어서였습니다.

오히려 학원 비용을 아껴서 책을 사서 읽게 하였고, 학교에 다녀오면 동네 놀이터에서, 또는 학교운동장에서 아이에게 시간을 주어 놀게 하였습니다. 아이가 놀이터나 학교 운동장에서 놀 때면, 언제나 저 멀리서 아이의 노는 모습을 관찰하면서 그 주위를 맴도는 분은 엄마였습니다. 이것은 아이들이 저 멀리서 뛰노는 것만 보아도 기쁘고 마음이 흡족한 엄마의 갸륵한 시간의 투자였다고 생각합니다.

그리고 엄마는 아이가 적당히 뛰놀았다고 생각하면 아이와 함께 집에 와서 아빠가 오실 때, 함께 영어 공부를 해야 하므로 학교 숙제를 미리 해놓은 뒤 영어 공부 숙제도 해놓고, 아빠가 오시기를 기다리는 것이 일과의 거의 전부였습니다.

저의 집에서는 TV가 필요 없을 정도였습니다. 저는 물론이고 엄마도 아이가 집에 있을 때는 TV를 절대로 켜지 않았습니다. TV는 어린이 공부에 참으로 방해가 되기 때문입니다.

그러나 아이가 전혀 TV를 시청하지 않았다는 것은 아닙니다. 아이는 하루에 어린이 프로 만화영화를 30분~1시간 정도는 엄마가 가사 일을 하는 동안에 엄마의 허락을 받아 보곤 하였습니다. 아이는 잠깐 TV를 볼지라도 부모인 저는 아이들과 함께 있는 집안에서 TV를 볼 수가 없었습니다. 제가 TV를 시청하지 않고 절제를 한다는 일은 결코 쉬운 일은 아니었지만, 아이들 교육에 절대적으로 나쁜 영향을 미치기 때문에 제가 솔선하여 TV를 시청하지 않았던 것입니다. 다시 말씀드리면 제가 적어도 아이들이 공부하는 서너 시간 만이라도 TV를 시청하지 않았다는 것입니다. 이렇게 집안을 아이들이 공부하는 분위기로 만들려면 부모가 적어도 아이들 앞에서 TV를 켜지 않을 때만 가능한 것이라고 생각합니다.

아빠 엄마가 저쪽 방에서 혼자서 소리를 적게 하고 TV를 보면 아이들이 모르겠지 하면 큰 착각이라고 생각합니다. 한두 번은 속일 수 있을지 모르겠지만, 아이들은 내가 공부하고 있는 시간에

'부모는 무슨 일을 하고 계실까?' 생각하고 있기 때문입니다. 그리고 결국은 부모가 TV 보는 것을 눈치채게 되고, 이렇게 되면 아이는 공부에 집중하지 않고 공부하는 시늉만 내게 될 것입니다.

이러한 아이들의 심정을 알기 때문에 집에서 저와 저의 아내가 TV를 보고 싶을 때도 있었지만 꾹 참았던 것입니다. 저희 부부가 이런 모습을 보이면서 공부할 수 있는 집안 분위기를 만들고, 아이에게 공부하는 습관을 어릴 적부터 몸에 익히도록 노력하니 아이는 별로 거부반응이 없이 즐겁게 부모의 지시대로 따라주었습니다.

모든 부모님께서 잘 알고 계시는 일이지만, 아이들은 부모를 늘 말없이 눈여겨보면서 어느새 그대로 따라 행동합니다. 그래서 아이들이 만약에 버릇없거나 모가 나는 행동을 한다면 그것은 부모님의 책임이 크다고 생각됩니다.

또, 만일 부모의 행동 중에서 말씀이 거칠거나, 권위적이거나, 상스러운 모습을 아이들에게 보였다면 아이들은 그대로 배워 행동한다고 생각합니다. 이렇게 부모님의 행동을 배워 행동이 무분별한 아이들이 있다면 학교에서 선생님인들 어떻게 하겠습니까? 선생님께서 한 학급의 많은 학생 중 어느 한 학생에게만 모든 시간을 소비할 수는 없지 않습니까? 다른 학생도 행동이 무분별한 아이가 많은데….

이것이 공교육의 한계입니다. 그러니 이런 부분은 공교육에 기대를 걸지 마시고 부모님의 성실한 모습과 아이들에 대한 끊임없는 관찰과 노력을 하실 때 바르게 고쳐질 수 있다고 생각합니다.

그리고 부모님께서는 제3자의 입장에서 객관적으로 자기의 자식을 보아야 할 때가 있다고 생각합니다. 정말 내 자식이 남다르게 특출한가, 공부는 잘한다는데 정말 잘하는 것일까, 예술성이 뛰어나다는데 정말일까, 우리 아이가 최고 아닌가 하는 부모 평가적 사고방식에서 벗어나 냉철한 눈으로 관찰하며 깊이 생각해 보실 필요가 있다고 생각합니다.

그리고 만약에 허점이 보이면 그 부분을 고치려고 부모님은 많은 노력하셔야 한다고 생각합니다. 이것이 사랑이요, 희생이요, 그리고 기쁨입니다.

"될성부른 나무 떡잎부터 알아본다."라는 속담이 있습니다. 깊이 새겨볼 말씀입니다. 어린 나무를 잘 가꾸어야 큰 나무가 될 수 있듯이 아이들이 어릴 때 부모님께서 다른 할 일이 많다며 바쁘다고 이 핑계 저 핑계 대면서 올바르게 교육하실 기회를 놓쳐버린다면 후회하는 날이 있을지도 모릅니다.

올바르게 가꾸어진 나무들만이 곧고 튼튼하고 값비싼 거목이 되는 것입니다. 나무가 커지면 스스로 자랄 수 있는 힘이 있습니다. 그러나 만약에 어린나무 때 제대로 보살피지 못하면 도중에 짓밟혀 없어지거나 솎아내야 할 처지에 놓일지도 모르는 일이기 때문입니다.

제가 아이와 함께 초등학교 2학년 1학기 말 여름방학 때부터 시작한 영어 공부는 속도를 더해갔습니다. 아이가 부모가 가르쳐주는 영어 공부를 속속 받아들이고 열심히 따라 준다는 것이 얼마나 기쁜 줄 아십니까?

저는 그 어떤 귀한 것을 얻는 것보다 이러한 일들이 이루어지고 있는 현실에 무척 많은 보람을 느꼈습니다. 2학년 2학기 초에 이미 중1 영어 교과서를 마스터하고, 2학년 2학기 도중에 중2 영어 교과서를 마스터했습니다. 중학교 2학년 교과서를 마스터하고 곧바로 중3 영어 교과서로 들어갔습니다.

그리고 매일매일 똑같은 일들을 기쁘고 보람된 마음으로 계속하였습니다. 저는 퇴근하여 그날 아이가 영어 공부한 내용 테스트, 즉 본문 읽기, 영어 단어와 숙어 받아쓰기, 영어 본문 쓰기 숙제, 또 아빠가 읽어주는 영어 본문 듣기, 그리고 즉석에서 해석하기 등, 저는 조목조목 착실하게 테스트하였습니다.

아이는 잘 따라 주었습니다. 아빠가 칭찬해주는 말을 듣고 싶은 모습이 보였습니다. 그리고 테스트에 100점을 받으면 상금을 주었습니다. 저는 기특하게도 영어 공부를 잘하는 아이가 속으로 자랑스러웠습니다. 그러나 하고 싶은 말을 참고 다른 사람들에게 입 밖으로는 떠벌리지 않았습니다.

그리고 우리 부부는 아이와 영어 공부를 함께 하는 이런 스케줄이 있기 때문에 남들처럼 여러 날을 비우며 여행할 수도 없었습니다. 그리고 다른 즐거움이 있는 곳에 한눈을 팔고 싶지도 않았습니다. 그저 두 아이를 알뜰하고 성의있게 보살피는 시간만으로도 마음이 족하고 행복하였습니다.

이런 일 덕분에 부부간에 대화의 화제는 끝이 없을 정도로 풍부하였습니다. 서로 이런 일 저런 일을 상의하고 토론하자면 밤늦도록 시간이 아쉬웠습니다. 아이들이 공부를 마치고 잠자리에서 잠들어 소곤소곤 자는 모습만 보아도 우리 부부는 기쁘고 흐뭇한 마음이었습니다.

사실 아이들은 부모들의 생의 연장이라고 보아도 크게 무리한 말은 아닐 것이라고 생각합니다. 그래서 모든 부모님들께서 자신의 아이들에게 온갖 정성을 들이고 있는 까닭도 이런 의미가 많이 포함되어 있을 것입니다.

올바르게 교육받은 아이는 부모의 보물입니다. 그 아이가 훗날 성장해서 부모를 떠나 홀로서기를 하여 저희들끼리 독립한다 해도 보물은 보물입니다. 보물은 깨물어 먹는 것도 아니요, 가루를 내서 몸에 바르는 것도 아닙니다. 그저 보물은 멀리서라도 바라보는 것으로 충분히 만족스럽습니다.

저희 부부는 아이들이 성장한 후 스스로 홀로서기를 할 수 있도록 키우기 위하여 10년, 20년의 긴 세월 동안 묵묵히 많은 시간을 투자했을지라도 그 아이가 내 보물이기 때문에 아깝지 않고 기쁘기만 했던 것입니다.

여기서 잠깐 말씀드리고 싶은 것은, 아이들을 제가 직접 가르침으로 인하여 저에게 얻어지는 경제적인 득을 말씀드려 볼까 합니다. 신혼생활을 하다 보면 의외로 생활비 자체는 적게 듭니다. 물론 이리저리 돈 쓸 곳을 찾으면 한이 없겠지요. 그러나 뭐니 뭐니 해도 생활비가 많이 드는 것을 아이들이 성장해가면서 사교육비로 들어가는 돈이 생활비의 많은 부분을 차지합니다. 그 사교육비를 적게 쓴다고 생각해 보십시오. 10년, 20년이 지나면 우리가 생각할 수 없을 정도로 많은 돈이 될 것입니다. 그렇게 되면 가정의 경제 사정도 훨씬 윤택해질 것입니다. 가정의 경제 사정이 좋아지면 가족 모두가 행복합니다.

가정의 행복 조건에는 여러 가지가 있겠으나 첫째로 경제적으로 안정되는 것, 둘째로 자녀들이 공부 잘하고 올바른 품성을 가지는 것이라고 생각합니다. 그리고 이 두 가지만 성취된다면 가정의 행복은 보장된다고 생각됩니다. 물론 10명 중 하나 예외는 있겠으나 부부간의 행복도 보장될 것입니다.

행복은 거저 줍는 것이 아니라고 생각합니다. 노력하시는 분에게만 다가오는 것이라고 생각합니다. 가족들에게 그 행복을 주는 아이들을 집에서 부모가 영어 교육을 직접 해보시자는 것입니다.

말씀드린 대로 가정의 경제 문제와 아이의 교육 문제, 두 문제를 동시에 해결하실 수 있을 것입니다.

이렇게 하시려면 절대적으로 부모의 노력이 필요합니다. 그러나 이 노력은 확실한 결과를 확인해 가면서, 또 기쁜 결과를 눈으로 보면서 하시는 즐거운 노력일 것입니다.

이렇게 부모 품에서 10년 이상을 교육받은 아이들이 자라서 부모님을 공경한다는 것은 어찌 보면 당연한 일인 것입니다. 이렇게 자란 아이들이 어른이 된 뒤에 부모님을 따돌리겠습니까? 부모님을 '나 몰라라' 하고 저희들끼리만 조잘대겠습니까? 길고 긴 많은 시간을 엄마와 아빠와 코 맞대고 앉아서 공부하던 시절, 이 이야기 저 이야기 끊임없이 나누던 긴 시간들은 아이들이 성장한 후에도 그대로 연결된다고 생각합니다.

이렇게 된다면 한 마디로 좋은 집안이 되는 것이라고 생각합니다. 더불어 사교육비를 거의 안 들였으므로 경제적으로 윤택해져서 노후에도 별 걱정 없이 지내실 수 있는 부모가 되실 것이라고 생각합니다.

아이가 초등학교 2학년 2학기 말부터 겨울방학 때까지 중3 영어 교과서 공부에 전념하였습니다. 중3 영어 교과서의 진도 속도는 약간 늦었습니다. 문장도 길고 약간 어려운 단어도 나왔습니다. 그러나 중1 중2 영어 교과서를 충분히 공부하였으므로 그리 어렵지 않게 공부해 나갔습니다.

겨울방학은 영어 공부를 집중적으로 공부시키는 데 절호의 기회입니다. 이 시기를 이용하면 영어 실력이 부쩍 향상될 수 있는데, 이런 저의 기대에 맞춰 아이는 재미있게 영어 공부를 해주었습니다. 그리고 학교 공부도 열심히 하여 늘 학교 시험에는 좋은 성적을 보여주었습니다. 이렇게 집안 식구가 협력하여 공부하다 보니 아이는 집에 오면 당연히 책상에 앉아 학교 숙제와 영어 공부하는 것이 습관이 되었습니다.

그러는 사이 초등학교 2학년 2학기 겨울방학도 다 지나고 3학년 1학기 중간이 되었을 때쯤 아이도 중3 영어 교과서를 거의 마치게 되었습니다.

중1 영어 교과서에 400단어, 중2 영어 교과서에 약 500단어 중 3 영어 교과서에 약 500단어, 이제 조금만 있으면 중학교 3학년 과정의 영어 공부가 끝나고 아이가 알고 있는 단어도 1,400자 정도가 됩니다.

그러나 저의 아이는 부모가 영어 공부를 시켰기 때문에 영어 듣기, 다시 말씀드리면 원어민(서양 사람)에게 직접 듣기가 부족하고 직접 말하기도 부족하다는 것을 생각했습니다. 아이들에게 제가 영어 공부를 처음 시킬 때부터 이 부분이 부족할 것을 잘 알고는 있었지만 듣기와 말하기를 배우려면 우선 영어 문장 읽기, 영어 단어와 숙어 외우기, 쓰기 등에 익숙해진 뒤에 해야겠다고 생각했기 때문에 우선 중학교 영어 교과서를 공부시켰던 것입니다.

저는 아이들이 영어 회화를 배우는 데는 꼭 갈색 머리의 외국인, 다시 말씀드리면 서양인에게 영어를 배워야 한다고 생각했습니다. 그 이유는 저의 경험 때문이었습니다. 우리는 보통 중고등학교, 그리고 대학까지 십여 년간 영어를 배웁니다. 그 과정에서 독해력이나 영어 문법 문제는 좀 알지만, 영어 듣기나 말하기는 거의 할 줄 모릅니다.

이것은 서양인들과 직접 접촉하여 말할 기회가 없었기 때문입니다. 그들이 결코 어려운 단어를 쓰는 것도 아닌데 왠지 서양사람이 옆에만 와도 가슴이 뛰고 입이 굳어져 알고 있던 영어 단어도 생각이 안 납니다. 더구나 어린 시절이 지나고 성인이 되어서는 모든 사고방식이나 언어의 습관이 한국식으로 고정되어 있기 때문에 더더욱 영어 회화가 안되는 것입니다. 이것이 제가 경험한 바입니다.

이런 경험으로 미루어 보아서 우리 아이들도 저와 똑같은 방법으로 공부한다면 독해력, 영어 단어, 영어 문법 정도는 알겠지만 영어 말하기, 듣기는 부족할 것이라고 생각했습니다. 이제 앞으로 이 아이들이 성장하게 되면 그때는 모든 세상이 자유롭게 왕래하게 될 터인데 그때 사용될 세계 공용어로는 역시 영어가 아닐까요? 특히 영어 듣기, 말하기가 중요하지 않을까요? 그렇다면 저의 경험으로 보아서 저는 못했지만, 아이들은 어릴 때는 외국인을 만나도 두려움이 별로 없으므로, '어릴 때 외국인을 만나 말할 수 있는 기회를 열어준다면 영어 회화는 쉽게 터득할 수 있지 않을까?' 하는 생각을 했습니다.

그래서 저는 우선 아이에게 중학교 3학년까지의 영어 실력을 다진 뒤에 외국인에게 회화를 배울 수 있도록 해야겠다고 생각했던 것입니다. 후일의 결과입니다만, 저의 생각은 적중하였습니다. 이런 생각으로 저희 부부는 아이에게 영어 회화를 가르치기 위하여 외국인이 직접 가르치는 영어 회화반을 찾아다녔던 것입니다. 이제는 아이가 영어 단어도 1,400개 정도를 알고 있고, 실제로 영어 회화에서는 그리 어려운 단어가 나오지 않기 때문에 지금부터는 원어민에게 직접 영어 회화를 공부시켜야겠다고 생각했던 것입니다.

제가 사는 곳에는 외국인 영어 회화 학원이 없었습니다. 그래서 이때부터는 외국 사람에게 영어 회화 배울 곳을 이곳저곳 찾아보았습니다. 사실, 당시에는 영어 회화 학원이 아주 드물었습니다. 더구나 어린아이가 외국 사람에게 영어 회화를 배운다는 것은 좀 특이한 방법 축에 들었습니다.

저희 부부는 토요일, 일요일에 시간만 되면 서울 시내 좀 번화한 곳을 누비며 외국 사람에게 영어 회화 배울 수 있는 곳을 알아보려 다녔던 것입니다. 지성이면 감천이라던가…. 여의도에 있는 외국어 학원에 외국인 회화반이 있었습니다. 여의도에는 직장인들이 많이 있기 때문에 그 직장인들을 상대로 하는 영어 회화반이 있는 것이었습니다. 매주 월, 화, 수, 목, 금 5일간 1시간씩 외국인이 직접 가르치고 새벽반, 오후반이 있었습니다. 그 당시에 수강료도 월 30,000원 이어서 그리 비싼 편이 아니었습니다.

이러한 상황을 파악하고 저희 부부는 집에 와서 곰곰이 생각하기 시작하였습니다. 그 시절에 저는 승용차도 없었습니다. 집에서 여의도까지는 버스로 1시간 이상이 걸렸고, 더구나 퇴근 시간이기 때문에 더욱 지체되었습니다. 궁리 끝에 저희 부부는 여의도로 이사 가기로 했습니다. 아이의 영어 공부를 위해서 이사를 결정한 것입니다. 살던 집을 부동산 중개 사무소에 내놓았고 얼마 후 집은 팔렸습니다. 그해 초여름 당시에는 요즘같이 집값이 그리 비싸지 않아서 저희 집을 팔고 융자를 조금 얻어 여의도로 이사할 수 있었습니다.

여의도에 이사 온 후 저의 아내는 커다란 기대를 안고 곧바로 아이를 데리고 영어 회화 학원에 찾아갔습니다. 학원에 도착하여 오후 5시 30분부터 시작하는 첫째 시간, 외국인 회화반에 등록하려 하자 학원 측에서는 배우는 사람이 누구냐는 것이었습니다. 이제 막 초등학교 3학년이 되는 초등학생이라고 말했습니다. 접수 안내를 맡은 안내원이 초등학생은 등록이 안 된다는 것이었습니다.

이 반은 직장인 반이기 때문에 어른만 등록할 수 있다는 것입니다. 어린이반은 없느냐고 물었습니다. 대답은 어린이반은 없다는 것이었습니다. 어린이도 어른과 똑같이 수업료를 내면 되지 않느냐고 다시 물었지만 역시 안 된다는 것이었습니다. 이유인즉 어린이는 어른들의 수업 분위기를 깨고 또 어른들이 어린이가 함께 수업을 받으면 싫어하신다는 것입니다.

아내가 우리 아이는 외국인에게 영어 회화 공부를 받을 수 있을 정도로 영어 공부를 집에서 충분히 했고, 공부도 잘해서 수업 분위기도 깨지 않을 것이라고 말하며 사정사정했으나 역시 대답은 안 된다는 것이었습니다.

사실, 지금은 외국인이 직접 가르치는 어린이 영어 회화반이 모든 지역에 골고루 많이 있지만, 당시는 거의 없었습니다. 그리고 있다고 하는 어린이 회화반이라는 것도 한국인이 가르쳐주는데 수준이 너무 낮아서 정말로 알파벳이나 기본 문장 정도의 초보영어를 배우는 실정이었습니다.

저희 부부는 이러한 영어 회화반을 바라는 것이 아니었습니다. 이런 영어 회화반에 간다는 것은 정말 시간을 낭비하는 일이라고 생각했습니다.

이미 중3 영어 교과서를 마스터했고, 이제 고1 영어 교과서를 배우려고 하는 정도의 실력인데 이 정도로 해서는 영어 회화 실력이 늘 수가 없다는 것을 잘 알고 있기 때문입니다.

아내는 아주 실망을 하고 집에 왔습니다. 그날 저녁 저희 부부는 '어떻게 하면 외국인에게 영어 회화를 배울 수 있을까?' 여러 가지 궁리를 하였습니다. 사실 학원이 야속하다고 생각할 수만도 없었습니다. 객관적으로는 학원에서 하는 말이 맞는 말이었습니다. 그러나 현실적인 문제는 제 아이의 경우, 학원의 문을 두드리지 않으면 외국인에게 영어를 배울 수 없다는 사실이었습니다. 그렇다고 외국인에게 개인적으로 비싼 돈을 지불해 가면서 개인지도를 받을 수도 없는 처지였습니다.

영어 회화 학원은 새벽반 6시, 7시에 시작하는 두 타임과 오후 5시 30분, 6시 30분, 7시 30분, 8시 30분에 시작하는 오후반 네 타임이 있었습니다. 그리고 반별로는 초급, 중급, 고급반이 있고 비즈니스반, 프리토킹반이 있었습니다.

일부 반은 한국인이 가르치는 반도 있고 미국인 교포가 가르치는 반도 있었는데, 주로 미국인 또는 캐나다인이 직접 가르치고 있었습니다. 그리고 한 반에는 보통 10명~12명이 수강하고 있었습니다. 우리 아이가 영어 회화를 배우기에는 더없이 좋은 환경이었습니다.

지금도 여의도에는 이런 학원이 몇 군데 있지만, 그 당시에도 크고 작은 영어 회화 학원이 몇 군데 있었습니다. 교재는 interchange(상, 중, 하), side by side(상, 중, 하), streem line (상, 중, 하), step by step(상, 중, 하) 등이 있었고, 교재 내용은 아시아권이나 비영어권의 나라에서 미국이나 영국 등 영어권의 나라에 이민 오는 사람들에게 영어 회화를 가르치기 위하여 특별히 고안해서 만들었다는 좋은 영어 회화책이었습니다. 그리고 이러한 교재는 국내에서 출판된 것이 아니고 직접 외국에서 수입하여 학원생들에게 팔고 있었습니다.

여기서 잠깐, 우리나라에서 현재 사용하고 있는 중고등학교 영어 교과서의 내용을 살펴보면, 2000년도부터 새롭게 수정되어 출판된 중고등학교 영어 교과서는 독해력 중심이었던 이전의 영어 교과서와는 다르게 이러한 영어 회화 교재를 많이 본떠 제작되었기 때문에 지금 사용하고 있는 중고등학교 영어 교과서는 여러 가지 면에서 아주 잘 만들어진 영어 교과서라고 생각합니다.

다시 그 당시 시절로 돌아가서, 저는 영어 회화 학원에서 교재로 쓰고 있는 책의 내용을 살펴보았습니다. 영어 회화를 모르는 저도 '이 책들만 잘 마스터하면 영어 회화는 잘할 수 있겠구나.' 하는 생각을 했습니다. '아이가 영어 공부를 잘하는 중3 정도의 실력은 되니 이 책을 공부하면 얼마나 좋을까?' 하고 생각도 했습니다. 그러나 학원의 문은 굳게 닫혀있었습니다.

그다음 날도 아내는 여의도에 있는 영어 회화 학원을 모두 돌아다녔습니다. 대답은 역시 마찬가지였습니다. 비록 영어 실력이 있더라도 너무 어려서, 어른들이 싫어하니까, 그리고 어린이를 가르친다는 이런 일을 해본 적이 없어서 등이 이유였습니다.

우리 부부는 고심 끝에 묘안을 생각해 냈습니다. 학원에서 오후 첫 타임이 5시 30분에 열리는데 이때는 직장인들이 회사 퇴근 시간이 안 맞아 수강인원이 3~5명 정도가 되는 때가 많습니다. 그래서 그 틈새를 끼고 엄마와 함께 아이를 회화반에 등록하여 함께 다니면 어떨까 하는 것이었습니다.

수강 인원도 불어나고 또 아이를 돌봐 주는 엄마가 옆에 있으니 학원 측에서도 안심이고, 덕분에 엄마도 영어 회화를 배우고…. 좋은 생각인 것 같았습니다. 이런 아이디어를 가지고 아내는 학원측과 상의하러 갔습니다.

그러나 처음에는 역시 안 된다는 것이었습니다. 그러나 아내는 학원 측을 끈질기게 설득했고, 학원 측의 관리 책임자를 만나 간곡히 부탁했습니다. 절대로 다른 학원생 어른께 폐를 끼치지 않는다는 것과 다른 학원생 어른께 어린이와 함께 공부해도 좋다는 동의를 구한다는 것 등을 약속한 뒤 고맙게도 학원 책임자분은 한번 시도해보자고 승낙하셨습니다.

아이가 초등학교 3학년 1학기가 끝날 무렵 첫 개강일 영어 회화 교재 interchange(초급용) 세 권을 사 들고 아내는 아이와 함께 조마조마한 마음으로 교실에 들어갔습니다. 그리고 다른 직장인분들께 양해를 구했습니다. 직장인분들은 쾌히 승낙하셨습니다. 우리 한국 사람들이 이런 경우 안된다고 거절하실 분이 계실까요? 안 계실 것입니다. 이토록 어른들은 아이들에게 관대합니다.

다만 이러한 새로운 시도를 부모님들이 망설이다가 못하시는 것 뿐입니다. 그날 수업에 아이는 어른들 틈에 끼어 공부했고, 어른들 도 어린아이가 영어를 몇 마디 하는 것이 신기했는지 친절히 대해 주시면서 싱긋 웃으며 좋아했다고 합니다.

이렇게 해서 저의 아이의 영어 회화 공부는 시작되었습니다. 그 러나 아이들이 회화 학원에 간다고 영어 회화가 되는 것은 아닙 니다. 이제부터 부모의 더 큰 노력이 시작되는 것입니다. 저의 아 이가 성인 영어 회화반에서 배우는 interchange라는 책은 처음 영어 공부를 하는 어린이들이 배우는 책이 아닙니다. 이미 중고 등학교 또는 대학교에서 영어 공부를 마친 직장 성인들이 배우는 교재입니다.

회화책의 내용을 살펴보면, 그 교재는 미국의 생활이 그림으로 그려져 있고, 관련된 사람들이 서로 일상생활의 일을 대화로 주고 받는 형식으로 되어 있기 때문에 회화에서 사용되는 영어 단어는 그리 어려운 단어가 별로 없었습니다. 그러나 그 영어 회화 교재에 서 새로운 단어나 모르는 생소한 단어가 없는 것은 아니었습니다.

역시 1과목당 10~20개 정도는 매번 새롭게 나오는 단어가 있었습니다.

그때마다 어린아이에게 회화책에서 나오는 새로운 단어를 영한사전에서 찾아서 단어 공부를 하라고 시킬 수는 없었습니다. 왜냐하면, 역시 어린이는 어린이이기 때문에 저 자신의 학교 생활, 학교 숙제, 운동장에서 뛰노는 일, 또 TV 잠깐 시청하는 일 등이 있고, 중3 영어 교과서 공부에 이어 곧바로 고1 영어 교과서 공부하는 일 등이 있기 때문에, 영어 회화책에 나오는 새로운 단어를 아이에게 영어사전에서 찾고, 그 뜻까지 스스로 공부하라고 시킬 수는 없다고 판단하였습니다.

다행히 고1 영어 교과서는 중학교 영어 교과서와 마찬가지로 자습서가 있어, 자습서에 과별로 새로운 단어가 나오면 단어 찾기 난에 새로운 단어와 숙어의 뜻풀이가 되어 다 나옵니다. 그래서 좀 수월합니다. 그러나 이 영어 회화책은 그렇게 할 수 없으니 공부할 단원을 미리 앞당겨 제가 단어, 발음기호, 뜻 등을 영한사전을 찾아 노트에 적었습니다. 이렇게 찾아 노트한 것을 매일 매일 1부 복사하여 아이에게 주었습니다. 그리고 그 복사한 단어를 외우도록 시켰습니다. 예습을 시킨 것입니다.

이렇게 매일 매일 영어 회화 학원에 가기 전에 오늘 배울 곳에 나오는 새로운 단어를 외우고, 서너 번 본문을 읽고, 한두 번씩 본문을 써보고 하여 완벽하게 예습을 한 뒤, 엄마와 함께 영어 회화 학원에 갔습니다. 여기서 영어 회화책의 영어 단어를 찾아 단어집을 만들 때 제가 했던 일과 그때 심정을 잠깐 말씀드려 볼까 합니다.

저는 항상 아이가 배우는 영어 회화책을 한 권 가지고 다녔습니다. 그러니까 아이가 interchange반의 초급반에 들어가면 이 책을 세 권 사는 것입니다. 아이용 한 권, 엄마용 한 권, 아빠용 한 권입니다. 이렇게 저도 한 권을 매일 가지고 다니면서 시간이 있을 때면 언제나 펴들고 아이가 3과를 배운다면 저는 4과 또는 5과의 영어단어를 영한사전에서 찾아 단어집을 만듭니다. 그리고 그 단어집을 저녁 퇴근 후 아이에게 주어 다음날 낮 시간 또는 학교 다녀온 뒤 단어 공부와 회화책 읽기를 하도록 시켰습니다.

아이는 영어 회화 시간이 재미있었는지 열심히 했습니다. 또 어린아이의 나이에는 부모가 관심을 가지고 아이의 공부하는 모습을 지켜보게 되면 오히려 부모에게 관심을 끌려는 마음에서도 부모가 시키는 공부를 열심히 할 것입니다. 거듭 말씀드립니다만, 공부는 어릴 때부터 습관이 되어야 잘할 수 있는 것 같습니다.

제가 영어 회화책에서 단어를 찾아주면서 느낀 것은 영어 회화책의 대화 중에는 사람 이름이나 지명 등 고유명사가 무척 많다는 것입니다. 그래서 저는 사람 이름이나 고유명사도 영어사전에서 일일이 찾아 단어와 함께 아이에게 외우도록 시켰습니다. 생각해 보면 우리는 일상 중에 사람 이름이나 고유명사를 참 많이 씁니다. 그런데 우리는 이 점을 소홀히 하고 영어 단어 외울 때는 외국 사람의 이름을 잘 외우지 않습니다. 바로 그것이 독해력 위주로 공부하던 제 시대의 유물입니다.

생각해 보면, 우리도 한국 사람들끼리 한국어를 말할 때 사람의 이름을 많이 사용하고 있다는 것을 알 수 있습니다. 그러나 우리는 서로 한국사람들끼리 한국말을 잘하기 때문에, 대화 중에 사람 이름이나 지명과 고유명사를 금방 구분해서 쉽게 알 수 있습니다.

역시 마찬가지로 외국인들의 대화 중에서도 사람의 이름이나 고유명사가 많이 나옵니다. 그런데도 우리는 이를 소홀히 취급하기 때문에 그 말이 사람의 이름인지, 지명인지, 영어단어인지를 구분하지 못하여 잘 모르는 경우가 많습니다. 저는 이런 사실을 잘 몰랐습니다. 제가 영어 회화책 내용을 보면서 영어 단어를 계속 찾다가 스스로 느낀 것입니다. 그리고 저의 생각엔 적어도 외국인들의 이름은 약 100개 정도는 알고 있어야 한다고 생각됩니다.

외국인들의 이름에는 존, 톰, 데이비드 등의 이름은 별로 없습니다. 아주 희한하고 생소한 이름이 참 많습니다. 외국의 문화에 젖

어있지 않은 우리는 잘 이해하기 어렵지만, 어쨌든 사람 이름 등 고유명사를 영어 단어 외우듯 외워둘 필요가 있습니다.

또 지명도 많이 알아야 합니다. 이렇게 사람 이름이나 지명을 외워야 하는 이유는 회화뿐만 아니라 차후, 미국 방송이나 영어 전용 TV를 시청할 때도 꼭 필요하기 때문입니다. 그리고 이렇게 할지라도 어린아이들은 언어를 받아들이는 습관이 어른과는 비교할 수 없을 정도로 빠르기 때문에 쉽게 받아들입니다.

영어 회화 학원에 다니게 되자 아이의 영어 실력은 점점 향상되었습니다. 그리고 아이들이 갈색 머리의 외국인을 대하는 태도는 퍽 친숙해지고, 언제든지 얼굴을 맞대고 영어로 간단한 대화를 하는 것은 아주 편한 일이 되었습니다.

매일 아이와 함께 가서 영어 회화를 하는 엄마도 퍽 많은 노력을 하였습니다. 이런 일들이 한 달이 지나 두 달, 그리고 세 달째 접어들면서 초급에서 중급으로 그리고 상급으로 교재가 바뀌어 갔습니다. 물론 같은 시기에 고1 영어 교과서도 열심히 했습니다.

아이의 하루 생활을 살펴보면, 아이는 학교에 갔다 집에 와서 학교 숙제하고 영어 시험 공부하고, 좀 놀고, 영어 회화 학원 가고, 제가 퇴근한 뒤, 2시간 정도는 영어 시험 테스트하고, 나머지 시간 있는 대로 책을 읽다가 잠에 드는 것이 평일 아이의 하루 생활이었습니다. 이렇게 재미있고 바쁘게 지내다 보니 아이를 학원에 보낼 시간도 없었습니다.

그리고 저의 부부가 아이들을 집에서 이런 식으로 공부시킨 것은, 어릴 때부터 차근차근 수백 권의 책을 읽도록 습관화시키면, 그것이 요즈음 말하는 논술 공부요, 어릴 때부터 영어 공부를 열심히 시키면, 그것이 대학 입시를 위한 필수 과목인 영어 공부라고 생각했기 때문입니다.

더불어 공부를 하면서 책에서 배우면서 느끼는 즐거움은 공부를 해보지 않은 사람은 잘 이해하기 어렵다고 생각했으며, 공부하면서 느끼는 만족감은, 그 어떤 놀이보다도 재미있고 기쁠 것이라고 생각했기 때문입니다. 또, 영어 공부를 하면서 그 영어 본문에 나오는 내용을 해석해 보면 한 구절, 한 문구마다 학생으로서 인격과 교양을 쌓는 데도 좋은 말들이요, 시야를 넓히는 데도 커다란 도움이 될 것이라고 생각했습니다. 그래서 저의 아이에게도, 공부를 함으로써 느끼는 즐거움과 기쁨을 알려주고자 하는 계산이 마음 한 구석에 있었던 것입니다.

아빠인 저는 사실 피곤함도 없지 않았습니다. 그러나 아이가 조금씩 조금씩 알고 깨우쳐 나가는 데 이런 피곤함은 오히려 저에게는 즐거움이었습니다.

5. 자녀 모두에게 노력하라, 그러면 꿈이 이루어진다

큰아이가 이렇게 초등학교 4학년이 되고 학교생활과 영어 공부에 집중하여 공부하고 있을 무렵 작은아이도 초등학교 1학년에 입학하게 되었습니다. 요즈음 두 아이를 집에서 양육한다는 것이 엄마로서는 그리 쉬운 일이 아닐 것입니다. 왜냐하면, 아이들 나이 차이 때문에 아이들의 행동 방법이 달라서, 엄마가 아이들에 대한 시간차 관찰이 필요하고, 아이들의 친구가 다르고, 아이들 친구의 엄마들이 다르고, 아이들의 성격도 똑같지 않아 그때그때 상황에 대처해야 하기 때문입니다.

그래서 이 두 아이를 돌보는데 종일 편히 쉴 때가 거의 없었을 텐데도, 제가 퇴근하여 집에서 가족과 함께 식사할 때면 아내는 언제나 즐거운 표정으로 대해 주었습니다. 물론 저녁 식사 후 청소와 설거지와 빨래는 저의 몫이 되었습니다. 이렇게 해주지 않으면 아마도 아내가 하루하루 생활에 기쁨이 없었을지도 모르는 일입니다. 다만, 저는 이런 아내의 마음을 알고 미리 가사 일을 기쁜 마음으로 도왔던 것입니다. 그러면서 항상 아내를 위로하고 아내가 하는 일에 용기를 북돋워 주었습니다.

이런 일들은 돈이 들어가는 것이 아니요, 누가 보는 사람도 없으므로 남자라고 체면 차릴 것도 없이 마음만 즐겁게 먹으면 서로 아껴주는 마음으로 협력하며 일을 좀 더 하면 되는 것이기 때문입니다.

어느 때는 직장 일이 바빠 좀 늦게 퇴근할 때도 있었습니다. 그럴 때는 꼭 전화해서 식사를 먼저 하라고 하고 퇴근 후에 집에 도착하여 아내에게 미안하다는 인사말을 잊지 않았습니다. 생각해 보면 저는 지난 30년 가까이 결혼생활을 하며 직장보다는 오히려 가정생활에 충실했습니다. 그렇다고 제가 직장을 아주 소홀히 했다는 것은 아닙니다. 이런 말씀을 드리는 것은 가장인 제가 직장생활과 가정생활을 동시에 기쁘고 즐겁게 양립할 수 있다는 것을 말씀드리려는 것입니다.

사실 아빠가 퇴근 후 집에 곧바로 오시는 것도 습관이라고 생각합니다. 이런 좋은 습관은 쉬운 일은 아니나, 처음부터 마음먹고 노력하시면 스스로 그렇게 된다고 생각합니다. 그런데 만약에 늦게 귀가하는 습관을 들이면, 자꾸만 그렇게 되는 것이 아닐까 생각도 해봅니다. 그러니 아빠의 마음가짐은 가정생활에서 참으로 중요한 역할을 한다고 생각됩니다.

어쨌든, 작은아이가 학교에 입학함에 따라 저희 부부는 집안일들이 더욱 많아졌습니다. 작은아이는 형이 그 나이에 했던 것처럼 형에게 물려받은 책으로, 형이 했던 그 모습 그대로 형과 똑같은 길을 걸었습니다. 일반적으로 형이나 언니가 있고 그 밑에 동생들이 있다고 가정할 때, 부모님들은 우선 큰아이에게만 온통 신경을 쓰는 경향이 있습니다. 그리고 큰아이가 잘하면 작은아이도 잘하겠지 하고 착각하시는 경우가 많습니다.

그러나 그렇지 않습니다. 아이들은 반드시 공들인 만큼 큰다고 생각합니다. 다시 말씀드리면, 아이들에게 관심을 갖고 신경을 쓴 만큼 아이들이 똑똑해진다는 뜻입니다. 큰아이가 잘한다 해서 작은아이에게 좀 소홀히 하면 초등학교 시절에는 표가 안 나는 듯하지만 중학교, 고등학교를 거치면서 표가 날 것입니다. 우리는 그런 경우를 주위에서 흔히 보고 있습니다. 그런 경우를 흔히 보셨다면, 부모로서 자신은 이 경우에 속하지 않아야겠다고 예상하고 노력하여 고쳐야 한다고 생각합니다.

만약에 아이들이 성장해서 훗날 결혼생활을 각각 하게 된 후, 형제간 또는 자매간에 경제적인 면에서, 또는 사회 지위에서 또는 성격과 인품을 갖추는 면에서, 큰아이와 작은아이가 각각 차이가 난다는 것을 부모가 아신다면, 겉으로 말은 못해도 서글픈 마음이 있을 것입니다.

이런 결과는 부모님의 아이에 대한 교육적 관심의 차이에서 발생할 확률이 제일 높을 것으로 생각합니다. 저는 사회생활을 하면서 중고등학교 학생을 자녀로 둔 분들을 만날 기회가 많은 편입니다. 그분들과 대화를 하다 보면 꼭 자녀들의 이야기가 나오는데, 대부분 형이 공부 잘하면 동생은 좀 떨어지고, 동생이 공부 잘하면 형이 좀 떨어지는 가정을 많이 보았습니다. 이렇게 형과 아우, 언니와 동생들의 학교 공부에 대한 실력 차이를 알고, 뒤늦게 후회하시는 부모님들을 많이 만났던 것입니다.

부모의 마음에 열 손가락 깨물어 아프지 않은 손가락이 어디 있겠습니까? 자식 잘되기를 바라는 부모의 마음은 다 똑같기 때문입니다. 저는 이런 상황을 잘 알기 때문에 늘 아내와 두 아이의 균형적인 교육 문제에 관해 대화해왔습니다. 그래서 작은아이에게도 형과 똑같은 교육 방법을 택해서 집에서 가르쳤던 것입니다.

작은아이도 즐겁게 형의 발자취를 잘 따라 주었습니다. 우리 부부는 힘들었지만 즐겁고 가슴이 뿌듯했습니다. 저는 아내에게 남같이 부유하게 잘은 못해주었지만, 아내는 항상 아이 이야기를 하며 즐거워했습니다. 사실, 어떤 면에서 보면 가족과 화목하게 지내고 남편에게 사랑받는 아내의 모습은, 그 어느 것에도 비교할 수 없는 행복일지도 모릅니다. 만약에 제가 다시 태어날 수 있다면 여자로 태어나고 싶고, 저의 아내와 같은 그런 삶을 살고 싶다는 생각도 해보았습니다. 다만 저는, 지금같이 이렇게 생활하는 것에 아주 만족하고 있습니다.

작은아이도 초등학교에 입학한 뒤, 저희 부부가 예상했던 대로 형처럼 학교생활을 잘 해주었습니다. 역시 초등학교 2학년 무렵 작은아이도 형이 쓰던 중1 영어 교과서로 영어 공부를 시작하였습니다.

저희 부부는 한층 바빠졌습니다. 결혼 초부터 줄곧 그래 왔지만, 아침에 일어나서 아이들 학교 갈 때까지는 항상 집안이 바삐 움직였습니다. 저는 출근을 위하여 해야 할, 저에 대한 모든 일은 제가 스스로 한 것은 물론이고, 아침 식사 차리는 일도 틈틈이 아내를 도와주었습니다. 제가 출근하고 아이들이 학교에 간 후, 아내는 집안 정리와 하교 후 아이들이 해야 할 공부를 구상하고, 준비하고, 한숨 좀 돌릴라치면 곧바로 오전반인 작은아이가 학교에서 옵니다.

점심 식사 먹이고, 엄마는 아이의 친구가 되어 학교에서 선생님과 친구와 재미있게 지낸 이야기 들어주며, 아이와 잠깐 놀아 주고, 학교 숙제와 학교 준비물을 챙기고, 또 영어 공부를 시키고, 작은아이의 스케줄에 엄마가 함께 지내다 보면, 큰아이가 학교를 마치고 집에 옵니다. 그러면 다시 큰아이에 대한 일들이 새롭게 생겨납니다.

큰아이의 하루 생활에 맞춰 엄마는 또 다른 일들을 시작합니다. 엄마가 두 아이를 동시에 만족시키는 일이 그리 쉬운 일은 아닐 것입니다. 그러나 아내는 그런 일들을 즐겁게, 그리고 희망을 가지고 10여 년간 묵묵히 해왔던 것입니다. 저는 이러한 아내의 수고를 잘 알고 있었습니다. 그러니 제가 가사 일을 힘닿는 대로 도와주는 데는 그만한 이유가 있었습니다. 만약에 남편인 제가 나 몰라라 하고 아이들의 교육을 아내에게 전부 미루고 가사도 안 도와주었다면, 아내는 1~2년 해보다가 남편의 무관심에 용기를 잃고 제자리에 주저앉았을지도 모르는 일입니다. 그래서 저는 매일 아내에게 고생한다는 말을 자주 하며 격려하고 아내를 위로하였습니다.

큰아이가 초등학교 3학년 1학기 말쯤에 외국인에게 배우기 시작한 영어 회화는 시간이 갈수록 실력이 늘었습니다. 저녁 시간에 저는 아이와 얘기하는 것이 재미있어서, 오늘 영어 회화 시간에 배운 내용을 아빠에게 설명을 해보라고 하면, 아이는 자랑스럽게 오늘 배운 내용을 늘어놓습니다. 아이에게 이날 배운 영어 회화 공부를 다시 한 번 되풀이해보는 복습 방법이었습니다. 이 방법은 영어 회화를 공부하는 아이에게는 영어 회화에 취미도 붙일 겸 더없이 좋은 연습 방법이라고 생각합니다. 당시 함께 배운 어른들의 표정, 회화 모습, 수업 분위기 등을 이야기하면서 즐겁게 아이와 대화를 나누는 것입니다. 그리고 그 옆에는 작은아이가 귀를 쫑긋 세우고 듣고 있었습니다. 이렇듯 저는 매일 거르지 않고 아이들과 이런저런 이야기를 했습니다.

저는 이렇게 아이와 아내와 함께 지내는 시간이 그렇게 즐거울 수가 없었습니다. 우리 아이의 영어 회화 실력을 누군가에게 자랑하고도 싶었습니다. 그러나 이런 일들은 꾹 참고 하지 않았습니다. 아내가 한사코 말렸기 때문입니다. 그 이유는 아이들에게 쓸데없이 자만심만 키운다는 것입니다. 그래서 묵묵히 저의 할 일, 즉 아이에게 영어 시험 테스트와 학교 공부하는 일을 도와주고, 다양한 책 읽기를 위해 아이에 적합한 책을 사주는 일에 전념하였습니다.

그러나 훗날, 분명히 이런 일들은 아이들이 대학을 갈 때 큰 도움이 되리라는 희망을 가지고 꾸준히 하였습니다. 그리고 저는 아이들에게 학교 공부나 영어 회화, 또 고등학교 영어 교과서 공부 등 억지로 공부하라고 강요하거나 혼내는 일도 없었습니다. 시험 볼 때마다 상금을 줬던 것이 큰 이유가 되었을 것이고, 또 아이들이 공부하기에 즐겁도록 칭찬해주고 집안 분위기를 맞춰 준 까닭도 있을 것이며, 이 영어 공부는 엄마와 아빠가 직접 함께 참여하는 공부라는 이유도 있었을 것입니다. 그래서인지 아이들은 자발적으로 재미있게 공부하였습니다.

흔히, 부모님들께서 학교 성적이 좋지 않은, 중·고등학교에 다니는 자녀에게 공부하라고 강요하듯 재촉하는 모습을 볼 수 있습니다. 그러나 자녀들이 이미 중고등학교 학생으로 성장해 있고, 공부는 점점 어려워지고, 어릴 때부터 공부하는 습관이 몸에 배지 않았기 때문에 중학생, 고등학생이 되어서 공부하려고 마음먹는다면 이미 좀 늦은 감이 있습니다.

앞서 말씀드린 대로 공부 잘하는 아이는 앞서서 더 깊게 공부할 것이고, 아무래도 뒤늦게 시작한 아이는 앞선 아이를 따라가는 데는 한계가 있기 때문입니다.

그래서 어릴 때 초등학교 시절부터 공부를 잘하는 것이 매우 중요한데, 이때 부모가 아이와 함께 공부하게 된다면, 아이들은 공부에 대한 거부 반응도 없고, 오히려 부모님을 즐겁게 해 드리려고, 또 부모님께 잘 보이려고 열심히 공부할 것으로 생각됩니다. 이렇게 자연스레 공부하는 습관이 몸에 젖게 되면 그 습관은 또한 그대로 중학교를 거쳐 고등학교까지 이어진다고 생각됩니다.

저는 제가 중학교 학생이었을 때, 공부에 대하여 어떻게 생각했나 하는 기억을 더듬어 보았습니다. 별로 공부에 탁월하지 못했던 저는, 그 당시 '왜, 공부를 하라는 것일까? 이런 것은 없어질 수는 없나? 꼭, 공부를 잘해야만 되는가? 빨리 어른이 되었으면 좋겠다. 그래서 공부를 안 했으면 좋겠다. 학생인 나는 공부 때문에 불행하구나.' 등 공부에 대하여 별의별 부정적인 생각을 많이 했습니다. 이런 생각은 공부를 못하거나 흥미를 느끼지 못하는 학생들은 누구나 해보는 생각일 것입니다.

이는 공부가 학생 자신의 앞날에 얼마나 중요한 역할을 하는지를 아직 잘 모르며, 또한 공부에 대하여 즐거움이 없기 때문입니다. 그래서 저의 경우처럼 아이들이 공부에 대하여 부정적인 생각이 없도록 해주는 것이 부모의 역할이 아닌가 생각했습니다. 이런 이유 때문에 아이들에게 어릴 때부터 책 읽기 등을 자연스럽게 유도하고, 아빠인 제가 직접 아이들 공부에 함께 참여한 것입니다.

누구나 부모는 자식을 낳으면 자식의 장래에 대하여 생각합니다. 그리고 자녀의 교육에 관심을 갖습니다. 생각해 보면 교육하는 방법에는 여러 가지가 있겠습니다만, 자녀의 교육에 관한 한 남들이 말하는 어떤 방법도 정답이 될 수는 없다고 생각합니다. 왜냐하면, 부모님들이 각각 처한 환경이나 상황이 똑같지 않기 때문입니다. 다만, 남들의 좋은 경험을 부모 자신의 처지에 비추어 부모가 적절히 가장 옳은 해답을 찾으셔야 한다고 생각합니다. 그리고 공부를 아이들에게 시키시려면 정말 1~2년에 완성되는 것이 아닙니다. 아이들이 성장하여 적어도 대학 입시에 합격할 수 있을 때까지 십여 년을 부단히 노력하셔야 한다고 생각합니다. 이렇게 장기간 계획을 가지고 노력하려니 경제적인 사정을 고려해야 할 것입니다.

그런데 현실을 냉철히 살펴보면 이제 교육마저도 돈 많은 부자 자녀들의 전유물이 되어가는 느낌이 듭니다. 왜냐하면, 우선 자녀에게 영어 공부를 시킨다. 개인지도 과외 공부를 시킨다 하면 엄청난 돈이 지출되기 때문입니다. 이렇게 많은 사교육비를 지출하면서 자녀를 어릴 때부터 공부시키면 이 아이는 공부를 잘할 수밖에 없고, 좋은 대학을 입학하고, 졸업해서 좋은 직업, 좋은 직장을 먼저 차지할 수밖에 없는 것이 현실입니다.

이렇게 부잣집 아이가 공부도 잘하게 되고, 사회에 진출하여 좋은 위치도 쉽게 먼저 차지하게 된다면, 형편이 어려운 가정에서는 아이들을 훌륭히 공부시켜서 형편을 좀 더 좋게 해보려는 의욕이 떨어질 수밖에 없다고 생각합니다.

옛날에는 가난한 집 아이가 공부를 잘한다고 했는데 요즘은 점점 부잣집 아이가 공부를 잘하는 시대로 변해가고 있습니다. 이 원인은 부잣집 아이들은 어릴 때부터 과외공부를 시키고 있으며 그 중에서도 특히 영어 공부를 집중적으로 시키고 있기 때문이라고 생각합니다. 다른 과목은 학생 자신들이 열심히 참고 서적을 보면서 공부하면, 요즈음 좋은 책이 많이 나오므로 거의 따라갈 수 있습니다.

그러나 영어 과목은 그렇지 않습니다. 혼자서 공부해서 따라가기에는 한계가 있는 과목입니다. 반드시 누군가 옆에서 도와주어야 하는데, 도움을 받으려면 고액 과외나 해외 유학을 하지 않을 수 없는 것이 현실입니다. 그래서 앞으로 다가오는 미래에는 더욱 영어가 필요하다는 것을 알고, 돈 있는 부모님들은 자녀들을 조기 영어 공부나 조기 유학을 보내고 있다고 보아야 할 것입니다.

그러나 한편으로 많은 부모님들은 자녀들이 조기유학을 갈 경우, 현지에서 혹시 잘못된 곳으로 빠지지 않을까 걱정되어 못 보내기도 하실 것입니다. 또 어떤 부모님들은 유학 비용이나 사교육비가 엄청나게 들어 영어 공부를 시키지 못하고 있는 것도 한편의 현실입니다.

어쨌든 이런저런 이유 때문에 자녀들에게 영어 교육을 시키자니 몇 달 정도만 학원에서 배우면 되는 것도 아니고, 학생이 학교 다니는 동안 몇 년이고 내내 배워야만 겨우 따라갈 정도이니 감당할 사교육비를 생각하면 부모님들은 걱정이 안 될 수가 없다고 생각합니다.

보통의 가정에서 아빠의 수입은 한정되어 있습니다. 또 부모님의 노후생활도 준비하셔야 합니다. 그러면 어떻게 부모님들이 자식의 교육과 안정된 노후생활이라는 두 마리 토끼를 다잡을 수 있을까요? 이 문제는 여러 가지로 생각해 볼 수 있겠으나 저는 무엇보다도 먼저 우선 자녀들의 사교육비를 줄여야 한다고 생각합니다. 왜냐하면, 사교육비는 십여 년의 긴 세월 내내 계속해서 적지 않은 돈이 지출되기 때문입니다.

이렇게 많이 지출되는 사교육비를 줄이는 것은 부모님의 노력으로 가능하다고 생각합니다. 이러한 방법이 바로 저의 경우처럼 사교육비를 아주 적게 쓰는 방법을 택하면서 여윳돈을 모으는 방법이 가장 좋을 것입니다. 이렇게 하면 부모님들이 돈은 아끼면서도 아이들을 충분히 교육할 수 있기 때문입니다. 저는 이렇게 두 마리 토끼를 잡아야겠다고 생각해서 앞서 말씀드린 대로 저 자신이 직접 아이들에게 영어 공부 시키기로 작정한 것입니다.

제가 퇴근 시간에 곧바로 집에 와서 아이들의 교육에 신경을 쓰려면 저 자신의 즐거움은 접어두어야 합니다. 그래서 저는 일요일이나 휴일에는 꼭 집안 식구들과 함께 지냈고, 친구들과 어울릴 일이 있으면 가능한 한 피했습니다.

이렇게 친구들과 어울리지 않았던 이유는 시간이 아까워서 그런 이유도 있었지만 제 생각엔 이런 일들이 별로 소득이 없다고 생각되어서 그랬던 것입니다. 저는 직장에서 퇴근하면 곧바로 집에 오기가 급했습니다. 집에는 이날도 종일 영어 공부와 영어 숙제를 다 해놓고 제가 오기를 기다리는 아이들과 아내가 있었기 때문입니다.

저는 이러한 매일 매일의 약속이 그 어느 것보다 중요하다고 생각했기 때문에 혹시 퇴근 후, 친구들이 만나자는 약속이 생겼다든지 해도 선약이 있다고 거절했습니다. 선약이란 가족과의 이런 식의 영어 공부 약속이었습니다.

큰아이가 초등학교 4학년, 5학년, 6학년을 거치는 사이에 작은 아이는 초등학교 1학년, 2학년, 3학년을 지나고 있었습니다. 큰아이는 초등학교 4학년 때까지 고1 영어 교과서 1권과 또 다른 종류의 고1 영어 교과서 한 종류를 더 마스터하고, 초등학교 5학년부터는 고2 영어 교과서를 공부했습니다.

고등학교 영어 교과서는 한글로 해석해 보면 그 내용도 참으로 유익한 내용으로 가득 차 있습니다. 그리고 아이들의 시야나 인격을 향상시키는 데도 많은 도움이 되었습니다. 또 이렇게 매일매일 영어 교과서의 한 단원이 끝나면 아이도 저도 영어 교과서의 내용에 관한 이야기를 서로 토론도 하곤 하였습니다. 이러는 과정에서 단순히 영어 공부만 하기보다는 그동안 어릴 때부터 읽어봤던 책과 나름대로 아이들의 생각을 아빠와 함께 이야기할 좋은 기회가 되었다고 생각합니다.

이런 일은 보통 식사시간이나 휴식시간, 나들이 시간을 이용한다든지 영어 공부 테스트의 끝 시간에 이야기한다든지 하였으며, 아이와 함께 토론하는 과정에서 저 자신도 느끼는 바가 크고, 아이들도 새롭게 새로운 시야를 넓혀가는 계기가 되었다고 생각합니다.

원어민 학원 강사에게 큰아이가 영어 회화 공부를 처음 시작하던 초창기 1년 정도는 큰아이가 엄마와 함께 영어 회화 학원을 다녔습니다. 그러나 1년이 지나자 이제는 영어 회화 학원에서도 아이가 다니는 것이 익숙해져서 엄마가 영어 회화 학원에 같이 다니지 않더라도 큰아이 혼자서 수강 신청을 받아주었습니다.

아내는 이 시간을 이용해서 작은아이에게 영어 공부를 시켰고, 훗날 작은아이가 영어 회화 학원에 처음 다닐 때는 큰아이에게 했던 것처럼 역시 엄마가 1년 정도 함께 다녀주었습니다. 아내는 이렇게 매일 낮 시간에는 집에서 아이들에게 영어 교과서를 공부시키며, 또 매월 개강하는 외국인 영어 회화반에도 빠지지 않고 계속 아이를 데리고 다녔습니다.

이런 과정을 거치는 사이에 시간이 흘러 큰아이가 초등학교 6학년 때부터는 영어 회화 학원에서 최고급반인 프리토킹반에 다니게 되었습니다. 프리토킹반은 영어 회화 교본이 없이 외국인강사와 그때그때 상황에 따라 소재를 바꾸어가며 서로 자유롭게 대화하는 최고급 반입니다. 아이는 여기서도 어른들에게 뒤지지 않고 즐겁고 기쁘게 잘 따라 주었습니다.

6. 영어 회화 잘한다고 뽐내지 말라, 학교 공부 다른 과목도 중요하다

드디어 큰아이가 중학교에 입학하였습니다. 당시에는 영어 과목이 중학교부터 시작하였기 때문에 영어 시간에 선생님께서 설명하시는 영어 공부가 큰아이에게는 너무 쉬운 것이었습니다. 물론 당시에 영어 담당 선생님께서 영어 회화를 반 아이들에게 가르쳐 준다는 것은 상상도 못 할 때였습니다. 그것도 그럴 것이, 영어 선생님께서 영어 회화를 못 하시기 때문입니다. 이것은 영어 선생님의 잘못이 아니라고 생각합니다.

지금도 그렇지만 당시에는 영어 회화를 한다는 것은 특수 분야에서나 하는 것으로 생각했기 때문입니다. 그래서 당연히 중학교 수업 시간표에는 영어 회화 시간이 없었고, 큰아이의 영어 실력은 다른 아이들이 학교에서 영어 시험을 볼 때 함께 100점을 받으면 똑같이 100점을 받는 정도로 평가되었습니다.

그러나 저는 선생님이나 학급 아이들에게 "네가 영어를 잘한다고 뽐내지 말아라." 하고 단단히 일러두었습니다. 저의 큰아이가 학교 교실 내에서 영어 선생님이나 다른 급우들에게 영어를 잘한다고 우쭐대며 뽐내는 버릇이 생긴다면, 자칫 아이가 인격적으로 겸손함을 잃고 교만해지기 쉽다고 생각했기 때문이었습니다. 아이는 저의 말에 잘 따라주었습니다.

중학교 시절 영어 시험에서 100점을 자신하면 나머지 과목은 조금만 열심히 공부하면 곧바로 상위권 내에 진입할 수 있습니다. 또 한 번 상위권 내에 진입하게 되면 그 성적은 중학교 3년 내내 유지되는 것이 보통입니다. 그러면 공부 잘하는 아이가 되는 것입니다. 이러한 중학교 성적은 현실적으로 영어라는 가장 어려운 과목이 항상 100점을 맞아줌으로써 고등학교 3년까지 그대로 유지될 수 있다고 생각됩니다.

이렇게 되면 대학 입시에서도 명문대학에 들어가는 것은 그리 어려운 일은 아니며, 이쯤 될 때 아이들도 장래의 진로에 대하여 이것저것 어른스럽게 스스로 생각하게 될 것이라고 생각했습니다.

물론, 아이들이 고3 영어 교과서 과정을 마칠 때까지 영어 공부 하나만을 집중적으로 공부한 것은 아닙니다. 중 1학년 때 이미 고등학교 3학년까지 마스터한 처지이므로 중학교를 다니면서는 영어 회화나 영어 공부에 집착하지 않고 국어, 수학 등 타 과목에 많은 비중을 두어 공부하였습니다. 다시 말씀드리면 학교 수업방침에 따라 전반적인 과목을 모두 공부하였습니다.

7. 가정환경이 바뀌었지만 영어 공부는 계속한다

큰아이나 작은아이가 초등학교를 다니면서부터 아이들과 함께 틈만 있으면 저 자신을 위한 공부도 하였습니다. 예를 들어, 공휴일이나 일요일은 교보문고나 시내 나들이도 갑니다만, 노는 날마다 그렇게 할 수는 없는 일입니다. 저는 그때그때 상황에 따라 아이들에게 학습의 태도도 가르칠 겸 아이들과 함께 독서실에 자주 갔습니다.

독서실은 보라매공원 안에 있는 시립독서실이었습니다. 아침 일찍 그날 공부할 것을 모두 각자 챙겨서 가방을 메고 독서실에 갑니다. 그 당시 입장료는 1인당 100원이었습니다. 항상 자리는 많이 남아있었습니다. 아빠가 바로 옆에서 공부하니 아이들도 조용히 자기 공부를 하였습니다.

점심때는 엄마가 시간에 맞추어서 점심식사를 가지고 오십니다.

저와 아이들은 이 시간을 기다립니다. 아내가 펼쳐 놓은 도시락은 그렇게 맛있을 수가 없습니다. 아이들도 좋아서 맛있게 식사합니다. 봄, 여름, 가을에는 밖의 잔디에서 점심식사를 하고 겨울이나 비가 올 때면 실내 구내 식당에서 식사를 합니다.

보라매공원은 넓고 경치도 좋습니다. 소풍 온 기분입니다. 지금도 아이들은 그때 그 시절 가족과 함께 식사했던 추억을 이야기하곤 합니다. 점심시간에 맞추어 도시락을 싸오셨던 엄마의 고마움과 옆에서 열심히 공부했던 아빠의 모습도 함께 이야기합니다.

저 자신이 집에서 아이들과 함께 어울려서 공부했지만, 이렇게 틈만 있으면 저 자신을 위한 공부도 했던 결과로 큰아이가 중학교에 들어가던 해, 저는 세무사 고시에 합격할 수 있었습니다. 그리고 이때부터 저는 직업이 바뀌어 가정환경에 약간의 변화가 있었지만, 아이들과 함께 하는 공부는 변함이 없었습니다.

그 뒤로 몇 년 더 틈만 있으면 공휴일이나 일요일에는 아이들을 데리고 보라매공원 독서실을 찾았습니다. 독서실은 아침 6시에 시작하여 밤 10시까지 운영하였습니다. 아이들이 중간고사나 기말고사가 있는 날이면 마지막 끝나는 시간 밤 10시까지 공부를 하였습니다. 저는 늦게까지 아빠와 함께 공부하는 아이들이 기특하였습니다.

평일에는 평일대로 일요일에는 일요일대로 가족과 함께 즐기며 큰아이의 중학교 시절과 작은아이의 초등학교 4, 5, 6학년 시절은 이렇게 알차게 지났습니다.

8. 고등학교 시절, 부모의 관찰은 자녀의 보약이다

드디어 큰아이가 고등학교에 입학하였습니다.

우리 부부는 참으로 기뻤습니다. 우리가 낳은 아이가 순조롭게 커서 벌써 고등학생이라니 그 흡족함이란 어느 것과도 바꿀 수가 없었습니다. 두 아이가 집안을 누빌 때 보면 집안이 꽉 찬 것 같았습니다.

자녀를 두신 부모님들이 다 그러시겠지만, 저도 마찬가지로 그 누구도 부럽지 않았습니다. 큰아이가 고1 때, 작은아이는 중학교 1학년이었습니다. 두 아이가 고등학교와 중학교에 다니니 집안은 좀 시간이 남는 듯했지만, 여전히 노심초사하는 부모 마음과 분주함은 마찬가지였습니다.

아이들의 중학교와 고등학교 시절은 사춘기입니다. 저도 경험한 바이지만 자칫하면 아이들이 이제까지 잘 걸어왔던 길도 부모님들 모르는 사이에 엉뚱한 길을 가고 있을지 모르는 일이기 때문입니다. 아이들의 사춘기 시절에는 아이들에게 이성 문제가 한두 번 반드시 발생합니다. 얼굴에 난 여드름을 손으로 만지면 만질수록 커지고 붓고 아파지듯이 아이들에게 이러한 문제가 있더라도 크게 문제 삼지 말고, 부모님은 아이에게 조심스레 친구처럼 접근할 필요가 있다고 생각합니다.

이때 부모님은 아이에게서 이성 문제에 대하여 어떤 눈치를 챘더라도 아이를 혼내지 마시고 아이의 편안한 친구가 된 입장에 서서 대수롭지 않은 듯 가볍게 처리하시면 무난히 이 시기를 잘 보내실 수 있으실 것으로 생각합니다.

저도 제 아이들에게서 이런 시기가 있었습니다. 다른 사람으로부터 제 아이가 누구와 만났다는 이야기를 들었습니다. 그리고 우연히 서랍에서 어떤 아이가 보낸 편지쪽지(지금 같으면 핸드폰 문자 메시지)도 보았습니다. 그러나 그런 일은 대수롭지 않다는 듯 가볍게 아이와 한두 번 얘기하고는 문제를 삼지 않았습니다. 다만 "너의 장래를 생각해서 학생 시절에는 공부가 중요하며, 공부를 열심히 하거라." 하고 말했을 정도입니다. 즉, 사건을 만들지 않는 것입니다. 이렇게 하니 사춘기의 이성 문제는 표면에 뜨지 않고 흐지부지 사그라졌습니다.

고등학교 공부는 아이들 스스로 해야 한다고 생각합니다. 초등학교 시절부터 중학 시절까지 부모님께서 뒷바라지 하시면서 아이들 스스로 공부할 수 있는 여건을 마련해 주셨다면, 고등학교 때부터는 이때까지 배웠던 실력으로 학생 자신이 스스로 공부하면서 실력을 한층 더 높이는 과정이기 때문입니다. 또 이 시절에는 아이들도 신체적으로나 정신적으로 어른스럽게 성장하는 과정이기 때문에 사소한 일에도 아이들은 자칫 부모님들과 멀리하려고 하는 행동을 보일 수도 있습니다.

그러나 부모님께서는 이러한 행동을 모르는 척 감싸며 아이들에게 평소와 다름없이 자연스럽게 접근하여 부드럽게 대화할 필요가 있다고 생각합니다. 그리고 아이들에게 불만족스럽거나 고민스러워하는 현상들이 나타나는 징후가 관찰되면 부모님, 특히 아빠는 아이들의 편이 되어주셔야 한다고 생각합니다.

더불어 절대로 아이들에게 언어폭력을 하거나 손찌검을 해서는 안 된다고 생각합니다. 아무리 부모가 화가 치밀어도, 참고 부드러운 대화로 아이들을 어루만져 주셔야 할 것입니다. 즉, 부모가 아이의 처지로 내려와서 아이의 친구처럼 대화하여 용기를 북돋워주고 장래를 설계해보고 자신감을 주는 진정한 친구로서의 협조자, 아빠의 모습이 필요하다고 생각합니다.

이럴 때 아빠가 자신을 뽐내며 자랑하시면 곤란합니다. 왜냐하면, 아빠의 처지는 이미 아이들이 훤히 꿰뚫고 있는 것이기 때문입니다. 말씀드린 이런 일들은 만약에 권위적인 성품의 아빠께서는 좀 어려운 행동일 것입니다만, 꼭 그렇게 하시는 것이 좋다고 생각합니다. 상대는 타인이 아니고, '나 몰라라.' 할 처지도 아닌 바로 내가 낳은 내 핏줄. 내 자식이기 때문입니다.

우리는 휴머니즘이 가득한 서양 영화나 드라마를 본 적이 있을 것입니다. 그때 한결같이 나오는 내용으로 어른인 아빠가 어른의 권위는 없고, 아이들에게 친구와 같이 대화하며 기쁘게 지내는 모습을 보셨을 것입니다. 바로 그것이 아빠의 훌륭한 모습이라고 생각합니다. 이러한 생활 속에서 자란 아이는 성장하여 올바른 길로 갈 확률이 높다고 생각합니다.

말씀드린 대로 저는 이런저런 생각을 해보면서 아이들이 점점 성장해감에 따라 부모와의 대화가 줄어들지 않도록 어릴 때부터 대화를 나눴던 습관대로 자연스럽게 어울렸습니다. 늘 대화를 하던 부모 자식은 대화의 대상거리도 많습니다. 학교 생활 이야기, 아이들 친구 이야기, 영어 공부하며 즐거웠던 이야기, 그 내용의 뜻풀이, 두 아이 간에 벌어졌던 이야기, 집 밖에서 있었던 사소한 이야기, 신문이나 방송에서 본 내용 이야기, 장래의 희망 이야기,

엄마와 아빠에 관한 이야기, 친척에 관한 이야기, 그날 톱뉴스거리에 관한 이야기, 좀 더 나아가서 사회의 실정에 관한 이야기 등 말씀을 드리면 숱하게 많습니다.

그러나 중요한 것은 아빠나 엄마가 말씀을 많이 하지 않고 아이들의 말을 많이 들어주는 것이라고 생각합니다. 아이들은 자라면서 이야기를 어딘가에 하고 싶은 것이기 때문입니다. 그런데 말할 곳은 생각 외로 그리 많지 않다고 생각합니다. 그러니 가족 간의 대화 시간에 부모가 말하고 싶어도 꾹 참고, 아이들의 이야기를 들어주시는 것이 바람직하다고 생각합니다. 이런 분위기가 어릴 때부터 계속되면 아이들은 언제라도 무슨 대화의 소재라도 부모님들에게 모두 말할 수 있을 것입니다. 이렇게 모든 것을 대화할수 있으니 이런 과정을 통하여 부모님들은 교훈이 되는 말씀을 아이들에게 간간이 할 수 있고, 더불어 아이들은 정직이라는 중요한 성품을 기르게 될 것이기 때문입니다.

저의 아이들은 예상대로 우리 부부의 말을 잘 따라주었습니다. 큰아이 고등학교 시절 3년 중에 한 두 가지 문제가 있었지만, 평소 부모들과 대화를 즐겨 하는 관계로 어렵지 않게 극복할 수 있었습니다. 작은아이도 매일 큰아이의 모습을 보면서 생활했으므로 중학교 생활을 형이 해온 대로 만족스럽게 했습니다.

앞서 말씀드린 대로 저희 부부는 형과 동생에게 똑같은 시간을 배분하기로 한 계획대로 큰아이가 고등학교에 가면서부터는 더 많은 시간을 작은아이에게 쏟았습니다. 작은아이도 형이 공부하는 것을 줄곧 보아왔던 처지이므로 두말없이 그대로 하였습니다.

9. 명문 Y 대학교에 합격하다

드디어 큰아이가 Y 대학교에 입학을 했습니다. 집안 식구 모두가 축제 분위기였습니다. 그리고 곧이어 작은아이는 고등학교 1학년이 되었습니다. 저의 아내는 하나의 보석거리를 찾은 것입니다. 그러나 대학교에 입학했다고 해서 보석이 다 만들어진 것은 아닙니다. 아직도 그 보석거리를 광채 나는 보석으로 만들려면 더 많은 노력을 하여 연마해야 하기 때문입니다.

그리고 작은아이라는 또 하나의 광석에서 보석거리를 찾아야 하는 일이 남아 있었습니다. 대학생과 고등학생이 함께 있는 집, 이렇듯 아내와 저는 바쁜 나날의 연속이었습니다. 일반적으로 많은 부모님들은 아이가 대학만 들어가면 모든 것이 성공인 것으로 생각하시기 쉽습니다. 그러나 그것은 잘못된 판단이라고 생각합니다.

대학 시절은 고등학교와 달리 학생들에게 자율권을 많이 줍니다. 대학 시절에 학생들이 자신의 미래에 대한 목표를 뚜렷이 갖지 못하고 분위기에 휩쓸려 놀다가 자신의 목표를 제대로 정하지 못한 채, 시기를 놓쳐버린다면 아무리 중고등학교 시절에 우수했던 학생들도 장래에 대하여 좌절하는 경우를 주위에서 종종 봅니다. 그래서 아이들의 대학 시절에도 부모님의 관심은 항상 계속되어야 한다고 생각합니다.

그리고 대학 시절에는 학생들이 장래에 대하여 꿈과 야망이 있어야 한다고 생각합니다. 이에 대한 용기를 북돋워 줄 수 있는 분은 오직 부모님이신데 남자 아이들인 경우에는 특별히 아빠의 몫이 더 중요하다고 생각합니다. 아이들과 서로 대화하고, 장래를 논의하고…, 쉽지는 않은 일입니다. 그러나 어릴 때부터 아빠와 대화하며 함께 공부했던 습관대로 대화를 슬며시 이어가면 모든 일이 쉽게 해결될 수 있다고 생각됩니다.

시대는 급속히 변하고 있습니다. 부모님 시대와 아이들의 시대는 적어도 25~30년의 시대 차이가 있습니다. 부모님들은 다 자란 아이들이 이미 부모님께서 학교에 다닐 때의, 그때와 같은 학생들이 아니라는 것을 아실 필요가 있다고 생각합니다.

시대의 상황도, 가치관도 많이 달라졌습니다. 그러니 부모님의 젊은 시절을 참고로 해서, 현재 시대의 흐름을 파악하시면서 아이가 대학생이 되어도 관심을 가지고 계속 관찰하셔야 한다고 생각됩니다.

그리고 아이들의 행동을 계속해서 관심 있게 관찰하시면서 아이들이 도박, 운동권, 마약 등 현저히 잘못된 길로 나아가지만 않는다면 아이들의 의견은 가능한 한 수용하시는 편이 좋다고 생각합니다. 왜냐하면, 시대 흐름에 따른 아이들만의 문화가 있기 때문입니다.

설령 아이들이 잘못했을 때가 있다 해도 아빠가 이제 성인이 된 아이들을 윽박지르는 일이 벌어진다면 이런 일은 참으로 잘못된 행동이라고 생각합니다. 대화로 설득을 해보고 이것이 안 되면 아빠 자신의 행동을 아빠가 스스로 깊이 반성해볼 필요가 있다고 생각됩니다. 그리고 아빠가 자신의 잘못을 발견했으면 아이에게 아빠의 잘못을 솔직히 인정할 필요가 있다고 생각합니다.

아무리 대학생이 되었지만 아이들은 아직 이 사회의 험난한 생활을 잘 모릅니다. 그런데 이 사회의 험난한 생활을 잘 알고 계시는 아빠가 아빠의 잣대로 아이를 측정한다면 아이는 반항심리가 나올 수밖에 없을 것입니다.

부모님들께서 아이들에게 하시는 말씀에는 틀린 말씀은 없습니다. 그러나 학생 시절인 아이들은 이런 부모님 말씀이 귀에 잘 들리지 않기 때문입니다. 저 자신도 아이들과 의견이 틀려 화를 낸 경우라든지 아이들에게 아빠의 권위로 고집을 부린 경우가 있었습니다.

그 날, 저는 하루 종일 곰곰히 제 자신을 생각해보고 제 자신이 잘못됐다고 생각해서 다음 날 아이를 조용히 불러 그 당시에 아빠가 잘못했다고 시인하고 아이에게 양해를 구했습니다. 그러니까 아이는 오히려 자신이 잘못했다고 말하며 아이는 금세 기분이 좋아지고, 그런 일들은 곧 잊어버리면서 이내 다시 화기애애한 분위기로 돌아섰습니다. 이것이 가족입니다.

대학생이 되면 아이들은 자기의 능력을 스스로 판단하여 자신의 갈 길을 생각합니다. 이때 부모님께서 아이들과 여러 방면으로 신중하게 장래를 생각하며 대처하시는 것이 가장 좋은 방법이라고 생각합니다. 그러나 만약에 아이들 생각과 부모님의 생각이 다르시다면 굳이 부모님의 생각을 고집하실 필요는 없다고 생각합니다. 왜냐하면, 부모님께서 아이들에게 어린 시절부터 물고기를 잡아서 주지 않고 낚시하는 방법, 즉 스스로 공부하는 습관과 영어 공부를 가르치셨다면 아이는 스스로 공부하는 과정에서 자신의 장래를 생각해볼 수 있는 능력을 갖게 될 것이기 때문입니다.

그리고 영어 실력이 좋기 때문에 그 아이가 대학을 졸업한 후 과학자가 되든, 샐러리맨이 되든, 자영사업가가 되든, 고시공부를 하든, 어떤 분야로 진출하더라도 어느 정도의 성공은 확신할 수 있을 것이기 때문입니다.

이제 우리나라도 곧 선진국 대열에 올라갈 것입니다. 이미 우리나라의 모든 분야의 일들은 세계를 무대로 향하고 있으며, 이에 따라 이미 세계어가 되어버린 영어는 필수적이고 영어에 능한 사람일수록 인재로 취급받는 시대가 곧 올 것 같기 때문입니다.

어쨌든 대학 시절 남자 아이인 경우 군복무를 포함해서 7년, 여자 아이인 경우 4년이라는 기간 내에 아이들의 인생의 기초가 결정된다고 보아도 별 무리가 없다는 생각이 듭니다.

실로 이 기간에 보석거리는 보석으로서의 구실을 하기 위해 연마되고, 연마된 보석만이 보석으로서의 구실을 제대로 하게 될 것이기 때문입니다. 이렇게 보석거리의 보석 연마 작업에 힘써온 아내를 생각하며 저는 제 나이 50대 후반이 되었지만 지금도 여전히 아내를 도우며 아이들의 장래 문제에 대하여도 틈만 있으면 아내와 논의했고, 아이들과도 서로 의견을 주고받았습니다. 성장한 아이들과 장래 문제에 대하여 의견을 나누는 일은, 아이들이 이제 곧 홀로서기를 하기 위한 준비작업이라고 생각합니다.

이런 생각을 하면서 저는 아이들이 걸음마를 처음 배우던 시절을 생각해보았습니다. 걸음마를 배우기 시작할 무렵, 아이가 조금이라도 빨리 걷게 하려고 아이의 두 손을 잡았다 놓았다 하면서 걸음마 연습을 시키고, 또 시키고 했던 아내를 생각해 보았던 것입니다. 그리고 아이가 혼자서 걷게 되었을 때, 안도의 웃음으로 손뼉을 치며 좋아했던 아내의 모습도 생각해 보았습니다.

그러면서 저는 아이들의 장래에 대하여 아내와 대화를 해보았는데, 그때 제가 느낀 아내의 생각은, 성장한 아이들이 그 옛날 걸음마를 배워 홀로 걷던 그 모습 그대로 홀로서기에 성공하여, 제 발로 걸어서 부모 곁을 떠나 독립해 주길 바라는 마음인 것 같았습니다. 이런 바람은 저 또한 같은 생각입니다.

저의 아이들은 아빠인 제가 집안일을 하며 엄마 일을 도와주고 있는 일을 어릴 때부터 보아왔기 때문에, 아빠가 집안일을 하는 것에 대하여 누구보다도 잘 압니다. 아이들이 초·중·고등학교 시절에는 아빠가 집안일을 하는 것에 대하여 별로 무관심한 듯 별말이 없었습니다. 아마도 모든 아빠가 다 그렇게 하는 일로 생각했는지도 모릅니다.

그러나 아이들이 대학에 들어가고 나서부터는 아빠가 설거지나 집 청소를 하려면 아이들도 가끔 도와줍니다. 특히 설거지를 도와

줄 때면 저는 "그만두어라, 아빠가 하지."라고 말합니다만, 한사코 저희들이 한다고 뛰어들어서 설거지를 시작하는 모습을 볼 때, 저의 마음이 뿌듯합니다. 저는 속으로 "그래, 너희도 장가들어서 아빠같이 그렇게 너의 아내를 도와주어라. 그리고 재미있게 살거라." 이렇게 생각해봅니다.

집안일 도와주는 것도 아이들과의 대화입니다. 이런 하찮은 소재로 대화는 얼마든지 재미있고 즐겁게 끊임없이 이어질 수 있습니다.

저의 큰아이가 중학생이던 시절, 제가 속한 어느 부부 모임에서 제가 손위 형님으로 모시는 대학 교수님이 계셨습니다. 모임에서 화제가 아이들 교육 문제로 이어지자 그 교수 부부께서 저에게 본인의 큰아이 교육 경험담을 말씀해주셨습니다. 이야기의 내용을 요약하면 이렇습니다.

이 분의 큰아이는 초·중학교 그리고 고등학교 2학년 때까지 늘 전교에서 1, 2등을 다투는 아주 공부 잘하는 아이였습니다. 학교에서 아이가 공부를 잘하니 부모가 얼마나 자랑스러웠겠습니까? 그리고 "누구 엄마는 아이가 공부를 잘해 참 좋겠다."라는 등 칭찬이 몇 년을 두고 계속 이어지고 있었습니다. 따라서 당연히 이 아이는 명문대학에 입학하는 것은 물론이고, 장래까지 보장되는 것으로 남들의 부러움을 샀습니다.

이렇게 잘 지내다가 이 아이가 고등학교 2학년이 끝날 무렵 이 아이의 작은 실수로 학교 성적이 조금 떨어졌습니다. 아빠인 교수님은 성적표를 받아보자 화가 났습니다. 평소 전교 1등과 2등만을 하던 아이가, 또 당연히 이런 성적만을 기대했는데 이번에는 처음으로 전교 1등과 2등이 아니었습니다.

아빠는 아들을 추궁했습니다. 옛날 아빠가 공부했던 시절을 빗대어가며 이런 성적표가 웬 말이냐는 것이었습니다. 아이가 다음에는 열심히 더 공부해서 반드시 1등을 하겠다고 빌면서 말하는 것도 무시한 채, 아빠는 아이를 아파트 문밖까지 끌고 나와 큰 소리로 나무랐습니다. 이런 상황에서 엄마는 아빠를 한사코 말렸습니다. 그러나 아빠의 아들에 대한 질책은 아들의 체면과 하소연을 무시한 채 그날 하루 계속되었습니다. 그리고 그 날은 그렇게 지나갔습니다.

그 일이 있은 후, 아빠와 아들의 대화는 끊기고 서로의 사이는 예전 같지 않았습니다. 그 후 아들이 고등학교 3학년이 되자 곧바로 다시 성적표가 나왔습니다. 이게 웬일입니까? 아들의 성적이 반에서 맨 하위권에 있었습니다. 학교에 가서 알아본 결과 시험을 일부러 잘못 본 것이었습니다. 아이가 아빠에게 반항을 한 것입니다. 그 후 한동안 그런 일이 계속되었고, 엄마의 눈물 어린 호소에도 아이는 말을 듣지 않았습니다. 결국, 고등학교 3학년의 성적은 형편없이 떨어지고 아빠와 아이의 사이는 한없이 멀어졌습니다.

이런 나이의 감수성이 예민한 아이들은 앞으로 다가올 자신의 장래에 대한 생각보다는 오히려, 순간의 감정에 치우쳐 행동하기 쉽습니다. 자존심이 강한 교수 아빠는 공부는 안 하고 자신에게 반항하는 아이가 한없이 미웠고 용서도 되지 않았습니다. 이렇게 서로 팽팽한 시간이 흐른 뒤 아이는 그 우수한 재능을 파묻은 채, 어릴 때부터 당연시되었던 명문대학에 입학하지 못하고 그다음 단계의 대학에 입학하였습니다. 그리고 아이는 만족스럽게 자신이 선택한 대학교를 기꺼이 잘 다녔습니다.

이야기는 여기까지입니다. 말씀을 마치고 교수 부부는 이 이야기 끝에 중요한 몇 마디 말씀을 덧붙이셨습니다. "아우님, 고등학교 아이들이 잘못된 것이 발견되더라도 절대로 이웃 사람들이 알도록 혼내지 마십시오. 저는 제 아이를 그때 이웃이 알도록 혼낸 일을 무척 후회하고 있습니다. 교육자라는 제가 왜 이리도 못났는지 모르겠습니다. 그때 아이를 혼낸 사건이 결국 우리 큰아이의 운명을 바꿔놓았습니다. 제가 바보이고 미련했습니다. 제 아이가 그런 식으로 자신을 포기하면서까지 반항할 줄은 전혀 몰랐습니다.

저의 나쁜 고집이 결국 아이를 실망케 했지요."

교수님의 눈에는 어느새 눈물이 맺혀있었습니다. 이 말씀을 하고 있는 옆에 계신 부인께서는 줄곧 눈물만 흘리고 계셨습니다. 그리고 남편에 대한 약간의 원망과 큰아이에 대한 애절한 아쉬움이 섞인 말씀을 하셨습니다.

"이제는 지나간 일이지만 그땐 아빠가 미웠습니다. 울기도 많이 울었지요."

그 당시 이분께서 저에게 자신의 이런 말씀을 해주셨을 때까지 전혀 알지 못했던 큰아이에 관한 이야기를 듣고, 저는 깊은 충격을 받았습니다. 그리고 집에 돌아오는 길에 지금 중학교에 다니는 저의 아이에 대하여 생각해보았습니다. 저도 아이를 키우다 보면 어느 경우 어느 일에 부딪힐지 모른다는 생각과 어느 경우에도 이 분의 경험을 교훈 삼아 아빠로서 적절한 대처를 해야겠다는 생각을 했습니다. 그리고 실제로 저의 아이가 고등학교에서부터 대학 입학까지 공부하는 기간 중 어려운 고비마다 교수님의 경험담은 저에게 커다란 도움이 되었습니다.

그 후, 이 분의 큰아이는 대학을 졸업하고 훌륭한 아내를 맞아 결혼하여 행복한 가정을 꾸미며서 잘 지내고 있습니다. 제가 이 분의 큰아이 결혼식에 참석하여 기쁜 마음으로 결혼을 축하해준 것은 당연한 일이었습니다.

저는 아이들의 교육이 집안에서 어느 한 사람의 힘으로 이루어진다고 생각하지는 않습니다. 모든 집안의 식구가 한마음이 되어 앞에서 당기고 뒤에서는 밀어주는 마음의 화합이 있어야 한다고 생각합니다. 그리고 빼놓을 수 없는 한 가지 말씀은 아이들 교육을 공교육에만 의존하지 말라는 것입니다. 또 내 자식이 공부를 잘하지 못하는 이유를 공교육의 탓으로만 돌리지 말라는 것입니다.

아무리 공교육의 정상화를 외쳐본들 지금 상황이 크게 변하지 않기 때문입니다. 그리고 그것이 공교육의 한계입니다. 공교육이란 원래 여러 사람에게 균등한 교육량의 배분이 그 목적이므로, 경우에 따라, 사람의 특성에 따라, 공교육의 질이 다르게 느껴질 수 있기 때문입니다. 그러니 이를 자신의 틀에 맞추어 옳고 그름을 따지려 들면 그 해답은 없는 것입니다.

그래서 아이들이 공부 잘하는 방법으로는 아이들 자신들의 실력은 학교 공부를 충실히 하면서 다져나가고, 나머지는 학교 밖에서 쌓을 수밖에 없습니다. 이 중에서 학교에서는 기본적인 모든 것을 얻어내고 학교 밖의 것은 가정교육에서 얻으셔야 합니다.

가정교육에는 학원에 보내시는 방법도 있겠지만, 그보다 더 확실한 것은 이제껏 제가 말한 대로 부모님께서 초등학교 때부터 직접 아이들과 함께 공부에 참여하시는 것이 비용이 가장 적게 들고 확실합니다. 그리고 부수적으로 가족관계에서 얻는 행복감이 많습니다.

혹시 어느 부모님께서는 우리 아이가 학교 선생님들에게 잘못 보이면 학생부 내용이 좋지 않을 것을 우려하시는 분이 계실지도 모릅니다. 그러나 그것은 정말 쓸데없는 걱정에 지나지 않습니다. 선생님께서 공부를 열심히 잘하는 학생을 왜 싫어하시겠습니까? 선생님들은 모두 지성인입니다. 모든 학생이 다 귀하겠지만, 공부 잘하는 학생은 특히 눈에 띄기 마련입니다.

선생님께서 모든 학생을 개인지도 할 수는 없습니다. 이런 기대는 하지 않으시는 것이 좋다고 생각합니다. 내 자식의 교육을 위해 선생님께서 한 학생에게만 시간을 많이 소비할 수는 없기 때문입니다.

따라서 우선 부모님 스스로 아이의 실력을 치밀한 계획에 의해 가정에서 가르치고 나서 부족한 부분을 공교육에서 보완하셔야 합니다. 어릴 때부터 시작하는 영어 공부도 그렇습니다. 집에서 부모님이 아이들에게 중1, 중2, 중3 영어 교과서 과정을 마스터하면, 요즈음에는 어린이에게 서양 외국인이 직접 회화를 가르쳐주는

138

원어민 직접 회화 학원이 서울 전역이나 전국 도처에 숱하게 많이 있습니다. 그리고 영어로 방송하는 TV 채널이나 PMP 또는 DVD 나 테이프도 종류별로 여러 가지가 있어, 어느 것에서든 영어 회화 듣기, 말하기를 쉽게 접근하여 배울 수 있습니다.

더구나 더욱 좋아진 것은 토, 일요일이 공휴일이 되어 부모님이 집에 있을 시간이 더욱 많아졌다는 것입니다. 즉, 부모님께서 아이들에게 공부를 가르치실 시간이 훨씬 늘어난 것입니다. 이 시간을 최대한 이용하시면 좋을 것 같습니다. 아마도 뿌듯하고 즐거운 시간이 될 것으로 생각됩니다.

이러한 문제는 부모님들의 아이를 향한 관심에 달려있다고 생각합니다. 다시 말씀드리면 부모님께서 모든 일에 우선하여 아이들에게 어릴 때부터 시간을 투자하시는 것이 가장 좋은 방법이라고 생각합니다. 이렇게 시간을 투자하시면 반드시 좋은 열매를 맺을 것이기 때문입니다. 이 책을 아이들 교육이 거의 끝날 때까지 생각 나실 때마다 읽으셔서, 책의 내용을 완전히 부모님의 경험으로 만드셨으면 합니다.

그리하여 이 책을 읽으실 때마다 아이들 교육에 부모님의 열성이 샘솟듯 솟아날 수 있는 계기가 되었으면 하는 바람입니다.

제 2 부
저자 체험에 의한 자녀에게
영어 공부시키는 방법

어린 시절 형과 동생이 함께, 보라매 공원에서
장난감 글라이더를 열심히 만드는 모습

1. 영어 공부 시작 전까지의 생활을 간추려 보다

신혼 초부터 몇 년간은 생에 가장 아름다운 시절이었습니다.

한 가정을 이루고 사랑하는 아내와 함께 우리를 닮은 아이를 얻는다는 것은 이 세상 어느 축복보다도, 어느 보물보다도 귀하다고 저는 생각했습니다.

더불어 사랑으로 얻은 아이들은 정말 귀엽고 예쁘게 자라주었고, 우리 부부에게 진정한 사랑과 희망을 갖게 해주었습니다.

또, 돌이켜 생각해보면 둘이서 이 생각 저 생각을 해가며 우리 가족의 장래에 대한 설계를 해보던 이 시절이 가장 행복했던 시절이라 기억됩니다.

이런 생각 때문인지 그 당시 저는 두 아이를 낳느라고 고생한 아내에게 직장에서나 가정에서나 틈만 있으면 '어떻게 하면 아내에게 잘해줄까?' 하는 생각을 많이 해보았습니다.

그러면서 저의 행동 하나하나를 모두 아내의 마음에 들도록 하려고 노력하였습니다.

아이를 낳게 되면 집에서 아내의 할 일은 참으로 많아집니다. 기고, 걷고, 뛰고, 일을 벌이는 두 아이의 수발이 그리 쉬운 일이 아니기 때문입니다. 이런 사정을 저는 잘 알고 있지만, 퇴근 후 집에 오면 아내는 늘 미소로 별일 없었다는 듯 반갑게 맞아주었습니다. 이런 아내가 저는 늘 사랑스럽고 고마웠습니다.

저의 아내는 큰아이가 태어날 때부터 입히던 옷가지나 자라면서 쓰던 장난감이나 공작물과 책들을 앞으로 태어날 동생을 위하여 하나도 버리지 않고 모아두었습니다. 그 후 3년이 지나 동생이 태어나자 작은아이는 형이 썼던 물건을 그대로 물려받아 썼습니다. 이렇게 작은아이는 큰아이가 쓰던 옷가지나 장난감, 공작물과 책을 그대로 물려받아 쓰게 되니 생활비 지출 면에서도 어느 정도 절약이 되었습니다.

이런 일들은 생활비가 절약된다는 점에서도 반가운 일이지만, 저는 작은아이가 큰아이 입던 옷을 그대로 입고 있는 것을 보면 어딘지 닮은 것 같아서 흐뭇했고, 큰아이가 가지고 놀던 장난감이나 공작물을 그대로 가지고 노는 것을 보면 아이들끼리 서로 통하는 것 같아서 기분이 좋았습니다.

그리고 큰아이가 보던 책을 작은아이가 그대로 읽고 있는 것을 보면 생각하는 방식도 비슷할 것 같아서 더욱 기뻤습니다. 왜냐하면, 아이들의 이런 행동이나 모습들이 자라고 있는 큰아이와 작은아이를 보이지 않는 끈으로 서로 연결하고 있다고 생각했기 때문입니다. 그래서 그런지 두 아이가 이제는 다 커서 성인이 된 지금도 저희 부부 정도로 서로 다정다감하게 지내고 있음을 볼 수 있습니다.

제가 **제1부**에서 말씀드린 대로 아이들에게 영어 공부를 본격적으로 가르치기 시작하기 전, 그러니까 2~3살 때부터 초등학교 2학년 1학기까지의 상황을 다시 요약해서 말씀드리면, 저희 부부는 집에서 두 아이에게 고운 말씨 쓰기를 시작으로, 경어 쓰기, 올바른 행동하기, 인사하기에서부터 숫자와 덧셈, **뺄셈**, 곱하기 나누기와 한글 읽히기를 반복적으로 가르쳤습니다.

그리고 그때그때 나이에 맞는 어린이 독서, 예의범절, 예쁜 노래하기, 그림 그리기, 공작품 만들기, 클래식 음악 듣기, TV 어린이 프로 보기, 놀이터에서 뛰어놀기 등 어린이들이 할 수 있는 여러 가지를 틈만 있으면 둘이서 번갈아가며 즐겁게 가르쳤습니다. 또, 정서 교육으로는 틈틈이 클래식 음악 테이프를 집안에 틀어 놓아 분위기를 맞추어 주었습니다. 클래식 음악을 듣는 것은 아내의 취미였고, 겸사겸사 아이들에게도 들려주었던 것입니다.

그러던 중 큰아이가 유치원을 다녔는데, 유치원 시절에도 유치원의 가르침대로 열심히 하면서 집에서는 늘 책을 많이 읽도록 시켰습니다. 유치원이 끝나고 초등학교에 입학하여 1학년 시절에도 학교에서 선생님께서 가르쳐 준 것을 열심히 했고, 시간이 나는 대로 책을 읽혔습니다. 아이가 이 시점에 읽은 책이 수백 권에 달하며, 초등학교 입학해서는 위인전이나 문학 전집 등 좀 어렵다 싶은 책들도 잘 읽어나갔습니다.

이런 책들은 모두 대여서점 등에서 빌려 본 것이 아니고 저와 아내가 함께 가족 나들이 겸 아이들을 데리고 나가 서점에서 한두 권씩, 어느 때는 서너 권씩 직접 구입해 주었습니다. 저는 아이들에게 책을 사주는 데는 돈이 아깝지 않았습니다. 이렇게 되다 보니 시간이 지나면서 아이들 방의 벽은 거의 모두 책으로 둘러싸여 있었습니다. 아이는 읽은 책을 또 읽고 다시 또 읽고 하여 책의 내용을 훤히 꿰뚫어 볼 수 있는 정도까지 되었습니다. 그 후 그 책은 동생에게 그대로 물려 주었습니다.

그리고 앞장에서 이미 말씀드린 대로 취학 전에 아이들이 보통 다니고 있는 어린이 학원에는 보내지 않았습니다. 학원비가 비싼 것이 큰 이유였지만 또 다른 이유는, 만약에 이런 학원을 다님으로써 어릴 때부터 음악에 소질이 있다 또는 무용이나 미술 또는 운동에 소질이 있다는 등의 말을 학원 선생님께 몇 번 듣다 보면 혹시 우리 아이가 그런 데에 소질이 있나 하고 착각이나 흥미를 갖게 되고, 이런 것이 동기가 되어 제가 아이들에게 학교 공부는 열심히 시키지 않고 예능 방향으로 아이들을 끌고 나가게 되지 않나 하는 걱정이 있었기 때문입니다.

그리고 사실적인 면에서 저 자신을 냉정히 생각해볼 때 이런 예체능 분야는 첫째로, 아이를 이 분야에 성공시키려면 부모인 제가 뒷바라지할 돈이 많이 들고, 둘째로, 이 분야는 저 자신이 잘 모르는 분야라서 애써보았자 과학 분야나 인문 분야보다도 성공의 보장이 확률적으로 떨어진다고 생각했던 것입니다.

그리고 이런 분야로 나가다가 중고등학생이 되어서 뒤늦게 '아차, 잘못됐다.' 싶어 방향을 돌리려 하면, 이미 아이는 공부할 시기를 놓쳐 돌이킬 수 없이 공부를 잘하지 못하는 아이로 변하여 있을 수 있다는 생각을 했기 때문이었습니다. 그러니 저는 어릴 때부터 아이를 이런 분야로 접근시키지 않았던 것입니다. 그럴 시간이 있으면 그 돈을 아이에게 책을 사주고 집에서 책을 읽혔습니다.

저는 이렇게 아이들에게 영어 공부를 시키기 전까지는 수백 권의 책을 통하여 한글을 읽히고, 다량의 책을 읽게 함으로써 한글을 빨리 읽는 방법과 독해력을 기르는 방법을 아이가 스스로 터득하도록 교육한 것입니다.

책을 한 권 처음부터 끝까지 다 읽는다는 것은 그 책의 내용, 즉 처음 시작과 사건의 전개과정 그리고 그 내용이나 사건이 결론지어지는 과정을 알 수 있는 것이어서 아이들의 사고력을 키우는 데도 크게 도움이 된다고 생각했습니다. 또 책을 통하여 부모님들이 말씀하시는 것 이외에도 새로운 지식이나 사고방식 그리고 예의범절까지도 스스로 터득할 수 있다고 생각했습니다.

더불어 우리나라뿐만 아니라 세계를 아는 데도 독서 이상 좋은 것이 없다고 생각했습니다. 그래서 시간을 내서 대형 서점에 가족과 함께 들러 아이들에게 유익하다고 생각되는 책을 엄마와 아빠 그리고 아이들까지 합세하여 아이에게 알맞은 책을 골라 사 와서 두고두고 한 권씩 읽혔습니다.

어릴 때 책에 흥미를 갖는 아이치고 학교 공부를 잘하지 못하는 아이는 별로 없습니다. 어릴 때부터 이렇게 책을 읽는 습관을 들이게끔 하는 것은 누구도 할 수 없는, 즉 오로지 부모님께서만이 하셔야 할 의무이자 책임이라고 생각합니다.

책에는 길이 있습니다. 책을 많이 읽는 아이는 부모님께서 별로 걱정 안 하셔도 올바른 길로 나간다고 생각합니다. 가정교육이 별 것입니까? 이렇게 어릴 때부터 책을 많이 읽게 해주시면서, 엄마, 아빠가 아이들 앞에서 모범적인 행동을 보여주신다면 그것이 훌륭한 가정교육이라고 생각합니다.

저는 이렇게 생각하고 아이들에게 책을 많이 사주며 아이에게 영어 공부를 본격적으로 시작하기 전에 책 읽는 습관을 교육한 것입니다. 그리고 책을 읽는 아이의 저 건너편에는 항상 엄마가 함께 있었습니다. 이런 엄마의 모습은 마치 맛있는 음식을 차려놓고 그 음식을 맛있게 먹고 있는 아이의 모습을 흡족한 마음으로 바라보는 엄마의 사랑이었습니다.

2. 영어 공부의 최고 좋은 학습교재는 중학교 영어 교과서이다

이런 시간이 흘러 어느덧 아이가 초등 2학년 1학기를 마치고 여름방학이 시작될 때 그해 7월 중순이 되자 기회는 이때부터다 싶어 영어 실력은 없지만 제 자신이 직접 아이에게 영어 공부를 시키기로 마음먹고 우선 영어 공부를 어떻게 시키면 좋을까를 생각했습니다.

그리고 종일 이 서점, 저 서점을 돌아다녀 보았습니다. 그러나 부모가 아이에게 영어를 처음 공부시킬 때 어떠한 방법으로 하면 좋을 것이다, 하고 그 방법을 설명해주는 지침이 될 만한 책은 한 권도 없었습니다.

그래서 생각한 방법이 '제가 중학교 1학년 때 영어 선생님께 처음 영어를 배웠던 방법대로 영어 공부를 시작해야겠구나.'였습니다.

이 방법은 오히려 간단했습니다.

처음에 알파벳을 익히고, 그다음 발음기호와 엑센트를 배우고, 그다음에는 중학교 영어 교과서를 차례차례 심도 있게 공부하며 영어를 익히는 방법이었습니다.

영어를 사용하는 나라에서 그 나라 어린이들은 영어가 자기네 나라말이니까 태어나면서부터 우선 말부터 배우며 시작합니다. 그리고 차후에 서서히 글을 배울 것입니다.

그러나 우리는 영어가 우리나라 말이 아니니까 그렇지 못합니다. 그래서 우리나라 어린이가 처음 영어를 배울 때는 말하기와 듣기보다는 글을 먼저 깨우치는 이 방법이 가장 좋은 방법이라고 생각했습니다.

저는 이렇게 결정하고 곧바로 중고서점에서 중학교 1학년의 중고 영어 교과서 두 권과 서점에서 중학교 1학년 영어 자습서와 테이프를 새것으로 두 권을 샀습니다. 또, 4선지 영어 노트 10권도 샀습니다. 더불어 중고등학교용 영어사전 한 권도 준비하였습니다. 그리고 아이에게는 중1 영어 교과서 한 권과 영어 자습서와 테이프와 4선지 영어 노트를 주었습니다.

아이들에게 영어 자습서를 준 것은 우선 자습서에는 새로운 단어나 숙어가 나올 때마다 새로운 단어와 숙어의 뜻이 써 있고, 문장의 해석이 되어 있으며, 가끔 문법적인 설명도 되어 있어 아이가 영어를 이해하는 데 도움이 되기 때문입니다.

또, 아빠가 아이에게 영어 단어와 숙어 시험문제를 낼 때, 아이가 미리 이 자습서를 보고 영어 단어와 숙어 공부를 할 수 있게 하기 위함이었습니다. 그리고 영어 공부는 뭐니 뭐니 해도 영어 단어와 숙어를 공부하는 것이 가장 중요한 일이라고 생각했기 때문입니다.

그리고 그 당시에도 중학교 영어 자습서를 구입하면 부록으로 단원마다 원어민이 단원의 문장 내용을 읽어 녹음한 테이프가 1개씩 있었습니다. 저는 이 테이프를 낮시간에 아이가 엄마와 함께 영어 공부를 하면서 여러 번 반복하여 듣게 함으로써 저녁에 아빠가 읽어주는 영어 본문을 듣는 테스트를 할 때 도움이 될 수 있도록 할 작정이었습니다.

한편 저도 영어 자습서와 영어 교과서를 가지고 다니면서 직장에서 점심시간과 휴식시간 등을 이용해서 아이들에게 영어를 알려주기 전에 미리 책을 보고 읽기와 해석을 해두었다가 집에서 아이에게 영어책을 서로 꺼내보면서 영어 공부를 가르칠 계획이었습니다.

그리고 아이에게 아빠가 영어 공부를 시키면서 영어 시험을 봐서 100점을 맞거나, 영어 쓰기 숙제를 내서 영어의 스펠링이 틀리지 않고 정확히 써서 100점을 맞았을 때와, 본문 읽기와 본문 해석에서 100점을 맞았을 때는 '영어 100점'이라 하여 상금을 줄 계획이었습니다. 이렇게 해서 한 과가 끝나면 상금을 세 번 받게 되는 것입니다.

즉, 저는 이렇게 아이에게 영어 공부만을 시키는 것 이외에 용돈의 성격을 띤 상금을 주어 영어 공부를 할 의욕이 생기도록 이끌려는 생각이었습니다.

저는 이렇게 결정한 뒤, 아이에게 영어 공부를 시킴에 앞서 사전에 아이와 약속을 했는데 내용은 이러합니다.

"이제 네가 영어 교과서를 가지고 영어 공부를 시작하면서 한 과씩마다 읽기와 쓰기, 그리고 단어와 숙어 시험을 3번에 걸쳐 시험을 볼 것이다. 각각 그 시험에 100점을 받아 합격하면 그때마다 상금 1,000원을 너에게 주겠다.

그 대신 앞으로 너에게 용돈을 달리 주는 일은 없다. 영어 공부를 열심히 해서 시험에 합격하여 상금을 타서 쓰도록 하여라. 그리고 그 상금은 네가 쓰고 싶은 곳에 엄마, 아빠의 허락 없이도 마음대로 사용하거라 그 대신 나쁜 곳에는 사용하지 말거라. 영어 시험은 1과마다 ① 영어 단어 숙어 받아쓰기, ② 본문 쓰기, ③ 본문 읽기와 해석 등 3가지를 시험보는데 그 규정은 이러하다.

① 영어 단어와 숙어 받아쓰기 시험은 본문에 나오는 단어 중에서 아빠가 불러주는 영어 단어와 숙어를 백지에 쓰고 그 뜻을 한글로 함께 쓰기이다. 영어 단어 스펠링이 하나만 틀려도 안 되고, 뜻이 틀려도 안 된다. 100점을 받아야 합격이다.

② 본문 쓰기 시험은 영어 본문을 필기체로 5번, 인쇄체로 5번, 4선지 영어 노트에 써야 한다. 이 본문 쓰기는 네가 학교에 다녀와서 낮시간에 집에서 하는 숙제이다. 아빠는 영어 시험 테스트하기 전에 먼저 영어 노트에 써놓은 본문을 확인할 것이다. 이때 영어 단어 스펠링이 하나만 틀려도 안 되고 마침표, 쉼표 등 부호가 틀려도 안 된다. 그리고 문장 앞에 대문자로 쓰는 것이 틀려도 안 된다. 즉, 영어책에 있는 그대로 써야 합격한다.

③ 본문 읽기와 해석시험은 본문을 읽고 해석하는 것이다. 이때 본문은 네가 낮에 테이프를 들었던 대로 느리지 않게 빨리 읽어야 하고 억양을 꼭 넣어라. 천천히 읽으면 불합격이다. 우리 한글로 된 책을 읽는 것보다 더 빠르게 읽도록 하여라. 가능하면 읽을 때 이 뜻이 무엇인가를 알도록 하여라. 우리나라 말을 할 때, 말함과 동시에 말뜻이 무엇인지 알듯이 그렇게 연습해라.

그리고 읽기 시험이 끝나면 문장을 한 구절씩 다시 읽고 우리말로 해석해라. 읽기와 해석이 다 맞으면 합격이다."

이렇게 영어 시험에 대하여 아이에게 설명하고 서로 그렇게 하기로 약속하였습니다.

이렇듯 저는 아이에게 영어 공부를 시키면서 상금이라는 **묘안**을 생각해 냈습니다. 그리고 아빠의 영어 시험 테스트에 100점을 맞으면 그 즉시 상금을 주었습니다.

아이는 이 상금을 받아 자기들의 용돈으로 유용하게 사용하였습니다. 이런 일들은 아이가 처음 영어를 배우던 초등학교 2학년 1학기 말 때부터 영어 공부를 마치던 중 1학년 1학기까지 5년간 계속되었습니다.

그러면 '이런 식으로 부모가 아이들에게 영어 공부를 시키는 데 엄마와 아빠가 영어를 굉장히 많이 알아야 할 것 아닌가?' 하는 의문이 생길 것입니다.

그러나 그렇지 않습니다. 왜냐하면, 시험을 보는 아이가 비록 공부는 영어 교과서나 영어 자습서를 가지고 공부하지만, 시험을 치를 때는 볼 수 없는 것이고, 시험을 보게 시키시는 아빠는 이미 자습서에 의해 한 번 훑어본 내용을 책을 보면서 시험을 내기 때문에 시험이 끝나고 채점할 때, 아이가 틀린 부분을 정확히 짚어

낼 수 있는 것입니다.

중요한 것은 아빠, 엄마가 긴 세월 동안 매일 매일 영어 테스트를 꾸준히 아이에게 하는 일입니다.

제가 사용한 이 훈련과 상금의 방법은 훌륭한 아이디어라고 생각합니다.

저는 이 방법으로 아이에게 상금을 주었으며, 영어 시험이 100점이 안 되거나 영어 쓰기 시험에서 스펠링이 하나라도 틀리면 즉, 95점이 된다면 상금을 주지 않았습니다. 시험에 관한 엄격하게 규정을 적용했던 것입니다.

후일의 이야기입니다만, 이 엄격한 방법은 아이가 영어 단어를 정확히 구사하고 문장 하나하나를 정확히 아는 데 도움이 되었습니다.

아이와 영어 공부를 시작함에 앞서 아빠와 자식 간에 영어 공부 시험과 상금에 대하여 반드시 100점을 맞아야 상금을 준다고 약속은 하였지만 부모 마음은 어찌 그렇습니까? 혹시 실수하여 스펠링 하나가 틀려 95점을 맞는다면 어찌하겠습니까?

서로 꼭 지킨다고 약속은 하였지만 아이는 애써 공부하여 상금을 받으려 하는데 단어 하나가 틀려서 100점을 못 받았다 하면 아빠는 아이가 안쓰러워서 그냥 맞는 것으로 하고 다음 과정으로 넘어가고 싶습니다. 적어도 저의 마음은 그랬습니다.

그러나 저는 여기서 아빠가 마음이 약해지면 안 된다 싶어 독하게 마음을 먹고, 다시 처음부터 시험을 보게 시켰습니다.

그리고 저는 아이의 시험 채점을 아이와 함께, 아이가 보는 앞에서 정확히 했고, 틀린 것을 여지없이 적출해 냈으며, 합격을 못 하면 틀린 것을 공부할 시간을 더 준 다음, 처음부터 다시 시험을 보게 시켰습니다. 그리하여 그 시험에서 100점을 맞아야 다음 단계로 넘어갔습니다.

아이에게는 경각심이 필요합니다.

틀린 것을 다시 보는 과정 즉, 이렇게 반복하는 과정이 영어 공부입니다. 외국어가 그리 쉬운 것이 아니기 때문입니다. 시험 문제를 내고 아빠의 채점 과정이 허술하면서 아이가 영어 공부를 잘 하기를 바라는 것은 무리입니다. 이 부분은 꼭 명심하셔야 한다고 생각합니다.

저는 오랜만에 보는 중학교 1학년 영어 교과서가 저에게 오히려 흥미로웠고, 이것을 내 아이에게 가르쳐 준다고 생각하니 참으로 기뻤습니다.

3. 카드를 만들어 알파벳 익히며 영어에 접근하다

첫날에, 처음 영어 공부는 종이카드를 만들어 알파벳 인쇄체 대문자, 소문자, 필기체 대문자, 소문자를 눈으로 익히는 것으로 시작하였습니다.

카드 만드는 것은 별것이 아닙니다.

우선 문구점에서 조금 두꺼운 흰색 판지를 여러 장 사와 이를 가위로 가로세로 각각 6~7cm의 적당한 크기로 오려서 그 카드에 인쇄체 대문자를 굵은 사인펜으로 제가 직접 한 자씩 써서 글씨 카드를 만들고, 또 다른 카드에 인쇄체 소문자를 한 자씩 써서 카드를 만들고, 또 필기체 대문자를 써서 카드를 만들고, 필기체 소문자를 써서 카드를 만듭니다.

이렇게 합계 약 100여 장이 넘는 카드를 만든 뒤, 이것을 아이에게 한 장씩 보여주며 읽어 보라고 시켰습니다. 아이는 카드를 보고

'에이', '엠', '피', '알', '에스' 등으로 따라 읽었습니다.

카드를 보고 따라 읽히기도 한자리에 앉으면 두 시간씩 했습니다. 이렇게 따라 읽다가 완전히 터득됐다고 생각되면 100점 맞았을 때 상금을 주었습니다.

그리고 곧이어 4선지 영어 노트에 알파벳 인쇄체 대문자를 수십 번씩 쓰도록 하였습니다. 또 인쇄체 소문자도 수십 번씩 쓰도록 하였습니다. 이렇게 인쇄체 글씨쓰기 공부가 끝나고 나서도 역시 상금을 주었습니다.

이틀 정도가 지난 후 인쇄체 공부가 다 되었다고 생각이 되어 이번에는 필기체 대문자와 소문자를 수십 번씩 쓰도록 하였습니다. 또 필기체는 다음 글자와 이어 쓰는 방법도 가르쳤습니다.

'요즘에는 필기체를 잘 안 쓰는데 웬 필기체 공부냐?' 하실지 모릅니다. 그러나 아이가 성장해서 외국에 간다든지 외국인과 상대함에 있어 필기체가 생소하게 느끼지 않게 하기 위함이고, 필기체도 외국에서는 언어 전달의 중요한 역할을 한다고 생각하였기 때문입니다.

.그리고 필기체를 지금 어느 정도는 공부해둬야 훗날 필기체라는 글자에 대한 거부감이 없어질 것이라는 생각이 들었기 때문입니다.

이미 영어를 알고 계시는 분은 단순히 반복하는 이 방법이 좀 우스꽝스러울 수 있을 것입니다. 그러나 저는 이 방법이 옳다고 생각합니다. 왜냐하면, 아이는 영어라는 글자에 처음 접하기 때문에 우선 글자에 대한 친밀감이 있어야 한다고 저는 생각했기 때문입니다.

아이는 아빠가 시키는 카드 읽기와 알파벳 쓰기를 아빠가 집에 안 계시는 낮에도 시험에 대비하여 열심히 공부하는 것 같았습니다.

여기서 한 가지 드릴 말씀은 그 당시 아이에게 영어 100점을 받았을 경우 제가 1,000원의 상금을 주었는데 지금은 화폐가치가 다르니 조금 인상해야 할 것이라는 생각이 듭니다. 그러나 아이가 어린이인 만큼 용돈을 높게 책정하지는 않는 것이 좋다고 생각됩니다.

우리 속담에 "공든 탑이 무너지랴, 첫술에 배부르랴."라는 말이 있습니다.

자녀를 교육하는 데도 그렇습니다. 짧은 시간 1~2년 반짝 해서는 절대로 부모님이 원하는 위치에 자녀가 오르지 않습니다. 꼭 긴 세월을 공들여 교육하셔야 한다고 생각합니다.

4. 영어란 이런 것, 발음기호를 먼저 배우다

첫날부터 2~3일간의 알파벳의 공부가 끝나고 곧바로 그다음의 영어 공부는 발음기호를 읽히는 공부를 시작하였습니다.

저는 아이에게 g[그], k[크], [트], d[드], b[브], p[프], s[스], ts[츠], z[즈], a[아], e[에], i[이], o[오], u[으] 등 글자를, 알파벳을 익힐 때와 마찬가지로 종이카드를 만들어 앞면에는 g, k, t, d, b를 적고 카드 뒷면에는 [그], [크], [트], [드], [브]라고 적어 앞면을 한 장씩 한 장씩 아이에게 내보이면서 발음기호를 읽히고 또 읽혔습니다.

그리고 이렇게 발음기호의 소리 내는 방법을 익히고 난 뒤, 발음기호 글자와 발음기호 글자를 연결하여 읽히는 연습도 반복하고 또 반복하였습니다.

예를 들어, 연습종이에 desk라는 단어를 적고 이 단어의 발음기호는 단어 옆에 큰 괄호를 사용하여 [desk]라고 적었습니다.

그리고 이를 하나씩 발음하면 [드, 에, 스, 크]라고 읽는데 이를 빨리 합하여 '데스크'라고 발음한다고 가르쳤습니다. pen도 역시 발음기호는 [pen]으로 적고 이를 하나씩 발음해보면 [프, 에, 엔]이라 하고, 빨리 합하여 발음하면 '펜'으로 발음한다고 가르쳤습니다.

이렇게 발음하는 것은 영어도 소리글자요, 한글도 소리글자이므로 글자를 보고 소리 나는 대로 그냥 발음하면 된다고 알려주었습니다.

한글도 예를 들어주었습니다. 한글은 닿소리로 ㄱ, ㄴ, ㄷ, ㄹ, ㅁ, ㄹ, ㅂ, 등이 있고 홀소리고, ㅏ, ㅔ, ㅣ, ㅗ, ㅡ 등이 있는데 이를 소리 나는 대로 소리를 내보면 ㄱ은 [그]로, ㄴ은 [느]로, ㄷ은 [드]로, ㄹ은 [르]로, ㅁ은 [므] 로, ㅂ은 [브]로 소리 나고, ㅏ는 [아]로, ㅓ는 [어]로, ㅔ는 [에]로, ㅣ는 [이]로 소리 나며, 이를 합한 소리 내는 연습을 해보면 예를 들어 '모두'라는 단어는 [모, 오, 드, 우]를 합하여 '모두'라고 발음하고, '모레'라는 단어는 [므, 오, 르, 에]를 합하여 '모레'라고 발음한다고 말해주었습니다.

즉, 한글은 글자를 보고 그대로 발음하면 되는데 영어도 마찬가지로 영어 단어를 보고 그대로 발음하면 웬만한 발음이 가능한 것이라고 가르쳤습니다. 물론 영어발음에서 예외는 많이 있습니다. 그러나 외국어를 처음 배우는 초등학교 2학년 어린이에게 미리 예외를 가르칠 필요는 없다고 생각했습니다.

우선 쉬운 것부터 가르쳐주면서 쉽게 영어에 접근하게끔 하여 그것이 곧 익숙해지면 예외를 조금씩 조금씩 가르쳐 줘도 충분하다고 생각했기 때문입니다.

그리고 항간에는 영어발음이 원어민과 거의 같아야 한다면서 처음 기초부터 발음 공부를 열심히 하는데, 저는 그것은 그리 중요하지 않다고 생각합니다.

왜냐하면, 영어 발음은 우선 발음기호대로 소리 내어 읽고, 설령 그 발음이 외국인과 똑같이 원어 발음이 나오지 않을지라도 그것은 나중에 영어를 잘 알게 된 후, 원어민에게 좀 더 배우면서 교정해도 늦지 않다는 생각이었습니다. 그리고 영어 교과서마다 딸려 있는 원어민 읽기 테이프가 어느 정도는 가르쳐주고 있기 때문에 우선은 아쉬운 대로 이것으로 충분하다고 생각했습니다.

다만, 우선 제가 해야 할 일은 비록 발음이 약간 부족해도 영어 공부를 시키는 일이 중요한 것이었습니다.

추후 일이지만 저의 이 생각은 옳은 생각이었습니다. 어쨌든 이렇게 발음기호라는 것을 가르치는데 기왕에 어린이들이 어린 나이이지만 생활 속에서 알고 있었던 영어 단어, 예를 들어 원, 투,

쓰리, 포, 파이브, 식스, 쩨븐, 에잇, 나인, 텐, 머더, 파더, 굿모닝, 땡큐, 아메리카, 텔레비전, 피자, 라디오, 택시 등과 신문이나 광고물 등에서 나오는 영어로 쓰인 상품의 이름, 길거리에서 보는 간판의 이름 등을 보면서 따라 읽히기를 시켰습니다.

아이가 알파벳을 알고 발음기호를 터득한 뒤이므로 글씨만 보고도 소리를 내면서 잘 따라 하였습니다.

저는 이런 영어단어 자료들을 아이들이 흔히 볼 수 있는 신문이나 잡지, 혹은 길거리 간판 등에서 영어글씨와 발음이 같거나 비슷한 자료를 모아 아이에게 보여주며 읽어보도록 유도하였습니다. 역시 아이는 잘 따라 하였습니다. 그때마다 칭찬도 많이 해주었습니다.

아이도 이렇게 주위의 생활 속에 영어의 소리나 글자가 많이 있다는 것을 알면서부터 영어에 더욱 흥미를 갖는 것 같았습니다.

바로 이 흥미 때문에 즉, 이렇게 아이가 처음 영어 공부를 시작할 때부터 영어에 흥미롭게 접할 수 있도록 하기 위하여 아이의 생활주변 속에서 영어 단어를 찾아내어 이것을 글씨와 발음기호를 써서 표시하고 엑센트도 넣어 읽어 보게 시켰던 것입니다.

며칠간 이 일은 계속되었습니다. 그리고 영어가 이렇게 생활 속에 많이 파고들어 있어 영어라는 것이 중요하다는 것도 아이에게 말해주었습니다. 그리고 영어 공부를 열심히 해보자고 서로 다짐하고 약속도 하였습니다.

아빠가 하시는 말씀에 그 나이의 어린이들은 무조건 따른다고 보아도 과언이 아닙니다. 물론 저의 아이도 무조건 공부하겠다고 하며 영어를 배우고 싶다고 했습니다.

저는 이렇게 며칠 동안을 알파벳 공부, 발음기호 공부, 엑센트 공부, 소리글자에 관한 공부, 주변 사물의 영어 단어를 보고 발음기호를 생각해보면서 소리 내서 읽어 보는 공부를 마친 후 본격적으로 중학교 1학년 영어 교과서 공부에 들어갔습니다.

여기서 빼놓을 수 없는 일은 아이들에게 사전을 보는 방법을 알려준다는 일입니다. 저는 아이들이 쉽게 볼 수 있을 정도의 중고교용 한글 사전과 영어 사전을 사주었습니다.

그리고 사전 보는 방법을 자세히 설명해주었습니다. 아이는 곧바로 사전을 보는 방법을 터득했고, 이 일은 이후에 아이가 스스로 공부하는 데 도움이 되었습니다.

5. 영어 공부에 흥미를 갖도록 상금을 주다

여름방학 초 무렵 그러니까 중1 영어 교과서를 배우는 첫날, 처음에는 영어 교과서를 아이 앞에 펼치고 앞으로 영어 공부하는 방향과 시험 보는 것에 대하여 또 설명하여 주었습니다.

그리고 첫날은 제가 아이에게 직접 1과를 가르쳐야 했습니다. 우선 영어 교과서를 읽기 전에 제1과에 나오는 영어 단어를 공부했습니다. 아이와 저는 서로 각각 영어 자습서를 펼치고 자습서에 '새로운 단어' 난을 보면서 제1과에서 처음 나오는 단어를 제가 먼저 읽고 아이에게 따라 읽도록 시켰습니다.

몇 번을 반복하여 읽어 보고 그다음에는 혼자서 발음기호를 보며 읽어 보도록 시켰습니다. 역시 잘 따라 했습니다.

이렇게 몇 번 반복한 뒤, 이번에는 영어 교과서를 가지고 본문을 보면서 이것도 역시 제가 먼저 한 문장을 읽고 아이에게 따라 읽도록 시켰습니다. 그리고는 제가 영어 교과서의 본문을 끝까지 한 번을 읽고 아이에게도 본문 전체를 읽도록 시킨 뒤 또 반복하였습니다.

이렇게 여러 번 반복한 뒤, 좀 전에 영어 단어를 배우면서 뜻을 알고 있기 때문에 한글로 해석도 해주었습니다. 그 뒤 아이에게도 해석해 보라고 했습니다. 잘 따라 했습니다.

이렇게 본문을 읽힌 뒤 이번엔 제가 본문을 혼자서 읽었습니다. 그리고 아이에게는 영어 교과서를 덮어놓고 듣기만 하면서 이 뜻이 무엇인지를 별도의 해석 없이 즉시 알 수 있도록 해보라고 했습니다. 아이는 듣기만 했습니다.

본문을 다 읽고 나서 아빠가 영어 본문을 읽는 동안 그 뜻이 무엇인지 한국말처럼 들음과 동시에 알 수 있느냐고 물었습니다. 아이는 알 수 있다고 말했습니다.

물론 중1 영어 교과서의 제1과는 간단한 단어와 짧은 문장 몇 구절에 지나지 않는, 어른들이 보기엔 아주 쉬운 것입니다. 그러나 처음 영어 문장은 접하는 아이에게는 그렇지 않다는 생각이 들어서 저는 신중하게 아이에게 가르쳤고, 아이는 열심히 배웠습니다.

그리고 이렇게 하고 난 뒤, 약 한 시간 정도의 시간을 주어 아이

혼자 공부하게 한 후 1과의 영어 시험 3가지를 그 날 곧바로 시험 보게 했습니다.

① 단어 받아쓰기 시험과 ② 인쇄체, 필기체 5번씩 쓰기 시험, ③ 읽기와 해석하기 시험, 아이는 이 세 가지 시험에 모두 합격하였습니다.

영어 단어를 쓰는 글자의 모습은 숙달되지 않았지만 그래도 잘 썼습니다. 영어 읽기는 빠른 속도로 억양을 넣어 잘 읽었습니다. 3가지 시험에 합격한 후 상금을 주었습니다.

아이는 무척 기뻐했습니다. 정말 이 상금을 제 마음대로 써도 되냐고 물어보는 것이었습니다. 그렇다고 대답해주었습니다. 그리고 곧바로 저는 제2과의 시험에 대하여 설명했습니다.

"오늘 시험 본 것과 같이 2과도 시험 볼 것이다."

"영어 단어는 자습서를 보고 '새로운 단어' 난에 나오는 단어의 쓰기와 뜻을 공부하여라 그 안에서 영어 단어 받아쓰기 시험을 낸다. 지금같이 아빠가 영어 단어를 부르면 너는 단어와 뜻을 받아쓰는 것이다.

"영어 쓰기도 4선지 영어 노트에 본문을 5번씩 필기체와 인쇄체로 각각 써라. 읽기도 스피드 있게 읽어라. 발음이 틀리면 안 되고 억양도 넣어라. 또 해석도 해라. 내일 이 모든 3가지를 다 시험 볼 수 있으면 한꺼번에 다 시험을 보아도 좋다."

저는 아이에게 할 수만 있으면 얼마든지 앞당겨 시험을 볼 수 있다고 말해주었습니다.

첫날, 이렇게 아이에게 영어 공부를 시키고 나니 공부를 한 시간이 3시간이 넘었습니다. 저는 피곤한 줄도 몰랐습니다.

기쁘기만 하였습니다. 아이도 기뻐하며 즐거운 것 같았습니다. 내일 시험 3가지를 다 보겠다는 것입니다.

저는 제가 자식에게 영어 공부를 가르칠 수 있다는 것이 그렇게 행복할 수가 없었습니다. 제가 영어를 아이에게 가르치는 동안 아내는 작은아이를 돌보면서 줄곧 옆에 있었습니다.

부부가 집에서 아이에게 영어 공부를 시키는 데 있어 그 성공 여부는 아빠가 집에 없는 낮시간에 엄마가 아이들과 어떻게 생활하면서 공부를 시키느냐에 따라 '성공이다', '실패다'를 결정할 수 있을 정도로 엄마의 위치는 중요하다고 생각합니다.

엄마는 아빠가 낮에 직장에 있는 동안 아이에게 영어 공부를 할 수 있는 분위기를 만들어 주고, 아이가 모르는 것이 있으면 알려주면서 아이의 행동을 관찰하려면, 이 모든 것이 아빠가 없는 낮에 일어나는 엄마의 몫이기 때문입니다.

사실 저는 퇴근 후에 낮 동안에 아이가 영어 공부를 한 내용에 대하여 시험 보는 일만을 담당할 뿐이니 낮 동안 아이들이 공부하는 것은 아빠보다는 오히려 엄마의 손에 달렸다고 보아야 할 것입니다. 그래서 엄마의 낮 활동이 중요한 것입니다.

저는 다음 날 퇴근 후 집에 와서 아이에게 영어 시험을 볼 수 있느냐고 물었습니다. 아이는 오히려 시험을 보려고 아빠 오시기를 기다리고 있었습니다.

시험은 3가지 모두 치렀습니다. 그리고 모두 합격을 하였습니다. 아이는 기뻐했습니다. 아이 자신이 새로운 영어 공부라는 노력을 해서 기뻤을 것이고 부수적으로 상금도 받았으니 얼마나 기쁘겠습니까?

여기서 아이들의 용돈에 관한 본인의 생각을 잠시 말씀드려 볼까 합니다.

우리는 가끔 어린이들의 용돈에 관해 어떤 방법이 좋은가에 대한 교육학자들의 말씀을 듣습니다.

그분들이 하시는 말씀의 내용을 들어 요약해보면, 교육학자들은 아이들에게 심부름이나 가사를 좀 도우면 용돈을 주어 스스로 아이들에게 용돈을 올바르게 사용하는 방법에 대하여 터득하게 하는 것이 교육상 좋다고 말을 합니다.

저도 아이를 기르는 부모로서 교육학자들이 하는 이 말씀의 뜻을 모르는 것은 아닙니다. 용돈을 올바르게 쓰게끔 하는 것에는 교육학자들과 저의 견해는 일치합니다.

그러나 용돈을 벌게 하는 과정에서는 약간의 견해를 달리합니다. 심부름을 시킨다거나 가벼운 가사 일을 도우면 일정액의 용돈을 주는 것 등의 일, 글쎄요? 이런 일들이 아이에게 용돈을 줄 만한 일이 될까요?

심부름을 시키거나 가벼운 집안일을 돕는 것은 가족으로써 당연한 일이라고 저는 생각합니다. 집안에 어떤 일이 있을 때 아이들이 잠깐 도와주는 것은 당연한 일이 아닙니까? 가족이 협력하는데 어떤 보답이 있어야 합니까?

이런 구실은 교육학자들이 어린이에게 용돈을 주는 데 별로 내세울 일들이 어린이에게는 없기 때문에 궁여지책으로 짜낸 방법 중에 하나라고 보입니다.

비록 아이들일지라도 적어도 용돈을 받으려면 그만한 노력은 해야 한다고 생각합니다. 그래서 저는 아이가 영어 공부에 노력하게끔 하고, 그 노력을 한 결과로 시험에 100점을 맞을 경우 상금을 주기로 한 것입니다.

이 방법은 아이가 공부해서 좋고 상금을 줄 구실을 만들어서 좋은, 그야말로 양쪽 다 좋은 방법이라고 생각되었습니다.

6. 중1 영어 교과서를 쉽게 마스터하다

저는 직장이나 집에서, 그리고 출퇴근 시간에도 틈만 있으면 그날그날 아이에게 가르칠 영어 교과서를 한 번씩 읽어 보았습니다. 그리고 오늘은 이런 점을 강조해서 설명해주어야겠다 하고 강조해서 설명할 부분을 간략하게 메모해 놓았습니다.

이렇게 해놓으면 저의 그날 숙제는 끝나는 것입니다. 그날 퇴근해서 아이에게 낮 동안 영어 공부했던 것을 엄격하게 확인하거나 테스트하고 시험에 합격하면 상금을 주는 일을 꾸준히 하면 되는 것이었습니다.

제가 낮 동안 중1 영어 자습서를 훑어보는 과정에서 그 과의 영어 문법적인 해설이 자습서에 나옵니다. 그러면 이 문법 해설을 제가 먼저 읽어 보고 그 날 저녁에 테스트가 끝난 뒤, 아이에게 한번 읽어 보라고 한 뒤, 간단하게 설명해주었습니다.

어느 때는 영어 단어를 가지고 영어 사전을 일부러 찾아보라고 아이에게 시키기도 여러 번 하였습니다. 그러면 아이는 영어 사전에서 영어 단어를 찾습니다.

이때 영어 단어에는 한글로 뜻이 2가지나 혹은 3가지 있는 것이 있습니다. 또 동사와 명사가 함께 쓰이는 단어도 있습니다. 어느 것은 명사와 형용사가 함께 쓰이는 것도 있습니다.

그래서 우선 명사, 동사, 형용사가 무슨 뜻인지 우리말로 예를 들어 설명해주고 가끔 영어 단어에는 2가지, 혹은 많으면 3가지의 뜻이 있는 것도 있다고 말해주었습니다. 어떤 단어는 동사와 명사를 함께 쓸 수도 있으며, 또 명사와 형용사가 함께 쓸 수도 있음을 말해주었습니다.

영어를 처음 배우는 아이에게는 언뜻 이해가 되지 않는 말입니다. 그래서 우리 한글의 예를 들어 주었습니다.

"경수야, 아빠의 말을 잘 들어 보아라. 영어뿐만 아니라 우리나라 말도 뜻이 여러 가지가 있는 말이 많다. 예를 들어 보마. '가다, 즉 간다'라는 말은 '어디를 간다'라는 뜻이 있지. '걸어서 간다'라는 뜻이다.

그런데 '간다'라는 말에 '죽는다'라는 뜻도 있다. '그분은 천당에 가셨다.'라고 쓸 수 있지 않니? 또 '간다'라는 말은 '상했다'라는 뜻도 있다. 예를 들면, '그 생선은 한물갔어.' 그러면 '상했다'라는 뜻이다.

또, '돌았다'라는 뜻도 있다. 예를 들면 '저 사람은 정신이 나갔어.' 하면 '돌았다'라는 뜻이다 이렇게 '가다'라는 말의 뜻이 여러 가지 뜻으로 쓰이듯이 영어 단어도 뜻이 여러 가지로 쓰이는 수가 있다.

그러나 우선 너는 이 자습서에 나오는 영어 단어를 한글로 한두 가지의 뜻만 알면 된다. 그렇게 알다 보면 차츰차츰 영어를 터득할 수 있을 것이다."

저는 아이가 처음 영어 공부를 하는데 이건 이렇고 저건 저렇고 하며 복잡하게 설명할 필요가 없다고 생각했습니다. 우선은 영어 공부를 쉽게 접근하는 것이 필요하다고 생각했기 때문입니다. 아이는 곧 알아들었습니다.

그리고 우리나라 말 중에도 '간다'라는 단어뿐만 아니라 이 이외에도 여러 개의 뜻이 함께 쓰이는 단어를 몇 개 더 가르쳐 주면서 이해를 돕도록 노력하였습니다.

저는 아이에게 이런 식으로 영어를 설명하면서 아이가 이해가 안 되는 부분이 있으면 우리나라 말을 예를 들어 설명해주면 곧바로 이해했습니다.

저는 또 영어 문장의 기본 5형식에 대하여도 간단히 설명을 해주었습니다. 우리나라 말의 구조와 영어의 구조를 간단히 설명하고 영어는 일반적으로 우리나라 말의 구조와는 순서가 조금 다르게 5형식의 기본 틀을 가지고 말을 한다고 설명하였습니다. 아이는 곧바로 이해했습니다.

이러한 기본적인 영어 문법에 관한 것은 중학교 1학년 자습서에 쉽고도 자세하게 설명되어 있습니다. 이 설명은 제가 직장에서 먼저 한 번 읽어 보고 설명해준 것에 지나지 않습니다.

그러나 배우려고 눈을 부릅뜨고 있는 아이는 기다렸다는 듯이 금세 이런 지식을 흡수하는 것이었습니다.

이렇듯 저는 영어 문법에 대하여는 아이들에게 기본적인 것 외에는 자세히 설명해주지 않았습니다. 우선 제 자신이 영어 문법에 대하여 잘 알지 못한데도 원인이 있습니다만, 아이가 영어를 배우는 데는 영어 문법이 오히려 걸림돌이 될 수 있다는 생각 때문이었습니다.

그리고 추후에 아이가 영어를 어느 정도 터득하게 되면 우리도 한글을 먼저 배우고 나중에 한글 문법을 터득하듯이 영어 문법은 아이 자신이 스스로 얼마든지 공부할 수 있으리라고 생각했습니다.

지금 아이에게 중요한 영어 공부의 내용은, 영어 단어와 숙어를 외우고, 문장을 여러 번 쓰게 하여 영어를 익숙하게 길들이고, 영어책을 숙달되게 빨리 읽게 하면서 동시에 그 뜻을 파악할 수 있는 습관을 들이는 것이었습니다.

그리고 모든 영어 교과서마다 외국인이 직접 읽는 읽기 테이프가 판매되므로 그 테이프를 여러 번 반복하여 본문 듣는 연습을 계속 시킨다면, 자연스럽게 영어의 문장이 외워지고, 영어에 두려움이 없어지며, 오히려 친근감이 생기고, 계속하다 보면 영어 회화까지도 가능하게 될 것이라는 생각을 했습니다.

언어공부가 별것입니까?

우리나라 국어 배울 때 하던 식으로 말하기, 쓰기, 읽기, 듣기, 짓기 아닙니까?

저는 이러한 확신을 가지고 우선 이 중에서 말하기와 듣기를 아직 제대로 할 수는 없지만 적어도 쓰기, 읽기, 짓기에는 힘을 기울였습니다. 그러나 말하기와 듣기를 지금은 좀 부족한 상태에서 배우지만 쓰기, 읽기, 짓기가 어느 정도 수준에 오르면 가르쳐 줄 계산이었습니다.

이렇게 시험 테스트를 하고 틈틈이 문법이나 영어 내용을 조금씩 설명해주면서 그날그날 교과서 진도는 쉴 새 없이 계속 나갔습니다. 교과서의 진도를 나가는 것이 무엇보다도 중요한 일이기 때문입니다.

1과에서 2과, 3과, 4과…. 1학년 교과서가 중반을 넘어가자 이제 집안에서 영어 공부하는 것이 본격적으로 틀을 잡기 시작하였습니다.

저녁 식사 후 곧바로 영어 공부 시간이면 아이는 영어책을 들고 와서 아예 시험 볼 준비를 하고 기다리는 상황이 되었습니다.

집안의 분위기를 이렇게까지 바꿔놓을 수 있다니, 저는 내심 기뻤습니다. 저는 확실히 보이는 성과를 제 눈으로 확인해 가면서, 아이에게 공부를 가르치고 있는 것이 마음 뿌듯했고, 어떻게든지 이런 상황을 몇 년이고, 몇 년이고 계속해나가야겠다고 결심했습니다.

사실, 자녀에 대한 부모의 희망을 말씀해보시라 하면 대부분 많은 부모님께서 아이들이 공부 잘하면서 건강하게 자라주는 것이라고 말씀하시리라고 생각됩니다.

그런데 이런 일이 생각보다는 그리 쉽지 않다고 생각합니다. 건강하게 자라게는 할 수 있는데, 공부 잘하는 아이로 키우려면 어려움이 따르기 때문입니다.

이 어려움을 극복하기 위해서는 부모님께서 아이에게 시간을 투자해서 공부시키는 방법이 가장 좋다고 생각합니다.

왜냐하면, 부모님이 아이들을 대신해서 공부할 수 있는 것도 아니요, 지식이란 돈으로 사고파는 것도 아니니, 아무리 바쁘셔도 어떻게든 시간을 내셔서 아이들에게 공부를 시키실 수밖에 없다고 생각하기 때문입니다.

만약에 아이들이 공부해야 할 적절한 시기에 부모님께서 바쁘시다는 이유로 시간을 투자하지 못하고, 우선은 급한 여러 가지 이유 때문에 할 일을 먼저 하시고 난 뒤, 나중에 시간이 있을 때 아이를 돌봐야겠다고 생각하시면서, 가정생활을 이끌어 가신다면 할 수 없는 일입니다만, 가능하시면 어떠한 바쁜 일보다 우선 아이들에게 먼저 시간을 투자하시는 것이 가장 현명한 판단이라고 생각합니다.

사실, 자녀들의 교육에는 어느 것이 옳은 것인지 알 수 있는 정답은 없습니다. 그것은 자녀들의 미래를 지금 당장 예측하기란 어렵기 때문일 것입니다.

다만, 많은 부모님께서는 자식들의 장래에 대하여 걱정을 하시는데, 그럴 때 타인의 경험을 잘 듣고 배우실 것이 있으면 배워서 자녀들의 교육에 참고하시면 좋을 듯합니다.

저는 부모님께서 자녀의 교육에 대하여 계획하시는 것은 빠르면 빠를수록 좋다고 생각합니다.

저 자신은 제 아이의 영어 공부를 초등학교 2학년 1학기 말 때부터 시작했는데, 이를 좀 빠르다고 생각하실 분이 계실지 모르겠습니다. 그러나 저는 결코 이 시기에 아이들에게 영어 공부시킨 것이 빠르다고 생각하지 않았습니다.

그 이유는 우리나라에서 배우는 중학교 1학년의 영어 교과서 수준은, 미국에서는 3~4살 정도의 아이들이 알고 있는 수준에 불과하기 때문입니다. 그리고 중학교 2학년, 중학교 3학년 영어 교과서 수준도 미국에서는 초등학교 입학하기 전 아이의 영어 수준에 불과할 것입니다.

이런 관점에서 볼 때, 우리나라 중고등학교에서 배우는 영어 실력이 과연 미국에서 어느 정도의 수준일까? 생각해볼 필요가 있다고 생각합니다. 저는 영어를 잘 몰라서 비교할 수는 없지만 별로 높은 수준이 아닐 것입니다. 아마도 말하기, 듣기까지를 포함하여 종합적으로 볼 때, 초등학교 수준도 못 미치리라 생각됩니다.

어쨌든, 아이에게 영어 공부를 시키는 것이 집안 생활의 커다란 재미있는 일로 자리를 잡아가고 아이의 영어 실력이 점점 향상되자, 저는 용기가 생기면서 보람을 느끼게 되었습니다. 그리고 이렇게 배운 영어가 장래에 아이가 대학에 입학하려고 수능 시험을 볼 때 커다란 도움이 될 것이라는 생각 때문에 희망도 생겼습니다.

제가 아이에게 하는 영어 공부와 영어 테스트는 특별한 날을 제외하고 거의 하루 2시간 정도씩 매일 하였습니다.

물론, 저와 아이와 공부하는 시간 이외에 저는 아이를 테스트하기 위해 영어 자습서를 미리 공부했고, 아이는 아빠가 돌아오시기 전에 영어 숙제, 즉 영어 단어와 숙어 암기하기, 영어 본문 읽기, 영어 본문 쓰기 문제 등을 했기 때문에 이 시간을 포함한다면 영어 공부를 하는 시간은 훨씬 많아지는 것입니다.

이렇게 열성적으로 영어 공부에 온 가족이 매달리며 시간을 투자한 덕분에 중1 영어 교과서는 아이가 영어를 처음 공부했음에도 불구하고 그해 여름방학이 지나고 한 달 만에 마칠 수가 있었습니다.

지금 같았으면 검인정 중학교 영어 교과서가 7~8종류나 되므로 중1 영어 교과서도 한 종류를 마스터한 뒤, 곧바로 같은 수준의 다른 종류의 중1 영어 교과서를 1~2개월에 걸쳐 한두 권 급히 소화시키고, 중2 영어 교과서로 한 단계 올려 공부했을 것입니다.

그러나 그 당시는 교육부 제정 중학교 영어 교과서가 한 종류만 나왔습니다. 따라서 한 종류의 영어 교과서밖에 공부할 수 없으니, 할 수 없이 총정리의 의미로 이제까지 배운 중1 영어 교과서 3단원을 한 시험 범위로 묶어 읽기, 쓰기, 영어 단어 테스트 등 3~4일에 걸쳐 시험을 치르고 100점을 받아 상금까지 준 뒤, 영어 교과서를 다 배웠다는 의미로 책거리를 하기 위해 집안 식구끼리 회식도 하였습니다.

그리고 곧바로 이어서 다음 날부터 아이에게 중2 영어 교과서를 공부시키기 시작하였습니다. 역시 가르치는 방법은 처음 중1 영어 교과서를 배울 때 방법을 그대로 이어나갔습니다. 교재는 제가 평소 틈을 내서 중2 영어 교과서, 영어 자습서를 각각 2권씩 미리 사둔 것을 사용하였습니다. 아이는 즐거운 마음으로 잘 따라 주었습니다.

이렇게 영어 공부를 집안 식구와 함께하다 보니 집안에서는 평소 식구들끼리 화제가 풍부하였습니다. 집안 식구들끼리 공통 화제가 많이 생긴 것입니다.

저와 아내와의 대화는 말할 필요도 없이 많아졌고, 아빠와 큰아이, 아빠와 작은아이, 큰아이와 작은아이 그리고 엄마와 아이들 간에 이야기도 끊임없이 많았습니다.

공통 화제가 있다는 것은 가족 생활에 큰 즐거움입니다.

저는 직장에 다니면서도 퇴근 시간이 되면 빨리 집에 가서 아내와 아이들과 같이 공부하며 이야기하며 지내야겠다는 생각 때문에 퇴근 후에는 어떠한 약속도 하지 않는 버릇까지 생기게 되었습니다. 집이 가장 행복했기 때문입니다.

물론 집에 와서 TV를 안 보는 것은 당연한 일이었습니다.

TV가 이런 즐거움을 능가할 수 없기 때문이었습니다.

TV는 TV를 보는 사람의 자신만을 만족하는 물건이기 때문에 가족이라는 전체 구성원의 공통 만족이라는 측면에서 볼 때는 별로 가치 없는 물건에 지나지 않는다고 생각했습니다.

또 덧붙일 말씀은 아이들이 이 나이 때쯤 되면 집에서 강아지를 기르고 싶다고 하면서 아빠, 엄마를 졸라댈 수 있습니다.

저의 아이도 예외는 아니어서 아파트 단지 내 다른 집에서 강아지를 기르는 것을 보고 기르고 싶다고 졸라댔습니다. 생각해보면 그래도 TV는 부모님께서 TV를 시청하지 않는 모범을 보이면서 아이들에게 함께 TV를 시청하지 않도록 유도할 수 있습니다. 그러나 강아지 기르는 것은 부모님께서 아이들에게 모범을 보일 성격의 일이 아닙니다. 그래서 부모님들도 자칫 강아지 기르는 일이 별것 아닌 것으로 생각하여 아이들의 말을 들어줄 수 있습니다.

그러나 아이들의 이 요구는 들어주지 않는 것이 좋다고 생각합니다.

왜냐하면, 첫째로, 강아지는 사람에게 정을 주는 동물이므로 한 번 집에서 기르기 시작하면 정이 들어서 도중에 중단하기가 어렵고 둘째로, 강아지가 집안에 함께 있다는 사실만으로도 아이들이 집에서 공부하는 데 집중력을 흐리게 하며, 셋째로, 집안 분위기를 조용히 공부하는 분위기로 만드는 데 시끄럽고 부산스러워 여러 가지로 방해가 되고, 넷째로, 강아지는 집안 식구와 식구 사이에 끼어들어 신경을 쓰게 함으로써 언뜻 표시는 안 나지만 식구들 사이의 정을 떼어놓은 역할을 하기 때문입니다.

그런데도 아이들은 아직 강아지 기르는 일이 자신들이 집에서 공부하는 데 방해가 된다는 사실을 잘 모르는 나이입니다. 그러니 아빠께서 집안에서 강아지를 기르지 않는 결단을 내리셔야 합니다.

앞서 말씀드린 대로, 제 아이도 자기들이 기르겠다면서 강아지 한 마리 기를 것을 부탁한 이 요구를, 저는 아이들에게 강아지는 털이 뽑혀 나와 건강에 해롭다, 또, 분비물이 나와 지저분하다, 짖어대며 집안을 돌아다니니 시끄럽다, 그리고 엄마가 강아지를 싫어한다, 또는 강아지를 돌보려면 잔손이 많이 간다는 등 여러 가지 예를 들어 설명해가면서 아이들을 달래고 설득했습니다.

다행히도 아이들은 간곡히 설득하는 제 말을 알아듣고 강아지를 기르지 않기로 결정하였습니다. 이런 일이 있은 후, 지금까지 한 번도 강아지에 관한 얘기는 없었습니다.

아이와 공부하는 데 있어서 저는 퇴근 후 아이와 함께 영어 공부를 하고 또, 영어 시험을 보게 하여 채점까지 끝나면 그 날의 일과는 마무리됩니다. 그러나 이러한 일이 있기 전 낮시간에 엄마의 할 일은 참으로 많았습니다.

집안일은 제쳐 두고라도 아이들 공부하는 측면에서만 볼 때, 아이가 학교 다니는 데 영어 공부만 할 수는 없지 않습니까? 어떻게 보면 영어 공부는 아직 학교에서 정식으로 배우는 과목도 아니기 때문에 사실, 학교 공부도 중요했습니다.

잘 아시다시피 학교 공부도 국어, 산수, 사회, 자연, 기타 과목 등 공부해야 할 일이 적지 않았습니다. 그래서 이런 과목은 전과 지도서를 사서 공부시키고 학력 수련장을 과목별로 2~3권씩 사서 그 과목에 맞춰서 공부를 시켰습니다. 또 매일매일 오는 일일 학습지도 공부시켰습니다.

이런 과목을 공부시키는 데는 낮시간에 했으며, 엄마가 주로 아이들 공부하는 것을 관찰하거나 공부한 내용을 체크하여 점수를 매겨주었습니다. 그리고 영어 공부도 아빠가 퇴근하시고 집에 도착하기 전, 저녁시간이나 낮시간에 모두 이루어졌습니다.

이런 일들은 부모님들께서 마음먹고 어릴 때부터 습관 들인다면 그리 어려운 일은 아닙니다. 엄마가 꼭 필요하신 일 이외에, 엄마의 다른 볼 일을 만들지 않고, 아이에게 관심을 갖는다면 가능한 일이라고 생각합니다.

만약 못 하실 분이 계시면 아이의 공부와 엄마의 일 중에서 더 중요하다고 생각하시는 것을 선택하셔야 할 것입니다.

이런 판단은 가정마다 사정이 다르기 때문에 어떤 것이 옳다라는 정답은 없습니다. 부모님께서 각각 생각하시는 것이 정답일 뿐입니다.

어쨌든 아이들에게 일절 학원을 보내지 않고, 집에서 영어 공부 시키면서 학교의 다른 과목 공부는 전과 지도서, 학력수련장, 일일 공부 학습지 등으로 공부하였습니다.

여기서 한 번 더 생각해 볼 일은 자녀가 초등학교 시절에 예체능 과목 중 피아노나 악기 또는 미술 등 특기 하나 정도는 있어야 한다고 생각하여 일부러 자녀를 예체능 학원에 보내는 경우를 종종 봅니다.

거듭 말씀드립니다만 제 생각은 이렇습니다. 자녀가 장래에 그런 분야에 나가서 성공에 확신을 가지시는 분은 괜찮을 것입니다. 그러나 자신이 없으신 분은 처음부터 열심히 안 시키시는 것이 좋을 듯합니다. 왜냐하면, 자녀가 그 나이에 할 일도 많은 데 시간이 아깝다고 생각하기 때문입니다.

그리고 보통의 아이들은 아주 만족스럽지는 않지만, 학교에서 예체능 공부하는 정도로 충분하다고 생각하기 때문입니다. 이런 분야가 대학 입시에 나오는 것도 아니고, 내신 성적을 떨어뜨리는 것도 아니기 때문입니다.

더구나 이런 예체능 분야는 나중에 성인이 되었을 때 취미로 얼마든지 배울 수 있는 것이고, 이렇게 전문적으로 배우지 않더라도 감상하는 정도의 지식 수준에서 취미 생활만으로도 충분하다고 생각하기 때문입니다.

여기서 한마디 덧붙이고 싶은 말씀은, 부모님께서 혹시 아이들이 초등학교 입학 전에 사설 학원에 다니지 않게 되면, 친구가 없어서 아이들이 밖에서 노는 데 따돌림을 받을 것이 아니냐는 의문이 있을지 모릅니다. 그러나 그것은 정말 부질없는 걱정입니다. 아이들은 어른처럼 이것저것 따지는 그런 생각이 없이 순수하기 때문에 놀이터에 가면 친구들과 금방 친해져서 잘 어울려 지냅니다.

또, 어느 면에서는 특정 사설 학원에 다니면서 자기들끼리만 어울려 지내는 것보다도 여러 친구들과 어울려 지내는 것이 더 좋은 점이 있다고 생각됩니다. 그리고 아이들이 초등학교에 입학하게 되면 학교 친구들과 어울리게 되기 때문에 이런 일은 자연스럽게 해결된다고 생각합니다.

7. 중2 영어 교과서도 거뜬히 마스터하다

아이에게 2학년 1학기 여름방학 시작 때부터 영어 공부를 시킨 지 2개월이 조금 지난 시점에서 아이는 중1 영어 교과서를 마스터했습니다. 그래서 곧바로 중2 영어 교과서와 자습서와 테이프를 구입하였습니다. 중2 영어 교과서는 1학년의 교과서와 비교할 때 좀 더 수준이 있었습니다.

그러나 시작이 반이라고 제1과부터 마음을 가다듬고 차근차근 시작하니 아이는 잘 따라주었고, 영어 단어, 숙어 외우기, 영어 본문 읽기, 본문 쓰기 등 어려움 없이 착착 진행되었습니다. 진도도 제법 빨리 나갔습니다.

아이의 영어 실력은 점점 늘었고, 단어나 숙어를 외우는 시간이 단축되고, 본문을 읽는 속도도 억양을 넣어 잘 읽어나갔습니다. 아이의 말로는 영어의 글자가 눈에 쏙쏙 잘 들어온다는 것이었습니다. 아이가 영어 시험 보는 것도 그때마다 100점을 받았습니다.

저는 매우 기분이 흡족하였습니다.

'이 세상에 이런 기쁨이 또 있을까?'

'이보다 더 기쁜 일이 어디에 있단 말인가?'

'아! 내가 내 자식에게 영어 공부를 시키다니….'

꿈 같은 일이었습니다. 그러나 이것은 현실이었습니다.

영어 공부가 끝나고 아이들과 같이 이런저런 얘기를 나눌 때면 저는 더없이 행복했습니다.

저는 이 아이가 성장해서 어떻게 되어야 한다고 기대를 크게 가진 적은 없었습니다. 다만, 이대로 잘 자라준다면 자신의 몫은 해나갈 것이라고 생각했습니다.

세상은 똑똑한 사람도 많고, 경쟁자도 많으니 그들과 함께 어울려 살며, 그들보다 너무 뒤지지 않고, 아이가 자신에 맞는 위치를 갖게만 된다면 그것으로 만족한다고 생각했습니다.

사람의 욕심은 한이 없습니다.

그래서 저는 제 자신을 냉정히 바라보았습니다. 저는 우선 아이의 교육을 위해 충분히 투자할 돈이 없었습니다. 그래서 아이를 외국에 보내 공부시킬 처지도 못됐고, 실력 있는 선생님을 모셔 과외 수업을 시킬 처지도 못됐습니다. 제가 다만 할 수 있는 일은 성실한 아빠로서, 아이를 위해 시간을 투자하는 아빠가 되는 길이 어쩌면 유일한 길이었는지 모릅니다. 그러나 아이는 저같이 이런 아빠를 무척 좋아하는 것 같았습니다.

훗날 얘기입니다만 아이들이 성장해서 저희가 어릴 때 아빠께서 영어 공부를 시켜 주신 것이 그렇게 고마울 수가 없었다는 얘기를 두 아이에게 종종 들었습니다.

저는 지금도 아이들에게 이런 얘기를 들으면 가슴이 뿌듯해집니다. 그리고 지난날 아이들과 영어 공부를 하며 지냈던 수많은 사연을 흐뭇한 마음으로 생각해 봅니다.

아이들에게 영어 공부를 시키면서 제가 느낀 것은 초등학교 2~3학년에 아이들에게 영어 공부를 집중적으로 시키면 영어 공부를 소화해 내는 능력이 그 어느 시기에 시키는 것보다도 뛰어나다는 것입니다.

그러니 이 책을 읽으시는 부모님께서도 가능하시면 초등학교 2~3학년 시기에 아이에게 영어를 직접 가르쳐 보십사 하고 권하고 싶습니다.

다만, 이 시기를 놓쳐 부모님들의 자녀가 초등학교 3~4학년 사이에 있더라도, 가능하시면 곧바로 중1 영어 교과서를 가지고 제가 했던 방법대로 해보시는 것이 좋겠습니다. 자녀가 초등학교 5~6학년이 되었더라도 아직 늦은 것은 아닙니다. 부모님께서 어느 정도로 혼신의 힘을 바쳐 아이들 영어 공부에 쏟아붓느냐가 문제가 될 뿐입니다.

다시 말씀드립니다만, 아이들에게 영어 공부를 시키시는 것은 빠르면 빠를수록 좋습니다. 좀 성급한 마음인 것 같지만 적어도 아이들의 영어 공부에 관한 한 성급한 것이 좋겠습니다.

이렇게 재미있게 영어 공부를 진행한 덕분에 아이가 초등학교에 다니고 있었지만, 중2 영어 교과서를 마스터하는 데는 3개월도 걸리지 않았습니다. 아이가 국민학교 2학년 2학기도 끝나지 않았는데 중2 영어 교과서를 마스터한 것입니다.

이때부터는 영어 쓰기 시험을 볼 때, 영어 노트를 4선지 노트를 사용하지 않고 보통 노트를 사용했습니다. 어느 정도 글씨 쓰는 것에 틀이 잡혔기 때문입니다.

이렇게 중2 영어 교과서를 끝낸 뒤, 며칠에 걸쳐 중1 때와 마찬가지로 한 번 더 중2 영어 교과서를 총정리 겸 복습을 일주일 정도에 끝내고, 저희 부부는 곧바로 중3 영어 교과서를 구입하여 중학교 3학년 과정을 공부시키기로 하였습니다.

8. 중3 영어 교과서까지 마스터하니
AFKN 미군 어린이 방송이 들리다

중학교 3학년 영어 교과서는 문장도 좀 길어지고 내용도 훨씬 알찼습니다. 그러나 지금까지 해온 영어 공부이기 때문에 그리 어렵지 않게 공부할 수 있었습니다.

새로운 영어 단어나 숙어는 뜻이 좀 어려워지고 1과를 진행하는데도 종전보다는 시간이 더 걸렸습니다. 이럴수록 저는 좀 더 진지하게 아이들에게 영어 테스트를 했고, 그때마다 만족스러운 결과를 얻었습니다.

아이가 중학교 2학년 2학기가 끝나고 겨울방학이 시작되자 겨울방학 내내의 시간은 모두 영어 공부에 투자하였습니다. 긴 겨울방학 동안은 영어 공부하기에 아주 적합한 시기입니다. 저는 이 겨울방학 동안에 중3 영어 교과서를 끝낼 작정이었습니다. 그래서 아이의 학교에서 내준 겨울방학 숙제는 숙제할 분량도 얼마 되지 않아서 아예 무시하고 아이에게 시키지도 않았습니다. 겨울 방학 끝날 무렵 하루나 이틀에 걸쳐 저와 아이와 합작으로 겨울 방학 숙제는 마칠 계산이었습니다.

저는 계획대로 아이와 매일 매일 영어 공부에 전념하면서 한 과 씩 한 과씩 진도를 나갔습니다. 별다른 문제 없이 영어 공부는 순 조롭게 진행되었습니다.

지금은 각 TV 채널에 영어로만 방영하는 채널이 많이 있습니 다. 그러나 그 당시에는 AFKN이라는 미군 방송이 한 가지뿐이었 습니다.

저는 가끔 집에서 휴식시간에 AFKN 방송을 켜놓았습니다.

제가 영어를 알아들어서 켜놓은 것이 아니고, 그저 화면이나 좀 보고 혹시 아이가 영어 공부를 하고 있으니 이런 TV 화면을, 비록 지금은 아이가 알아듣지 못해도 외국인들이 영어 대화 하 는 것을 보고 듣다 보면 언젠가는 아이도 귀에 들릴 것이 아닌가 하는 기대심리에서 아이에게 AFKN 채널을 보여주곤 했던 것입 니다.

또 AFKN 채널에는 오후 5~6시경에 주한 미군의 어린이를 위 한 어린이 방송도 방영되었습니다. 그래서 이 시간대에는 아이에게 그 방송을 보도록 적극적으로 권장하였습니다. 그러던 어느 날 AFKN 어린이 방송 프로그램을 보고 있는 아이에게

"너 저 방송에서 뭐라고 말하는지 알아듣겠니?" 하고 물었습니다.

"네, 알아들어요."

저는 속으로 내심 놀랐습니다. 제 자신은 이 화면에서 영어 대화는 못 알아듣고 그 TV 화면을 보고 내용만을 대충 짐작할 정도인데 아이는 다 알아듣는다니….

교육이란 대단한 것이라는 생각이 들었습니다. 계속해서 AFKN 어린이 방송 TV 화면을 보던 중에 어느덧 아이는 영어가 귀에 들어오는 모양이었습니다.

'아! 이제는 이 아이에게 영어 회화 공부를 시킬 때가 됐구나.' 하고 생각했습니다.

이때가 초등학교 2학년 2학기 겨울방학이 거의 끝날 무렵이었습니다. 그리고 아이는 중학교 3학년 영어 교과서의 중반부 이후 부분을 공부하고 있는 중이었습니다.

9. 원어민 영어 회화를 시작하다

저는 그날 저녁부터 아내와 함께 아이에게 영어 회화를 가르쳐 줄 수 있는 방법에 대하여 상의하기 시작하였습니다. 미리 생각은 조금씩 하고 있었지만 본격적으로 논의하기 시작한 것입니다.

우리 부부는 영어 한마디도 못하는 처지이므로 외국인에게 영어 회화 배우는 방법을 의뢰해야 하는데 도무지 뾰족한 방법이 떠오르지 않았습니다. 이 생각 저 생각 끝에 결국 영어 회화 학원을 찾아보기로 하였습니다.

그리하여 휴일이나 일요일 시간을 이용하여 서울 시내를 찾아 돌아다녔습니다. 지금은 시내 곳곳에 영어 회화 학원도 많고, 영어 회화를 배울 만한 곳도 많지만, 그 시절만 해도 적당한 곳이 없었습니다.

찾아서, 찾아서 돌아다니던 중 여의도에 직장인 영어 회화반이 있는 것을 알았고 **제1부**에서 말씀드린 대로 아이가 3학년이 되던 해 이른 봄철에 여의도로 이사하였습니다.

그리고 어렵게 어렵게 아이가 영어 회화를 배울 기회를 마련하게 된 것입니다.

영어 회화반에 입학한 경위, 제가 아이에게 공부시킨 방법, 엄마가 아이와 함께 공부한 사연 등 앞서 **제1부**에서 자세히 설명드린 대로 정말 우여곡절이 있었습니다. 하지만 아이를 영어 회화 학원에 입학은 시켰지만, 아이를 영어 회화반 학원에 보내게 되었다고 해서 영어 회화가 잘될 수 있는 것은 아닙니다.

아이가 잘 배울 수 있도록 뒷받침을 해주어야 하는데 이것 역시 부모의 몫이었습니다.

아이가 영어 회화반에 공부할 수 있게 되자 저는 회화반에서 공부하는 교재를 엄마, 아이, 아빠 것 모두 3권을 사서 미리 살펴보았습니다. 어른들이 배우는 영어 회화책은 그 내용이 '중학교 교과서' 수준과는 훨씬 차이가 있습니다.

첫째, 대화 내용의 배경에서부터 차이가 났는데, 왜냐하면 중학교 영어 교과서는 기초적인 문장에서부터 시작하여 내용은 문학적인 것, 동화적인 것, 교육적인 것, 학문적인 것이 주된 내용이지만 어른들의 영어 회화는 주로 일상생활의 내용, 예를 들면 정치,

경제, 문화, 스포츠, 여행, 가정생활, 비즈니스, 역사, 과학, 신문, 방송의 기사나 뉴스 또는 상식 문제 등으로 아주 다양하고 배경 그림도 컬러로 곁들여가며 어른들의 건전한 사회생활을 주로 다룬 내용이었습니다.

사실, 이런 내용이 진정한 의미에서 회화일 것입니다. 저는 내용이 좋다고 생각했습니다.

'어린 나이의 어린이에게 내용이 빠른 감이 있지 않느냐?' 하는 질문도 있겠으나, 실제로 영어 회화책에서 나오는 사회생활의 영어 회화 내용은 초등학교 3학년 학생 정도의 사고방식 수준이면 무난히 소화할 수 있다고 생각되었습니다. 그리고 영어 회화책의 영어 문장 길이는 짧은 편이어서 중학교 3학년 영어 실력 정도이면 충분할 것으로 보였습니다.

또, 책의 내용도 생활영어이다 보니 중3 영어 교과서 실력 정도에서는 생소한 영어 단어가 가끔 나오는데, 이것도 일상생활에서 흔히 쓰는 단어이므로 영어 사전에서 한글 뜻을 찾아 단어의 뜻만 아이에게 미리 알려준다면, 공부하는 데 무난할 것으로 생각하였습니다.

그리고 영어 회화책에는 새로운 단어뿐만 아니라 사람의 이름이나 지역명 또는 국가명, 상품명 등 고유명사가 권마다 백여 개 이상 많이 나옵니다.

그러나 이것 역시 제가 틈나는 대로 영어사전을 보며 노트에 발음기호와 뜻을 찾아서 적은 뒤, 아이에게 영어 회화 공부 전날까지 예습하도록 공부시키면 영어 회화 시간에 충분히 따라갈 수 있다고 생각하였습니다. 저의 이러한 생각은 적중하였습니다. 이렇게 회화책에 나오는 모르는 단어를 미리 공부시키고 나니 아이는 엄마와 함께 가볍고 즐거운 표정으로 영어 회화 학원에 다녔습니다. 더불어 영어 단어의 실력도 느는 것 같았고, 영어 단어를 외우는 속도도 빨라졌습니다.

영어 회화를 배우는 처음 시간에 아이는 외국인과 처음 마주 앉아있는데 자신도 쑥스럽고 얼떨떨했다는 것입니다.

그러나 하루하루가 지나고 일주일, 이 주일이 지나자 자신감이 붙은 모양입니다. 아이는 영어 회화 시간을 기다렸고, 그 시간에 외국인에게 무엇인가 말을 붙여 얘기를 해봐야겠다는 생각이 들어서인지 영어 회화책을 열심히 읽고, 단어 공부 등을 예습하면서 회화 그룹의 한 구성원으로서 뒤떨어지지 않으려고 노력하는 모습이 보였습니다.

아이의 영어 회화 실력은 시간이 지남에 따라 점점 향상되는 것을 느꼈습니다. 물론 아이 곁에는 항상 엄마가 계셨고, 엄마는 아이와 함께 영어 회화 그룹원으로 참여할 뿐만 아니라 늘 아이를 관찰하며 아이에게 용기를 북돋워 주었습니다.

이렇게 하루하루를 지내는 과정에는 많은 일들이 집에서 벌어집니다. 아내는 내년에 초등학교에 입학하는 작은아이에게도 형이 그 나이에 했던 것처럼 낮시간에 많은 일들을 시켜야 했습니다.

그리고 저희 부부는 경제적인 형편 때문에 파출부를 둘 형편이 못되므로 아내가 집안 정리를 모두 해야 했습니다. 또 큰아이에게 영어 공부와 학교 공부도 함께 시켜야 했습니다.

그뿐만 아니라 일주일에 한 번 정도는 시댁이나 친정 일로 신경을 써야 했고, 큰아이 초등학교 학부모로서 학교에 일이라도 생기면 그날은 학교에 가봐야 했습니다. 이런 일 저런 일이 쉴 틈 없이 발생했지만, 아내는 기쁜 마음으로 받아들였습니다.

저는 이런 상황을 잘 알기 때문에 집에 퇴근하여 아이들에게 영어 공부 테스트하는 일 외에도 틈만 있으면 가사를 도와주었던 것은 너무나 당연한 일이었습니다.

그런데 제가 아내를 위하여 가사 일을 도와주거나 어떤 일을 협력해줄 때면 아내는 꼭 "고마워요, 여보."라는 말로 응답해 주었습니다.

생각해보면 남편으로서 집안일 좀 도와주고 아내의 말에 귀를 기울여주는 것은 남편의 당연한 일인데도 아내는 매번 상냥하게 웃으며 이렇게 응대해주었던 것입니다. 이런 말을 들을 때면 저는 언제나 "뭘요, 별것도 아닌데요."라고 대답은 하였으나 기분은 항상 좋았습니다.

이렇게 하루 생활을 마치고 저희 부부는 아이들이 자리에 누워 잠자는 모습을 바라보는 것만으로도 행복했고 감사하게 생각하였습니다.

또 저희 부부가 서로 힘을 모아 아이들에게 공부를 가르칠 수 있다는 사실은, 저와 아내가 공동으로 협력할 수 있는 일이 있어서 좋았고, 우리 가족의 장래에 대한 기대가 있어서 좋았으며, 그보다 더 좋았던 것은 항상 아내와 재미있고 유익한 대화가 끊임없이 이어져 아내의 숭고한 모습을 제 자신이 발견할 수 있었음에 더욱 좋았습니다.

이처럼 저희 부부의 하루 일과는 아침에는 기쁨과 희망으로 시작하여 저녁에는 다정함과 사랑으로 보냈습니다.

10. 회화 공부하면서 큰아이가 고1 영어 교과서를 공부하다

큰아이가 초등학교 3학년이 되어 여의도에 이사 와서 영어 회화 학원에 다니기 시작한 지 2~3개월이 지났습니다.

그동안 중3 영어 교과서를 마스터했으나 중3 영어 교과서는 중2 영어 교과서보다는 좀 더 어려웠으므로 총정리 겸해서 약 한 달에 걸쳐 영어 교과서를 한 번 더 복습하며 테스트도 하였습니다. 중3 영어 교과서를 한 번 마스터했기 때문에 진도는 빨리 나갔습니다.

이렇게 이미 한 번 공부한 책을 또다시 복습한다는 것은 참으로 좋은 방법입니다. 영어 교과서의 본문도 쉽게 눈에 들어오고 그동안 잊어버렸던 영어 단어도 다시 암기할 수 있는 기회를 갖기 때문입니다.

그리고 아이가 초등학교 3학년 1학기 중반 때부터 다니기 시작한 영어 회화반의 영어 회화 교재를 매일 매일 예습하고 챙기느라 고등학교 1학년 영어 교과서를 곧이어 공부하지 못하고 2개월 정도 늦췄습니다.

아이가 처음 시작하는 영어 회화 공부에 취미가 붙을 수 있도록 집중할 필요가 있다고 생각했기 때문입니다.

이렇게 하루하루를 지내던 중 어느덧 아이가 초등학교 3학년 1학기가 거의 끝날 무렵이 되었습니다.

이쯤 되자, 저는 이제 영어 회화 배우는 것도 어느 정도 정착되어 기본 틀이 갖추어져 있고 아이가 영어에 흥미를 갖고 있으니 고1 영어 교과서를 공부할 때가 되었다고 생각했습니다.

그래서 저는 종전과 같이 중고 서점을 돌아다니며 고1 영어 교과서를 구해보려고 하였습니다. 당시에도 고1 영어 교과서는 중학교 영어 교과서와는 달리 3~4종류의 검인정 교과서가 출판되었습니다. 또, 고1 영어 교과서에도 보통 수준의 영어 교과서가 있고, 고급수준의 영어 교과서가 있었습니다.

덕분에 수준이 다양해서 영어 교과서를 교재로 선택하는 데 더욱 도움이 되었습니다. 왜냐하면, 한 가지 종류의 영어 교과서가 마스터되면, 같은 고1 영어 교과서를 좀 더 수준을 높여 또다시

다른 책을 공부할 수 있다는 생각이 들었기 때문입니다.

어쨌든, 저는 아이가 영어책을 많이 접하는 것이 영어 공부에 관한 한 최선의 방법이라고 생각했기 때문입니다.

그래서 저는 우선 고등학교 영어 교과서 과정은 중학교 과정보다 어렵기 때문에 좀 쉬운 것을 선택하여 영어 교과서와 테이프가 딸린 영어 자습서를 각각 2권씩 샀습니다.

물론 이것은 제가 1권씩, 그리고 또 다른 한 권씩은 아이에게 주어 중학교 영어 교과서를 공부하듯 똑같은 방법으로 공부를 시키려 했기 때문입니다.

저는 아이가 3학년 1학기가 끝나고 여름방학이 시작되는 날부터 영어 회화 학원 관계로 2개월가량 늦춘 고1 영어 교과서를 공부시키기 시작하였습니다.

아이는 고1 영어 교과서 공부를 기다렸다는 듯이 받아들였고 저와 아내의 끈질기고 철저한 영어 테스트에 잘 응해주었습니다.

매일 매일 집안 식구의 거의 모든 화제는 큰아이와 엄마의 영어 회화 공부와 고1 영어 교과서 공부내용이 주를 이루었습니다. 그리고 저 자신도 화제를 자꾸 이쪽 방향으로 이끌었습니다.

여기서 다시 한번 강조해서 말씀드립니다만, 아이들에게 영어 실력을 쌓기에 가장 좋은 절호의 기회는 아이들의 방학 동안의 기간입니다. 이때를 이용해서 부모님께서 아이들에게 집중적으로 관심을 기울여 영어 공부를 시키신다면 아이의 실력은 쭉쭉 늘어납니다.

우선 방학 중에는 학교 공부가 없고, 방학숙제도 거의 없으니이 기간을 잘 활용하셔야 합니다.

방학은 아이들이 쉬는 기간이 아니라고 생각합니다. 물론 쉴 수도 있겠습니다만 쉬고 있으면 다른 학생들에게 성적이 떨어질 것이기 때문입니다.

그리고 그보다 더 무서운 것은 아이가 노는 것에 흥미를 느껴자칫 학교 공부에 취미를 잃어버리는 수가 있기 때문입니다.

만약에 이렇게 된 경우에 아이가 다시 공부에 취미가 붙으려면부모님께서 정말 많은 노력이 필요할 것으로 생각되며 이런 일들은 참으로 어려운 일이라고 생각합니다.

그래서 저는 어린 아이들을 데리고 매번 방학마다 장기간 해외여행 다녀왔다는 등, 자랑스럽게 말하는 부모님의 자녀들에 대한교육에 대하여, 예외는 있겠으나 좀 회의를 느끼는 편입니다.

물론, 방학 동안에 아이들과 함께 국내여행이나 해외여행도 다녀오고 그동안 못했던 일들을 가족과 함께 푹 쉬면서 해볼 수도있을 것입니다. 또 많은 교육학자들이 이런 상황을 권유합니다.

그러나 저는 부모님께서 어린 아이들과 함께 한 번 정도는 몰라도 자주 해외여행을 다니시는 것은 아이들 교육상 바람직하지 않다고 생각합니다.

왜냐하면, 아이들이 아무런 준비도 안 된 어린 시절보다는 영어 회화 공부도 어느 정도 해서 이것저것 사리를 판단할 수 있는 나이가 되었을 때, 즉 어느 정도 성장한 후 대학 시절쯤 되어서 보내셔도 충분할 것으로 생각되기 때문입니다.

또 아이들은 지금 해외여행에 보내지 않으셔도 장래에 더 좋은 곳, 더 좋은 조건으로 가볼 기회는 얼마든지 있기 때문이며, 이보다는 아이들이 공부할 시기에 공부하도록 하여, 아이들에게 공부를 열심히 계속할 수 있는 습관을 길러주시는 것이 더 중요하다고 생각했기 때문입니다.

어쨌든 여름방학을 보내는 저의 처지는 우선 경제적으로 넉넉지 못했습니다. 제가 직장에 다녀야 하는 관계로 아이는 방학이지만 저는 직장에서 여름휴가가 4~5일밖에 안 되었습니다. 이것도 아이의 여름방학 때만 휴가가 있지, 겨울방학에는 저에게 휴가가 없었습니다.

그러니 자연 집안 식구가 함께 휴가라고 하여 쉬는 날은 일 년 중 여름휴가 4~5일 정도가 전부였습니다. 이런 상황이므로 아이의 여름방학 동안에 2~3일 기간 중 국내 어느 곳에 가족과 함께 잠깐 피서에 다녀온 뒤, 아이가 학교에 다니던 습관이 계속 이어질 수 있도록 집에서 공부하도록 했던 것입니다.

저는 퇴근 후 아이가 낮에 공부한 내용을 시험을 보고 테스트하는 정도의 일이지만, 아이와 낮시간에 하는 공부는 주로 엄마의 몫이었습니다. 이토록 아이를 방학 동안에 공부시키는 데 있어서 엄마의 역할은 특히 빛났습니다.

흔히 아이들은 이제 방학이 되었으니 공부를 좀 쉬어야겠다고 생각하기 쉽습니다. 의외로 부모님들도 이런 생각을 하시는 분이 많이 계십니다. 그리고 방학 내내 아이들의 공부에 관심을 두지 않으시는 경우도 있습니다.

그러나 이런 생각은 참으로 잘못된 판단이라고 생각합니다. 어떻게든지 적어도 하루에 몇 시간 정도는 공부를 시키셔야 한다고 생각합니다.

그런데도 만약에 방학 동안에 공부를 쉬어야겠다고 생각하는 아이들이 있다면, 부모님께서는 방학 동안에 아이가 집에서 공부할 수 있도록 설득시켜야 한다고 생각합니다.

그래서 저는 방학 전에 아이와 이런저런 대화를 하면서 이런 말을 해주었습니다.

"애야, 이번 방학이 되면 영어 공부에 집중해보자. 이 기회에 너의 영어 실력을 더 늘려보는 거다. 남들이 공부 안 하고 쉴 때 너 자신이 공부한다고 생각하면 즐겁지 않니? 토끼와 거북이를 봐라. 쉬지 않고 꾸준히 노력하면 승리할 수 있는 것이다."

아이는 쾌히 승낙해 주었습니다. 이 나이의 아이들에게 아빠가 설득하면 말을 듣지 않은 어린이는 별로 없을 것입니다.

그러나 만약에 있다면, 아이에게 공부하자는 설득에 실패한 부모와 자신의 자녀에게 무관심한 부모가 있을 뿐입니다.

저는 이렇게 아이의 여름방학 동안에 고1 영어 공부와 영어 회화 학원에서의 영어 회화 공부를 집중적으로 시켰습니다.

더불어, 방학이 끝난 뒤 아이가 초등학교 3학년 2학기 학교공부를 대비해서, 서점에서 3학년 2학기 전과 지도서를 미리 사서 틈 나는 대로 학교 공부도 예습시켰습니다.

어떻게 보면 학교 다닐 때보다도 더 공부하는 양이 많은 것도 같았습니다. 아이는 엄마, 아빠의 이런 노력에 잘 따라주었습니다.

물론 저는 고1 영어 교과서를 공부하는데도 중학교 영어 교과서를 공부할 때와 똑같이 했으며, 100점을 받으면 상금을 주는 것도 똑같이 하였습니다.

그리고 영어 회화책에 나오는 영어 단어 시험이 하나 더 추가되어 영어 회화 학원에서 배우는 교재가 새로운 단원으로 넘어가기 전에 그 단원에 나오는 영어 회화 책의 단어를 예습하여 꼭 테스트하였습니다. 이때 영어 회화책 단어 시험에서도 100점을 받으면 역시 상금을 주었습니다.

또, 아이가 영어 테스트에서 받은 상금을 쓰는 과정을 부모로서 눈여겨 관찰해보았는데, 자신들의 장난감이나 학용품 또는 엄마와 아빠와 다른 어른들께 선물을 사는 등 아주 기쁘고 즐거운 마음으로 스스로 잘 관리하면서 적정한 곳에 쓰고 있음을 확인할 수 있었습니다.

그리고 한 가지 덧붙이고 싶은 말씀은 아이들은 누구나 순수하고 엄마, 아빠를 좋아하기 때문에 부모님께서 관심을 가지고 참고, 기다리며, 보살피시면 부모께 순종하며 잘 따라 준다는 것입니다.

이렇게 시작한 고1 영어 교과서 진도는 영어 회화 교재 진도와 함께 하루하루 꾸준히 진행되어 나갔습니다. 그러나 역시 고1 영어 교과서는 중학교 교과서와 달리 어려워서 중학교 과정을 공부할 때보다 시간이 좀 더 걸렸습니다.

그리고 저 자신이 고1 영어 교과서를 한 번 읽어 보고 본문의 뜻을 파악한 뒤, 아이에게 단어 시험들을 보게 하려면 중학교 교과서 배울 때보다도 더 많은 시간을 투자해야 했습니다.

또 저는 고등학교 영어 교과서에 대한 영어 문장의 해석이나 문법적인 설명 등을 아이에게 해줄 수 있는 영어 실력이 못되었습니다.

다만, 할 수 있는 것은 아이에게 영어 테스트를 하는 과정에서 영어 단어나 숙어의 스펠링과 뜻을, 정확히 썼는지 여부와 영어 읽기 시험에서는, 낮시간에 테이프를 열심히 듣고 정확히 숙달된 실력으로, 큰 소리를 내며 영어 단어를 빠뜨리지 않고 읽었는가를 체크하는 일과, 영어 교과서 본문의 영어 쓰기 시험에서 단어와 부호를 정확히 썼는가를 체크하는 정도였습니다.

그리고 또, 아이가 영어를 읽고 본문을 해석하는 과정에서 정확히 해석하는지를 체크하는 일이었습니다.

그러나 이런 일련의 과정들은 아이가 영어 시험을 보는 중에 저는 자습서를 보고 시험을 체크하기 때문에 이 모든 일은 가능했고, 이렇게 아이에게 시험을 보자고 말하며 테스트를 할 수 있었던 것은, 아이에게 어떻게든 영어 공부를 시켜야겠다는 각오로 시간 시간 틈을 내어 미리 영어 자습서를 보고 예습하며 노력했던 덕분이었습니다.

11. 방학 중에는 휴식을 짧게 하고 회화 공부에 충실하다

아이들이 초·중·고등학교 시절, 매년 그랬듯이 저는 여름방학 동안에 가족에 함께 2박 3일 동안 국내 어느 곳에 간단히 피서를 다녀온 뒤, 곧바로 아이들을 공부 쪽으로 유도한 이유는, 여름방학 중에 거창한 프로그램을 짜서 아이를 장기간 해외여행이나 국내여행을 보낸다든지, 친척집에 보낸다든지 혹은 현장실습 한다고 오랜 기간 집을 비운다든지, 또는 문화·예술 탐방이라는 구실을 붙여 이리저리 여러 날을 공부 아닌 놀자판으로 움직이려는 행동을 미리 막아보려는 데 목적이 컸습니다.

또 아이들에게 이렇게 해보았자 결과적으로 비용만 들고, 어린 나이에 허영심만 키워주며, 별로 얻는 것 없이 아까운 시간만 낭비한다는 생각이 들었기 때문입니다. 그렇다면 '아이를 집에서 밖으로 나가지도 못하도록 꼼짝 못 하게 하고 영어 공부만 시킨 것은 아닌가?' 하는 의문이 생길 것입니다. 그러나 그렇지 않습니다. 여름방학 중에는 학교에 가지 않으므로 역시 시간이 많이 남습니다. 엄마가 항시 집에서 아이와 함께 있기 때문에 하루 중에 공부해야 할 시간에는 공부를 시키고, 틈틈이 남는 시간에는 놀이터나 학교 운동장에서 친구들과 어울려 재미있게 보낼 수 있도록 배려를 했습니다.

그리고 주말이나 휴일에는 가족 전체가 나들이를 갔습니다. 나들이 간 곳은 관악산, 북한산, 어린이대공원, 민속촌, 서울랜드, 월미도, 고궁, 인사동 화방거리, 자연농원 등 서울 인근의 유원지나 공원이었습니다. 그리고 이런 곳을 한 번 가보았더라도 다음 기회에 몇 번씩 더 가곤 하였습니다. 갈 때마다 가능하면 카메라로 아이들이 서로 다정하게 어울려서 놀고 있는 모습들을 눈치채지 않도록 사진을 찍어두었습니다. 이런 사진들이 어릴 때 당시는 별로 의미가 없어 보이지만 아이들이 성장한 후 성인이 되었을 때 보게 되면, 어릴 때 다정하게 형제가 놀고 있는 모습에서 서로의 친근감이 새롭게 생겨날 것이라고 생각했기 때문입니다.

이때 찍은 사진 중 몇 장을 확대해서 20년이 지난 지금도 한두 장을 저의 거실 방에 액자로 만들어 걸어놓고 있는데, 이제는 성인이 된 아이들이 힐끔힐끔 사진을 쳐다보며 속으로 어떤 생각을 할까 궁금하기도 합니다. 다만, 저는 아이들이 이 사진을 보며 20년 전, 자기들끼리 서로 아껴주며 정겹게 지냈던 어릴 때, 그 아름답던 시절을 회상할 수만 있다면 그것으로 만족스럽게 생각합니다.

이런 일 저런 일을 계획대로 모두 해가면서 지내도 방학 기간 중에는 시간이 충분하기 때문에, 아이의 하루 시간을 헛되이 버리지 않고 적정하게 활용할 수 있도록 아내가 관심을 가지고 많은 노력을 하였는데, 그 방법으로는 아이에게 불필요한 TV프로그램을 보는 시간을 금지시킨다든지 효과없이 시간을 낭비하는 일을 하지 않도록 아이를 늘 유심히 관찰하고 지도하였습니다.

그리고 직접 영어로만 방송되는 AFKN의 TV 어린이 프로그램은 꼭 시간에 맞춰보도록 했으며, 틈틈이 AFKN 방송 중에도 영화 등의 프로그램은 영어 공부를 위하여 간혹 보도록 하였습니다. 아이는 이때부터 일부이긴 하지만 AFKN 미군 방송을 듣고 있었던 것입니다.

그러면 아빠는 아이가 학교도 쉬는 방학인데 어떻게 집에서 매일 몇 시간 동안 계속 공부를 하는 것을 알 수 있으며, 이렇게 공부를 할 수 있도록 하는 원인은 무엇일까? 하는 생각이 드실 것입니다. 그 이유를 제 나름대로 분석해보면, 앞글에서 말씀드린 바와 같이 저는 매일 퇴근 후에는 곧바로 집에 와서 집안일을 얼마간 도와준 뒤, 저녁 식사 후 아이와 영어 공부를 함께합니다.

방학 때라고 해서 예외는 아니므로 아이와 함께 공부하는 과정에서 그 날 하루 아이가 지냈던 일들을 잠깐 이야기하게 되는데 그 대화 중에서 확인할 수 있고, 낮시간에 아이가 해놓은 영어 숙제 검사를 통해 확인할 수 있으며, 계속 이어지는 영어 시험 테스트에서 아이의 낮시간 활동을 간접적으로 확인할 수 있었습니다.

그리고 아이가 공부하는 원인을 분석해보면, 아이는 저녁 시에 아빠와 함께 영어 회화책과 영어 교과서의 영어 공부를 하고, 시험을 봐서 100점을 받아내는 즐거움 때문에, 낮시간을 최대한 이용하여 아이 자신 나름대로 알맞게 노는 일과 공부하는 일로 나누어 활용하였을 것이라고 생각됩니다. 그러나 그보다 더 중요한 것은 엄마가 늘 자신들 곁에 계셔준다는 안도감에서 어린 마음에도 평온함을 느꼈을 것이라는 생각이 더 들었습니다.

그러면서 저는 아이들에게 밖에 나가 친구들과 어울려 놀려 하면, 반드시 엄마의 허락을 받아 장소와 시간을 약속하고 나가 놀도록 교육도 했습니다. 성장을 해가면서 아이에게도 자율권이 주어지겠지만, 적어도 어린 시절 아이가 집중적으로 공부할 시기에는 집 밖에 나가 외출할 때면 반드시 엄마의 허락을 받아 어디에,

무슨 일로 몇 시간 동안의 내용을 밝혀나가도록 하는 습관을 들이는 일은 중요하다고 생각합니다.

이래야 엄마도 안심이고 아이 본인도 가정의 소속감도 느낄 수 있으며, 자신이 할 일과 한 일에 대한 책임감도 느낄 수 있다고 생각합니다. 만약에 이런 규칙을 듣지 않는다면 저녁에 아빠가 오셔서 이런저런 대화를 할 때, 아이 자신이 즐거운 마음이 없어질 것이기 때문에 아이는 이런 규칙을 꼭 지켰습니다. 이렇게 어릴 때부터 약속을 지키는 습관이 몸에 밴다면 아이는 성장한 후에도 어떠한 약속이든 부모뿐만 아니라 타인과의 관계에서도 약속의 중요성을 잘 인식하게 될 것이라고 생각하였습니다.

어느덧 초등학교 3학년 1학기 여름방학이 끝난 후 3학년 2학기가 시작되었습니다. 아이는 여름방학 중에 영어 회화 공부와 고1 영어 교과서의 공부를 했지만, 틈틈이 3학년 2학기 학교 공부에 대비해서 전과 지도서를 사서 예습한 결과 3학년 2학기가 시작되어도 학교 공부를 우수하게 잘해나갔습니다. 이런 생활을 반복하여 계속하던 중, 4학년 1학기 중간 때쯤 고1 영어 교과서를 끝낼 수 있었습니다. 그래서 곧바로 다른 종류의 고1 영어 교과서와 자습서를 구입하여 영어 공부를 계속하였습니다.

두 번째 고1 영어 교과서는 첫 번째 교과서보다 진도를 좀 빨리

나갔습니다. 그러나 고등학교 영어 교과서는 역시 중학교 영어 교과서보다는 양이 많아 시간이 걸렸습니다. 영어 공부에 재미를 붙인 아이는 순탄하게 잘 따라주었습니다. 이와 똑같은 시기에 아이는 영어 회화 공부도 열심히 하였습니다. 어쨌든 이 시기를 좌우해서 상당 기간까지 아이가 하루에 영어 공부로 소비하는 시간은 아빠와 공부하는 시간을 포함해서 3~4시간 정도가 되지 않았나 생각합니다.

저는 저녁에 퇴근 후 하루는 영어 회화 시험을 보고, 다음 날은 고등학교 영어 교과서 시험을 보고 번갈아가며 시험을 보았는데 아무래도 시험은 고등학교 영어 교과서가 양이 많아 더 많은 시험을 보았습니다. 그리고 저녁 식사 때 저의 가족의 대화는 거의 영어 공부에 대한 말이 전부였습니다.

아내 말에 의하면 아이의 영어 회화 실력이 제법이라는 것이었습니다. 영어 학원 측에서도 아주 신기한 듯 쳐다본다는 것입니다. 이 아이가 정말 외국에 살다 온 아이가 아니냐는 것입니다. 순수하게 한국에서 자라서 이렇게 영어 회화를 잘할 수는 없다는 것입니다. 또 영어 회화 전문 학원을 오래 해봤지만 이런 경우를 본 적이 없다는 것입니다. 학원 측에서는 어린이가 영어 회화를 잘할 수 있으니 어린이 회화반을 신설하여 운영해도 가능할 것이라는 말까지 나왔습니다. 그러나 후일의 일이지만 어린이 영어 회화반은 만들어지지 않았습니다.

왜냐하면, 당시에는 어린이가 영어 회화를 한다는 것이 드문 일이고, 인원도 모집이 안 되는 시절이었기 때문에 학원으로써는 수지가 맞지 않는 사업이었기 때문입니다. 요즈음에는 영어에 부모님들이 관심이 많지만 그 당시에 현실은 그랬습니다. 사실, 저의 아이가 어른들 틈에 끼어 영어 회화를 따라갈 수 있기까지는 저나 저의 아내의 표면상 보이지 않는 많은 노력이 있었습니다.

그저 영어 회화 학원에 아이를 보낸다고 영어 회화가 잘되는 것은 아닙니다. 아이가 기본적으로 영어 단어와 문장 독해력, 쓰기 공부, 그리고 영어 교재의 예습 등을 통하여 영어를 미리 알고 있었기 때문입니다.

저는 누구나 이렇게 부모와 아이와 원어민과 삼위일체가 되었을 때 영어 회화는 쉽게 성공할 수 있다고 생각합니다. 그리고 가능한 한 초등학교 어린 시절부터 영어 회화 가르치기를 시작하시라고 권하고 싶습니다. 어린이의 외국어 습득능력은 어른들과는 비교될 수 없을 정도로 빠르며, 이때 배운 영어 회화 실력은 성인이 된 후에도 오래도록 잊지 않고 기억하기 때문입니다.

12. 영어 회화 공부에 보람을 느끼다

4학년 2학기와 그해 겨울방학을 지내면서 두 번째 시작한 고1 영어 교과서를 마칠 수 있었습니다. 그러면서 4학년 겨울방학 동안에도 영어 회화 공부는 계속하였습니다.

매달마다 되풀이하여 개강하는 영어 회화 시간은 초급반에서 중급반으로 그다음은 고급반으로 옮겨졌습니다. 그리고 고급반에서는 일부러 유급해가며 똑같은 강의를 몇 번씩 더 듣곤 하였습니다.

왜냐하면, 영어 회화 시간에는 물론 정해진 교재는 있지만, 그때그때 수업 시간의 상황에 따라 회화 내용이 변하기 때문입니다. 그리고 중요한 것은 원어민과 직접 얼굴을 보고 회화할 수 있는 시간을 갖는 것이 중요하다고 생각했기 때문입니다.

또 영어 회화 교재도 다양합니다. 예를 들어 side by side란 영어 회화 교재를 가지고 상, 중, 하 반을 개강한다면 한 달에 한 번 꼴로 매달 상, 중, 하 반을 차례로 몇 달에 걸쳐 배우고 나서, 이 교재가 끝나면 다른 영어 회화 교재를 예를 들어 interchange라는 영어 회화 교재 상, 중, 하 반을 차례로 몇 달 강의를 받도록 했습니다.

이러는 과정에서 반마다 특색있는 강의를 들을 수 있고 특히, 강의 선생님이 다르기 때문에 여러 사람의 원어민과 대화할 수 있는 기회가 되기 때문입니다.

이런 시도는 한 명의 선생님께 영어 회화를 계속 오랫동안 받는 것보다 여러 선생님께 번갈아가며, 또 회화 수준도 조절해가며 배우는 방법이므로, 다양한 사람을 접할 수 있다는 점에서 좋은 방법이라고 생각했습니다.

선생님 중에는 흑인 박사 선생님도 계셨습니다. 그리고 이쯤 되면 어느 정도 영어 회화 실력이 되니 여러 가지 영어 회화를 배울 수 있는 선택의 폭이 넓어졌습니다.

저의 아이가 4학년 때의 일입니다. 저는 그 날도 여느 때처럼 저녁에 퇴근하여 집에 돌아왔는데 아이가 달려들면서 이야기를 먼저 꺼내는 것이었습니다.

"아빠, 저 오늘 재미있는 일이 있었어요."

"무슨 일인데?"

아이는 오늘 영어 회화 학원을 끝나고 집에 오는 길에 있었던 일을 이야기해주었습니다.

이야기의 내용을 이렇습니다.

영어 회화 학원을 끝나고 저녁 7시 30분쯤 집에 오는 길에 건널목 근처에서 어느 중년의 외국인 부부가 지도를 펴들고 길에 지나가는 이 사람 저 사람에게 길을 묻고 있었답니다.

이 외국인 부부는 지나는 사람들에게 뭐라고 손짓을 해가며 지도를 펴들고 물어보는데, 아무도 대답해주는 사람이 없이 사람들은 미안한 듯 웃음만 짓고 그냥 지나가더랍니다.

그래서 자기가 이 외국인 부부에게 가서 무슨 일인지 도와드리겠다고 했답니다. 외국인 부부는 영어를 말하는 아이가 도와준다니 너무 반가워하면서 이것저것 묻더라는 것입니다.

이 얘기 저 얘기를 하면서 약 20분 정도가 지나갔는데 어느 틈엔가 주위에 사람들이 쭉 모여 있더랍니다. 이 외국인 부부와 어린아이가 영어로 이야기하는 것이 신기했던 모양입니다.

이 외국인 부부는 캐나다 사람이었고 캐나다에서 회사에 근무하고 있으며 88올림픽 때 우리나라를 아름답게 보았기 때문에 휴가를 맞아 우리나라에 배낭여행을 왔다는 것입니다. 이곳저곳

두루 다니다가 오늘은 여의도에 구경 온 후, 저녁에 숙소로 가야겠는데 숙소 가는 길을 잘 몰라서 지나가는 사람들에게 묻는 중이었습니다.

이런 사정이라면 이 외국인 부부도 바쁠 텐데 어린아이와 이야기하는 것이 재미있었는지 길가에서 20분 정도나 서로 이런저런 이야기를 했던 것입니다. 아이는 이 외국인 부부에게 길을 친절히 알려주었고, 이 부부는 헤어질 때 고맙다는 말을 여러 번 하면서 웃으며 헤어졌다는 것입니다.

이야기는 여기까지입니다.

아이는 그때 상황을 손짓까지 해가면서 아주 기쁜 듯 이야기했습니다. 저는 이 이야기를 들으면서 참으로 기분이 좋았습니다. 우리 아이가 이렇게 될 수 있다니 내가 영어 공부를 시킨 것이 잘한 일이구나. 저는 이렇게 생각했습니다.

그리고 저는 이 사건에서 주의 깊게 생각할 부분이 한 가지 있다고 생각했습니다.

주의 깊게 생각할 부분이란, 다름 아닌 이 외국인 부부와 저의 아이가 대화할 때 주위에서 구경하고 있던 사람들입니다. 구경하던 사람들 대부분도 본인들이 영어로 말할 수만 있다면 외국인 부부에게 길을 안내해 주었을 것입니다. 그러나 영어를 말할 줄 모르기 때문에 그저 안타깝게 보고만 있었을 것입니다.

여기서 제가 느끼는 것은, 저를 포함해서 우리나라 사람들 대부분은 영어 회화를 유창하게 말하고 싶어 한다는 것입니다.

아마 그 주위에 있던 사람들도 그랬을 것입니다. 그러니 이 어린이가 영어 회화를 하는 것을 신기한 듯 부럽게 바라보고 있었을 것입니다.

학교에서 영어를 배운 우리나라 사람들 중 많은 분들은 학창 시절 그렇게도 많은 시간을 투자해서 영어를 배웠는데도 외국인 앞에만 서면 입이 굳어지고 말문이 막혀 영어 회화를 한 마디 제대로 못하시는 것이 사실입니다.

왜 그럴까요? 이유는 간단합니다.

너무 늦게 중학교 때부터 영어를 시작한 것입니다. 그리고 외국인과 접촉할 실전의 기회가 없었기 때문입니다. 이런 일들을 자녀들 세대에는 물려주지 않아야겠다고 생각하시는 부모님, 기왕에 자신은 영어 회화를 못 할지라도 자녀에게 지금 이 시대, 세계화의 시대에 걸맞게 가능한 한 자녀가 어린 나이 때부터 영어 회화를 가르칠 필요가 있다고 생각합니다. 그런데 요즈음 신문이나 방송 등 매스컴의 보도에 의하면 어린아이들이 한글도 제대로 터득하지 못한 3~4세 때부터 사설 학원이나 유치원에서 영어를 배우고 있다는 내용을 종종 듣습니다.

저는 부모님들께서 그렇게 하신다고 해서 이를 말릴 만한 자격도, 능력도 없는 처지입니다. 다만, 제 생각으로는 이런 일들은 어린아이의 여러 가지 능력이나 상황을 고려해볼 때, 너무 빠른 것이 아닌가 하는 생각이 듭니다.

그러니 어린아이들이 한글과 사고력을 어느 정도 터득한 초등학교 1~2학년 정도는 된 후에 영어를 집중적으로 하루에 2~3시간씩 가르치면 효과적일 것입니다.

왜냐하면, 우리 한글을 제대로 안다는 것은 어린아이가 영어를 공부하는 데도 커다란 도움이 되기 때문입니다.

이를 다시 말씀드리면, 아이가 다른 나라 언어를 배우는 과정에서 언어란, 서로 다른 언어끼리 서로가 끈이 되어, 도와주는 중요한 역할을 하기 때문입니다.

거듭 말씀드립니다만, 이런 이유로 부모님들께서는 아이들에게 영어를 가르치실 때, 시기나 방법 등을 제가 직접 체험했던 저의 경우를 꼭 참고하셨으면 좋겠다고 생각해봅니다.

13. 큰아이는 고2 영어 교과서를 배우고,
작은아이는 영어 공부를 시작하다

아이가 초등학교 5학년 1학기가 시작되자 지금까지 고1 영어 교과서를 두 종류나 마쳤기 때문에 자신감이 붙어 고2 영어 교과서와 자습서를 구입하여 영어 공부를 계속 시작하였습니다.

고2 영어 교과서는 인쇄된 영어 글씨체도 약간 작은 글씨로 되어 있으며 한 단원마다 내용도 길었습니다. 또 영어 단어도 어려운 단어가 많이 나왔습니다. 저는 여태 해왔던 방식대로 종전과 같이 계속하여 영어 시험을 보도록 하였습니다.

그리고 이때부터는 영어 시험 때 100점을 맞는 것에 한하여 상금을 2,000원으로 인상하여 주었습니다. 이런 방법은 용돈을 인상해주는 방법 중에 하나였습니다.

그리고 이제부터 어려운 단어가 나와서 한글로 뜻을 외운다 해도 한글의 뜻을 이해하지 못하면 안 되기 때문에 한글의 뜻을 설명해주어야 할 경우에는 한글 뜻을 자세히 설명해주었습니다.

이러는 사이에 작은아이도 벌써 초등학교 2학년이 되었습니다. 이제 몇 달 후에는 형처럼 영어 공부를 시작해야 합니다.

그동안 형이 영어 공부하는 것을 쭉 보아왔기 때문에 작은아이에게는 저 자신도 영어 공부시키는 기술이 늘어서 큰아이 때보다는 좀 수월할 듯싶었습니다.

어쨌든 작은아이에게 영어 공부를 시작하기 전까지 형이 그동안 읽었던 책들을 계속 읽혔고, 가끔 서점에 가서 새로운 아동용 책이 나오면 사서 읽혔습니다. 이렇게 새 책을 사 오면 큰아이도 그 책을 함께 읽었습니다.

두 아이가 서성대는 집안은 번잡스럽습니다.

하루 종일 아내는 이 일 하랴, 저 일 하랴, 정말 바삐 움직입니다. 이런 모든 일은 사실, 아내의 손끝에서 하루가 시작되고 하루가 마무리됩니다. 저는 하루도 아내에게 고생한다는 인사말을 잊지 않았습니다. 그리고 아내에게 늘 기쁘고 사랑한다는 말로 위로하여 주었습니다.

이러던 어느 일요일, 큰아이가 AFKN 방송을 듣고 있었습니다.

그때 화면에는 미국 대통령이 연설을 하고 있었습니다. 큰아이가 열심히 TV를 보고 있길래 저는 아이에게 물었습니다.

"너 지금 미국 대통령이 뭐라고 연설하는지 알아듣겠니?"

"네, 모르는 말이 나오긴 하는데 거의 알아들어요."

저는 깜짝 놀랐습니다. 가끔 큰아이가 AFKN 미국 군인 TV 방송을 듣고 있는 것을 보긴 했지만 스피드 있게 빨리 말하는 영어를 알아들으리라는 생각은 미처 못했기 때문입니다.

잠시 시간이 흐른 후, 이번에는 TV 화면에 미국 군인 아나운서가 미국 군대 뉴스를 전하고 있었습니다.

"너, 이 군인 아나운서 말도 알아듣겠니?"

"네, 무기 이름 몇 마디를 제외하고는 거의 알아들어요."

또다시 저는 "저 군인 아나운서가 뭐라고 말하는데?" 하고 물었습니다. 그러자 아이는 미군 아나운서가 말한 내용을 저에게 설명해주었습니다. 저는 다시 한 번 놀랐습니다. 그리고 마음이 흡족했습니다. 그동안 노력했던 일에 대한 성과를 확인하는 순간이었습니다.

저는 아이가 영어 회화를 배운다고는 했지만 저와 아이와 영어로 주고받은 말은 한마디도 없었습니다. 제가 영어 회화를 못 하기 때문입니다. 그래서 사실 제가 직접 확인할 수 있는 방법이 없었고, 아내를 통하여 영어 회화 시간에 간접 확인할 수밖에 없었습니다.

그러나 지금 상황, 그러니까 AFKN TV 방송을 열심히 듣고 있는 큰아이의 모습을 보면서 '아, 저 아이가 영어를 알아듣고 있구나.' 하는 것을 느꼈습니다. 그리고 이날은 이렇게 기분 좋게 하루를 보냈습니다.

고등학교 2학년 영어 교과서는 저 자신에게도 어려웠습니다. 그러나 제가 영어 공부를 하는 것이 아니고 미리 자습서를 보고 단어 뜻이나 해석 내용을 알고 있는 처지에서, 아이에게 영어 테스트만 하는 것이기 때문에 고2 영어 교과서도 그리 어려운 일은 아니었습니다.

고2 영어 교과서를 배우면서부터는 제가 아이에게 듣기 공부를 위하여 영어 본문을 읽어주는 것을 생략했습니다. 그 대신 자습서 부록에 함께 나오는 원어민 읽기 테이프가 있어 그것을 틀어주었습니다.

비록 낮시간에 아이가 듣는 연습을 여러 차례 했지만, 테스트를 위하여 들려주는 것은 또 다른 의미가 있기 때문입니다.

테이프는 2~3번 정도 반복하여 듣도록 시켰습니다. 그러면서 저는 옆에서 이 테이프를 들으면서 동시에 우리나라 말로 뜻을 알도록 하라고 시켰습니다. 듣기 공부는 이렇게 했지만 제가 본문을 못 읽는 대신 아이에게는 본문 읽기를 시켰습니다. 아이가 영어 교과서 본문을 읽는 동안 저는 제가 별도로 가지고 있는 영어 교과서를 응시하면서 아이가 본문을 제대로 읽는지를 확인하였습니다. 이 정도는 제가 할 수 있었기 때문입니다.

그러면서 저는 아이에게 "좀 더 숙달되게 억양을 넣어서 읽음과 동시에 뜻을 생각하며."라고 주문을 했습니다. 또 이렇게 두세 번 정도 연습시킨 뒤 읽기 시험을 보았는데 억양, 스피드, 정확한 발음을 중점적으로 테스트했습니다.

읽기 시험을 보면 아이는 낮에 이미 연습을 했기 때문에 해당 단원의 본문을 술술 잘 읽어 내려갑니다. 이 정도 되면 합격을 줘도 되는 상황입니다.

그러나 저는 책에서 본문 내용을 눈으로 보고 있다가 본문 읽기가 다 끝나면 일부러 억양이 틀렸다든지, 스피드가 떨어진다든지, 또는 감정이 부족하다든지 핑계를 대어 지적하면서 불합격이니 20분 후 다시 읽기 시험을 본다고 말하고 즉시 현장에서 20분의 시간을 주어 읽기 연습을 시켰습니다.

그러면 아이는 다시 열심히 본문 읽기 연습을 합니다. 20분쯤 지나면 아이가 읽기 시험 볼 수 있다고 말합니다. 그리고 다시 본문 읽기 시험을 봅니다. 그러면 아이는 종전보다 더 숙달되게 억양을 넣고 감정까지 넣어 술술 잘 읽습니다. 그러면 저는 합격이라고 말하고, 다음 단계 시험으로 넘어갔습니다.

이렇게 저는 일부러 한 번 더 아이에게 영어 읽기 공부를 연습할 기회를 갖게끔 하여 효과적으로 공부할 수 있도록 유도하였습니다.

영어 단어나 숙어 쓰기 시험, 영어 본문 쓰기 시험, 모두 마찬가지로 꼬투리만 있으면 꼬집어 내어 불합격을 시키고, 그 자리에서 시간을 주어 공부하도록 하고 시험을 다시 보았습니다.

이 방법은 영어를 정확히 아는 데 도움이 될 것이라는 생각 때문이었습니다. 이렇게 매일 매일 영어 공부와 씨름하면서 큰아이가 5학년 1학기가 지나고 여름방학이 시작되었습니다.

이제 작은아이에게도 영어를 가르칠 때입니다.

왜냐하면, 작은아이도 초등학교 2학년 1학기 여름방학이 되었기 때문입니다. 그래서 그동안 미리 준비해 둔 스케줄에 의하여 작은아이도 영어 공부를 시작하였습니다.

저는 퇴근 후 집에 오면 더욱 바빠졌습니다.

큰아이 영어 테스트하랴, 작은아이 영어 가르치랴, 그러나 저는 이 모든 것이 즐겁고 기뻤습니다. 피곤한지도 몰랐습니다.

이것은 아마도 저 자신이 자기 자식들을 가르치고 있다는 사실에 대한 기쁨일 것입니다.

저는 퇴근 후 가족과 함께 식사가 끝나면 작은아이 영어 공부를 시작하였습니다.

한 시간 반에서 두 시간가량 작은아이와 공부하고 있는 동안에 저쪽 방에선 큰아이가 영어 테스트나 학교 공부 또는 영어 회화 예습을 하고 있습니다. 작은아이의 영어 공부가 끝나면 곧바로 큰아이의 영어 시험 테스트를 합니다.

큰아이의 영어 시험 테스트가 끝나면 밤도 어느 정도 깊어집니다. 이렇게 공부하는 동안 집안은 조용합니다. 다만 아빠의 목소리와 아이가 영어 읽는 소리가 간간이 들릴 뿐입니다.

그리고 매일 매일 낮시간 아이들의 뒷수발에 온 신경을 다 썼던 아내가 이 시간에는 저와 아이의 공부하는 모습을 지켜보며 뒷수발을 해주었습니다.

이렇게 하루에 두 아이를 영어 공부시키다 보니 작은아이에게 영어를 가르치기 전보다 큰아이에게 소비했던 시간이 약간 줄어들었습니다. 그렇지만 큰아이는 이제 영어 공부를 시작한 지 만 3년이 지나고 있어 어느 정도는 스스로 공부할 수 있는 능력이 있었습니다.

그러나 큰아이도 고등학교 3학년 영어 교과서를 마스터할 때까지는 느슨하게 공부시킬 수는 없었습니다.

그렇다고 해서 이제 막 영어 공부를 처음 시작하는 작은아이에게는 더욱 소홀히 할 수는 없었습니다. 왜냐하면, 두 아이 모두 그들의 장래가 중요하기 때문입니다. 작은아이는 아빠의 말씀에 따라 영어 공부를 잘 따라주었습니다.

작은아이에게도 큰아이가 했던 것처럼 시험에 100점을 맞으면 상금을 1,000원을 주었습니다. 상금을 처음 받았을 때 작은아이는 자신의 노력으로 처음 받는 이 상금이 무척 기뻤나 봅니다. 형에게 자랑도 하고, 다음 날에는 아빠에게 빨리 영어 시험 보자고 졸라댈 정도였습니다.

아내의 말에 의하면 작은아이는 영어 공부가 시작된 날 이후, 낮에 영어책을 붙들고 그렇게 영어 공부를 열심히 할 수가 없었다는 것입니다. 그리고 아빠가 퇴근하여 오시기를 무척 기다리고 있다는 것이었습니다.

사실 이 날 이후부터는 퇴근 후 집에 들어설 때 아내보다도 먼저 작은아이가 저를 더 반길 정도였습니다.

이렇게 큰아이, 작은아이의 영어 공부는 내용 면에서 수준은 다르지만 영어 공부를 하고 있다는 사실에 대하여는 서로 보이지 않는 경쟁구도를 띠면서 열심히 하였습니다.

그리고 아이들은 영어 테스트를 통하여 얻은 상금으로 이리 쓸까 저리 쓸까 궁리해가며 자신들끼리의 즐거움에 쌓여 서로 의논하는 모습을 많이 보았습니다. 어쨌든 이런저런 일로 해서 기쁘고 즐거운 하루하루가 보람 있게 지나갔습니다.

저희 부부는 이렇게 아이들을 공부시키고자 하려는 계획에서부터 실천하는 데까지 의견이 항시 일치하였습니다.

오히려 '더 좋은 생각이 없을까?' 하고 궁리했으며, 아이들에게 공부시키는 일을 해나갈 때는 서로 도와주려고 노력하였습니다. 이렇게 되니 아이들 공부뿐만 아니라 또 다른 문제가 발생하더라도 서로가 아껴주고 늘 관심을 가져 주었습니다.

이것은 부부가 서로 사랑하는 마음에서 솟아나는 것 같았고, 사랑하는 마음이 솟아나는 원천은 아이들에게 가정교육이나 영어 공부를 함께 시키면서 서로의 공통 화제가 풍부해졌기 때문이 아닌가 생각합니다.

왜냐하면, 결혼생활 30년이 가까이 지난 지금도, 저희 부부는 제가 직장에 나가 있는 시간을 제외하고, 집에 함께 있는 시간에는 항시 어떤 소재의 대화이든 재미있고 즐겁게 서로 이야기하기 때문입니다.

큰아이가 5學年 1학기 여름방학이 지나고 5학년 2학기가 지나 겨울방학이 끝날 때쯤 고2 영어 교과서를 마칠 수 있었습니다. 큰아이에게는 영어 회화 공부라는 일이 더 있었기 때문에 진도를 종전같이 빨리 나갈 수가 없었습니다. 그리고 작은아이의 영어 공부가 있었던 것도 진도가 더딘 원인이었습니다. 그러나 큰아이는 착실하게 차곡차곡 따라가 고2 영어 교과서를 마스터한 것입니다.

여기서 잠깐, 아이에게 고2 영어 교과서를 테스트할 때부터 상금을 2,000원으로 두 배나 올려준 이유를 말씀드려 보면, 고2 영어 교과서는 아무래도 중학교 영어 교과서를 테스트할 때보다도 시험을 보고 나서 다음 시험을 볼 때까지의 기간이 길어지므로 아이가 한 달 동안에 받는 상금의 총액이 오히려 줄어들기 때문에 아이의 사기도 높여줄 겸해서 올려준 것입니다.

이때쯤 되어서는 제가 보아도 아이의 영어 회화 실력이 제법 된다고 생각했습니다. 그동안 어른들 틈에 끼어 학원에서 영어 회화 교재를 가지고 회화 공부를 한 것도 도움이 되었는지, 아이는 언제부터인지 영자 신문도 눈에 띄면 읽기 시작했습니다.

그러나 저는 영자 신문이나 영어 소설책을 사주면서 큰아이더러 읽어 보라고 권하지는 않았습니다. 왜냐하면, 고3 영어 교과서를 마스터한 후에 틈틈이 읽어도 늦지 않는 일이라고 생각했기 때문입니다.

그리고 이런 일보다도 더 중요한 것은 그런저런 내용을 알 수 있는 기본 영어 실력을 아이에게 키우는 일이라고 생각했기 때문입니다. 그래서 저는 고2 영어 교과서를 끝내고 곧바로 다른 종류의 고2 영어 교과서를 한 권 더 선택하여 6학년 1학기부터 시작하였습니다.

아이는 한 차례 고2 영어 교과서를 마스터하는 고비를 넘겼기 때문에, 이번에는 좀 빠르게 6학년 1학기 여름방학이 끝날 때쯤 고2 영어 교과서를 마스터할 수 있었습니다.

큰아이는 고2 영어 교과서를 배우면서 영어 읽기나 쓰기, 단어 숙어 테스트 등에서 실력을 좀 더 쌓아갔고 긴 영어 문장도 술술 해석해 나갔습니다. 더불어 영어 회화까지 배우고 있으니 저는 영어를 잘하지 못해서 정확히는 모르지만 영어 회화 실력이 수준급이라고 학원 내에서는 칭찬이 자자했습니다.

다시 한 번 큰아이가 처음 영어 회화를 배우기 시작하면서부터 이때쯤까지 영어 회화 학원에서 공부한 방법을 간단히 말씀드리면, 학원에서 매달 개강해가면서 바뀌는 기본 영어 회화 교재 상 중하 반을 여러 차례 반을 바꿔 순환해가며 배웠습니다.

그리고 이 반이 끝나면 한 단계 높여서 비지니스반을 수강하였습니다. 또 비지니스반도 매월 개강할 때마다 같은 반을 수강하고, 또 수강하고 하며 몇 개월을 배운 뒤 학원에서 제일 어려운 코스라는 프리토킹반에 수강 신청을 하였습니다.

프리토킹반은 회화 교재는 있긴 하지만 거의 무시되고 외국인 강사와 마주 앉아 그날그날의 특별한 회화 소재에 대하여 선생님과 학생들이 서로 자신의 의견을 영어로 말하고, 듣고 하는 최고급 반입니다.

물론, 이 반도 역시 모두 어른들이며 직장인인데 이 분들 중에는 외국에서 공부하시다 온 분이나, 외국 회사를 다니시는 분도 계셨습니다.

이런 분들이 이렇게 프리토킹반에 다니시는 목적은 영어 회화를 좀 더 배우시려는 목적도 있고, 또 기왕에 알고 있는 영어 회화 실력을 국내에서는 아직 별로 사용하고 있지 않으므로 영어 회화 감각을 잊어버리지 않으시려고 다니시는 분도 계시다는 것이었습니다. 저의 아이가 그런 분들 틈에 끼어서 영어 회화를 배우고 있었던 것입니다.

이럴 즈음, 저는 어느 일간지 광고에서 모 단체가 초·중·고등학교와 대학생을 포함한 성인반으로 나누어 전국 영어웅변대회를 실시한다는 광고를 보았습니다. 저는 이 광고를 들고 와서 아내에게 "우리 큰아이 한번 이 영어웅변대회에 초등부로 내보내 볼까요?" 하고 의사를 타진하였습니다. 웅변 원고는 학원의 원어민 선생님께 부탁드려보고 아이의 실력을 테스트할 겸 한번 출전시켜 보자고 했습니다.

이 웅변대회의 진행은 출전자가 영어로 웅변한 뒤, 그 웅변 내용을 중심으로 심사위원이 영어로 질문하면 그 즉석에서 웅변자가 영어로 대답하는 식으로 진행되는 대회였습니다.

그리고 출전 자격은 외국에 6개월 이상 거주하지 않았던 사람으로 제한하였습니다.

그러나 아내에게 제의한 저의 제안은 무참히 거절되었습니다. 아이를 그런 곳에 내보내서는 어떤 식으로든 얻는 게 없다는 것이었습니다. 괜스레 아이에게 자만심이나 우월감만 생기게 한다는 것입니다. 그리고 여기저기 별일도 아닌데 소문만 난다는 것입니다. 이런 식으로 어릴 때부터 뭔가를 잘한다고 소문난 아이들이 계속하여 끝까지 잘 되어가는 것을 보았느냐는 것입니다.

그리고 저더러 왜 이리 생각이 부족하냐는 것입니다.

이런 결과는 이런 일을 조장하는 부모 책임이라는 것입니다. 그리고 아이가 영어 좀 잘하는 것이 뭐가 그리 대단하느냐는 것입니다. 앞으로 이 아이 세대에는 영어는 기본이고, 그 외에 다른 과목이나 다른 분야도 잘해야 한다는 것입니다. 그러니 아예 그런 생각은 하지도 말라는 것입니다.

저는 아내에게 아이를 영어웅변대회에 출전시켜볼까 하는 제안을 했다가 말 한마디 더 붙이지도 못하고 입을 다물었습니다.

그래서 큰아이는 그 영어웅변대회에 출전하지 않았습니다.

그러나 저는 도대체 영어웅변대회가 어떻게 진행되나 궁금했습니다. 그래서 큰아이가 출전하지 않았지만 마침 집에서 멀지 않은 곳에서 대회를 실시하므로 방청객으로 구경을 가보기로 하였습니다.

영어웅변대회가 열리는 날은 일요일이었습니다.

저는 아내와 아이들과 함께 영어웅변대회를 방청하였습니다. 방청석은 방청객이 얼마 되지 않아 자리가 많이 비어있었습니다.

대회는 진행되었고, 초등학교 출전자는 3명뿐이었습니다.

출전자의 웅변 실력은 미리 써온 원고를 가까스로 외워서 말하는 정도였습니다. 도중에 원고 내용을 까먹어 원고 용지를 보면서 할 정도였습니다. 출전자가 웅변이 끝난 뒤 한국인 심사위원이 간단한 질문을 하였습니다. 그러나 그것도 제대로 대답을 못 하는 정도였습니다. 초·중·고등학교 학생은 외국인 심사위원이 질문하지 않았습니다.

중학교 몇 명, 고등학교 몇 명, 대학생과 어른에 이르기까지 저는 아이와 함께 방청을 계속하였습니다.

초등학교 어린이나 중학교 학생이 심사위원의 질문에 대답을 잘하지 못한 것은 물론이고, 고등학생도 질문에 제대로 답하는 사람이 없었습니다. 다만 어른들은 외국인 심사위원에게 떠듬떠듬 몇 마디 답하는 것이 고작이었습니다. 영어를 잘 모르는 제가 봐도 출전자들이 별로 실력이 없다고 느꼈습니다. 그 이유는 출전자들이 외국에 6개월 이상 거주하지 않는 자로 제한했기 때문이라고 생각했습니다.

집에 오는 길에 큰아이에게 물어보았습니다.

"너는 심사위원이 질문하면 대답을 할 수 있니?"

"그럼요, 아주 쉬운 질문이고, 얘기할 것도 많이 있지요. 저는 어른들 출전자보다 훨씬 잘할 수 있어요."

저는 큰아이가 출전했더라면 좋은 결과가 있을 것이라는 것을 알았습니다. 그러나 아내의 충고처럼 출전하지 않은 것이 훨씬 더 좋았다고 생각했습니다.

14. 작은아이도 중3 영어 교과서를 마치고
원어민 영어 회화를 시작하다

　큰아이가 고등학교 2학년 영어 교과서를 아직 마치기 전, 그러니까 큰아이가 초등학교 6학년 1학기가 끝나고 여름방학이 시작될 때 작은아이는 초등학교 3학년 1학기가 끝나고 있었습니다.

　이제부터는 작은아이에게 영어 회화 공부를 시켜야 할 때가 되었습니다. 그동안 작은아이도 큰아이와 같이 초등학교 2학년 1학기 여름방학 때부터 중학교 1학년 영어 교과서를 시작으로 영어 공부를 해왔기 때문에 벌써 중학교 3학년 영어 교과서까지를 마스터하고 있었습니다.

　아내는 작은아이를 큰아이와 마찬가지로 영어 회화 학원에 데리고 갔습니다. 영어 회화 학원에서는 큰 거부감 없이 작은아이를 어른 영어 회화반에 넣어 주었습니다.

물론, 이번에도 아내가 함께 수강 신청을 했습니다. 그리고 아내는 큰아이 때 하던 방식대로 월요일에서 금요일까지 하루에 한 번씩 아이를 데리고 회화 학원에 다녔습니다.

작은아이는 평소에 형이 회화 학원에 다니고 있는 것을 잘 알기 때문에 순조롭게 따라주었습니다.

그리고 이때쯤이 되어서는 큰아이의 경험도 있고 해서 아내도 나름대로 아이가 회화 학원에서 어떻게 해야 잘 배울 수 있다는 노하우를 터득하고 있는 터였습니다.

작은아이는 오후 5시 30분부터 시작하는 회화반에 다녔고, 큰아이는 프리토킹반이므로 오후 6시 30분 반 또는 오후 7시 30분 반에 다녔습니다.

작은아이까지 영어 회화 학원에 다니니 집안은 대화거리가 더욱 풍부해졌습니다. 그래서 식구들은 마냥 즐거웠습니다. 아이들의 장래가 희망적으로 보이기 때문이었습니다.

토요일이나 일요일 영어 회화 학원에 가지 않는 날에 집안 식구들이 모이면 작은아이는 작은아이대로, 큰아이는 큰아이대로 재미있게 자기 이야기를 주고 받았습니다.

이럴 때는 간혹 집안이 시끌벅적했지만 저는 마음이 흐뭇했습니다. 이런 것이 '사람이 살고 있다는 보람이구나.' 그리고 '기쁨이구나.' 하고 생각했습니다.

작은아이와 큰아이는 서로 간단한 영어를 주고받을 정도가 되었습니다. 이때 큰아이는 작은아이에게 이러쿵저러쿵 회화하는 방법을 알려주기도 하였습니다. 어쨌든 두 아이는 이런 일 저런 일로 해서 무척 다정스럽게 지냈습니다.

저는 작은아이에게도 영어 배우는 일을 친구나 남에게 자랑스럽게 말하지 말라고 단단히 일러두었습니다.

그 이유는 작은아이 역시 남들 하지 않는 것을 배운다는 점에서 우쭐함이 생길까 염려해서 그랬던 것입니다.

그렇지 않아도 영어 회화 학원에서 함께 수강하고 계시는 어른들이나 영어 원어민 선생님이나 학원 간부님들이 두 아이가 회화 학원에 꽤 오래도록 다니고 있으니 모두 알고 있는 터였습니다. 그러면서 이분들은

"너희들은 영어를 잘해서 좋겠다." 또는

"영어는 이 아이같이 어릴 때부터 배워야 하는데 우리들은 너무 늦었다."

"어른이 되어 사회에 나오면 영어가 정말 중요하다."는 등의 말씀을 하시면서 아이들을 칭찬해 주고 있는 상황이었기 때문입니다. 그런데 이런 상황에서 부모까지 아이들을 부추길 필요가 전

혀 없다고 생각했습니다.

그저 아이들이 중·고등학교 시절 공부 잘하고, 대학, 맘에 드는 곳에 들어가고, 성인이 되어 자신의 직업을 갖게 되면, 그때 지금 배웠던 영어 회화 실력을 이용할 수 있는 기회가 있었으면 좋겠다는 희망이 있을 뿐이었습니다.

이렇게 작은아이도 영어 회화 공부를 시작하게 되니 아내는 더욱 바빠졌습니다.

더구나 큰아이도 초등학교 시절 학급 반장을 몇 번 했지만, 작은아이는 초등학교 다니는 동안 년마다 학급 반장을 했습니다. 그래서 아내는 반장 어머니이기 때문에 아이들과 관련되어 초등학교에도 간혹 방문하는 일이 있었습니다.

이렇듯 종일 집에 있다 보면 이런 일 저런 일들도 많을 텐데 아내는 고달프다는 내색도 하지 않고 이리 뛰고 저리 뛰며 아이들의 뒷바라지와 집안 살림에 정성을 쏟았습니다.

15. 균등하게 공부 시간을 배분해야
두 아이 모두에게 성공을 약속한다

큰아이가 초등학교 6학년 1학기 여름방학이 끝날 때쯤에는 나중에 시작한 두 번째 고2 영어 교과서를 마칠 수 있었습니다. 그러니까 고2 영어 교과서 두 종류를 마스터한 것입니다.

저는 이제 고3 영어 교과서를 시작해야겠다고 생각하고 서점에서 종전과 마찬가지로 영어 교과서 2권과 영어 자습서 2권을 샀습니다.

고3 영어 교과서를 보니 책도 두껍고 촘촘히 쓰인 글씨이며, 단원 한 과 한 과가 꽤 길고 어려워 보였습니다.

그러나 여태 해오던 공부 방식대로 아이와 함께 제1과의 단어 공부부터 시작하였습니다. 고3 영어 교과서 내용은 어른이 읽어도 너무 좋은 글로 가득 차 있습니다.

저는 큰아이가 한 단원, 한 단원씩 단어와 읽기, 쓰기, 듣기를 진행해나가는 것도 좋았지만, 그 영문 내용을 해석하고 그 글의 의미를 분석하는 것이 더 좋았는지도 모릅니다.

어쨌든 아이가 어떤 사물이나 일에 대하여 깊이 생각하면서 인격을 형성해가는 데 많은 도움이 되리라고 생각했습니다.

저는 이런 방식에 의하여 아이에게 영어 공부를 시키면서 학교의 다른 공부도 함께 시켰습니다. 특히, 학교 시험 때가 되면 영어 회화 학원에 가는 것을 며칠 미루고, 또 저와 함께하는 영어 교과서 공부도 며칠간 미루면서 학교 시험에 대비하여 학력 수련장이나 전과 지도서를 가지고 학교 시험 공부를 시켰습니다.

또, 시험 범위 내의 학교 교과서 내용을 빈틈없이 읽히고, 교과서 안에 있는 지도나 그림의 내용도 하나하나 분석하면서 반복하여 외우도록 시켰습니다.

아이가 학교 성적이 떨어지면 공부에 자신이 없어지고, 공부에 자신이 없어지면 학교 공부를 소홀히 생각할 것이라는 생각에서, 그리고 아무리 영어를 잘한다 해도 학교 공부가 기본이 되는 것인데 이것이 부족하면 앞으로 대학에 입학하는 데도 어려움이 있을 것이라는 판단에서 학교 공부도 관심을 가지고 틈만 있으면 열심히 시켰습니다.

그다음에는 제가 학교 교과서를 가지고 시험 범위 안에서 예상 시험 문제도 내면서 풀어보도록 시켰습니다.

아이는 이것저것 아빠의 말씀에 잘 따라주었습니다.

이런 과정을 거친 뒤 학교에서 시험을 보고 오면 성적은 항상 상위권이었습니다. 이렇게 아이가 중학교에 입학하기 전까지 제가 학교 공부를 함께 시킨 이유는 아이가 중학교, 고등학교에 다니면서부터는 혼자 스스로 공부할 수 있는 능력을 키워주기 위함이었습니다.

사실 아이가 중학교나 고등학교 때까지 부모가 아이들과 함께 공부한다는 것은 좀 어려운 일입니다.

아이들도 하루하루가 다르게 어른스럽게 성장해나가고, 또 저 자신이 아이들과 함께 여러 가지 학과목을 공부할 수 있는 학문적 실력도 없기 때문입니다.

이런 이유로 시간이 지나 아이가 고3 영어 교과서를 마스터하고 어느 정도 스스로 홀로서기를 할 수 있는 단계에 접어들게 되면, 저와 아이가 함께 공부하는 방법에서 손을 떼고, 그때부터 대학에 입학할 때까지는 집에서 아이가 스스로 공부할 수 있는 집안 분위기와 환경을 만들어주는 데 노력해야겠다고 생각했습니다.

어쨌든 이 시절에 저는 퇴근 후에 줄곧 집에서 아이들과 함께 공부하는 것이 습관이 된 관계로 지금까지도 퇴근 후 곧바로 집에 가지 않으면 큰 잘못이나 한 것처럼 느껴지는 습성이 생겼습니다.

이렇게 보람있는 하루하루의 시간을 보내면서 큰아이가 초등학교 6학년을 마치고 그해 겨울방학이 지날 때쯤 고등학교 3학년 영어 교과서를 마칠 수가 있었습니다.

그리고 같은 시기에 작은아이에게도 3년 전 형이 했던 똑같은 방법대로 고1 영어 교과서를 열심히 공부시켰습니다.

이렇게 작은아이에게도 큰아이와 똑같이 시간을 배분하여 영어 공부를 시킨 것은 두 아이 모두에게 부모가 배려할 수 있는 똑같은 기회를 주자는 데 있었습니다.

이러한 배려는 저희 부부가 수년 전 아이들을 집에서 처음 공부를 시키고자 결심했을 때, 앞으로 어떠한 어려움이 있더라도 꼭 지키기로 약속한 내용이었습니다.

왜냐하면, 앞 장에서 잠깐 말씀드린 대로 만약에 제가 아이들에게 공부를 시킬 때, 큰아이나 작은아이 중 어느 한쪽으로 치우쳐 한 아이는 공부를 잘하고, 한 아이는 공부를 못하는 아이가 된다면, 그 결과는 먼 훗날 아이들이 성장한 후에 형제간에 모든 조건의 불균형으로 나타나서 어릴 때는 누구보다도 다정했던 형제자매일지라도 성장해서는 서로의 화목에 금이 갈 수 있다는 생각 때문이었습니다.

이런 처지의 모습들은 제가 주위에서 이와 같은 상황에 처한 부모님들을 많이 보고 들어왔으며, 이런 부모님들의 보이지 않는 고민을 보면서 느낀 바가 있었기 때문입니다.

그래서 그분들의 모습을 교훈 삼아 저 나름대로 최선의 해결 방법을 찾으려는 데 목적이 있었습니다.

저는 형제들 간에 이러한 장래의 불균형에 관한 해결 방법으로는 아이들에게 어릴 때부터 형과 아우, 즉 두 아이 모두에게 균형 있는 교육을 시키는 것이 가장 좋은 결과를 가져올 것이라고 생각했습니다.

16. 영어 공부 잘하면 중학교 공부도 자신 있다

 큰아이가 고3 영어 교과서를 한 권을 마칠 때쯤이 되자, 중학교 입학통지서를 받았습니다. 평소 충분히 공부를 시킨 관계로 아이가 중학교에 입학하는 것을 오히려 기대하고 있었습니다.

 아이가 중학교에 입학하자 초등학교와는 달리 학교에서도 좀 늦게 집에 왔습니다.

 그러나 새롭게 변한 중학교 생활에 아이는 곧 익숙해졌습니다. 그리고 아이가 중학교 생활에 자신감을 갖는 것은 무엇보다도 영어 시간에 자신감이 있었기 때문으로 생각되었습니다. 영어 시간만 자신 있으면 초등학교나 중학교나 별로 큰 차이가 없기 때문입니다.

 저는 제가 아이들에게 영어 공부를 시킨 일이 참으로 보람된 일이라는 것을 새삼 느꼈습니다.

중학교 시절 영어를 잘하는 아이는 공부를 잘하는 법입니다. 이것은 제가 학생 때, 중학교를 다니던 시절을 회상해보면서 얻어낸 진리 중의 진리입니다. 그래서 저는 아이들에게 초등학교 2학년 시절에 영어 공부를 시킬 때부터 이런 생각을 했던 것입니다.

이런 생각이란, 만약에 중학교 시절이나 고등학교 시절에 공부해야 할 양은 많은데 그중에서 제일 어렵다는 영어를 중학교 가기 전에 마스터할 수만 있다면, 중학교 시절이나 고등학교 시절에 남들이 영어 공부를 할 때, 그 시간을 우리 아이들은 영어 공부를 적게 해도 되니 다른 과목에 더 시간을 투자해서 공부할 수 있지 않을까? 이렇게만 된다면 성적이 부쩍 오를 것이라고 생각했던 것입니다.

저의 생각은 옳은 생각이었습니다.

큰아이는 학교 공부나 학교 생활도 즐겁게 하며 공부도 잘하니 좋은 친구들도 많이 사귀면서 지냈습니다. 이럴수록 아내는 중학생의 학부모이자 초등학생의 학부모로서 점점 바빠졌습니다. 그러나 항상 즐거운 표정으로 엄마의 역할을 그때그때 무난히 해나갔습니다.

회고해 보면, 이 시절에 저는 아내의 모습이 무척 성스러워 보였습니다. 그리고 참으로 고맙다는 생각을 많이 하였습니다.

이런 이유 때문인지 제가 지금도 가슴 깊이 간직하고 있는 아내에 대한 존경심이 이 시기에 열매를 맺지 않았나 하고 생각할 때가 많습니다.

큰아이가 초등학교를 졸업하고 중학교에 입학하기 전, 그러니까 그해 2월 말일까지 고3 영어 교과서 첫 번째 한 권을 마스터했습니다.

그러나 큰아이가 이제 중학생이 되었지만, 중학교 1학년 동안은 그래도 좀 학교 생활에 시간상 여유가 있는 시기이므로 이 기간을 이용하여 다른 종류의 고3 영어 교과서를 한 권 더 마스터할 수 있겠다는 생각이 들어서 또 다른 고3 영어 교과서를 구하러 서점을 돌아다녔습니다. 그리고 영어 교과서를 선택해서 종전과 똑같은 방법으로 아이에게 영어 공부를 시켰습니다. 물론 영어 회화 학원에도 계속 보냈습니다.

이때까지 작은아이의 영어 회화나 영어 공부도 큰아이와 함께 계속 진행되었습니다.

이렇게 가족과 함께 집에서 영어 공부나 학교 공부를 하고 지내는 동안, 시간이 흘러 아이들도 조금씩 조금씩 성장해가면서 이제는 중학생이 되니 아이는 스스로의 생각과 의견, 그리고 자신의 행동에 관한 입장을 부모와 함께 상의하고 토론하는 기회가 많아졌습니다.

그러자 형을 보고 배웠는지 덩달아 작은아이는 그 나이 때의 형보다는 제법 좀 더 학생스러운 얘기를 하며 대화에 끼어들곤 하였습니다. 그때마다 저는 아이들의 말에 열심히 귀를 기울여 아이들 말을 관심 있게 들어주며 함께 웃고 맞장구도 쳐주었습니다.

사실 아이들과 여러 가지 소재에 관하여 대화를 나눈다는 것은 아이들의 모습과 성격을 파악할 겸 즐거운 일이었습니다.

특히, 제가 출근을 하는 낮시간에 이런저런 일에 대하여 아이들의 말동무를 해주어야 하는 아내는 항상 기쁜 마음으로 아이들의 말을 들어주었고, 아이들을 칭찬해 주었습니다.

그러면 아이들은 엄마를 졸졸 따라다니듯이 좋아했고, 모든 일을 엄마에게 터놓고 상의하고, 엄마를 진심으로 아끼고 사랑하는 듯 보였습니다.

저는 이 시절 이런 모습의 아내가 참으로 위대하게 보였습니다. 가냘픈 손, 조용한 성격의 말씨, 크지 않는 체격에서 어찌 저런 신비스러운 힘이 나올까?

"아! 어머니는 위대하다."라는 말이 저래서 나오는 것일까?

모성애란 말이 이렇게 해서 탄생된 것인가?

두 아이가 엄마에게 서로 잘 보이려고, 또 서로 엄마와 이야기를 좀 더 오래 하려고 다툼 아닌, 다툼을 하는 것을 보면서 '이런 기쁨이 있기에 그 어려운 고통을 참아가며 궂은 일, 힘든 일을 마다치 않고 다른 즐거움에 눈 돌리지 않으면서 엄마 노릇을 하는구나.' 하고 생각도 해보았습니다.

이 시기에 아내는 두 아이의 선생님으로서, 어머니로서, 친구로서 온갖 역할에 분주한 나날을 보냈습니다.

저는 이 시기를 앞뒤로 해서 몇 년이 두 아이에게는 가장 중요한 시기라고 생각했습니다. 이 시기에 아이들을 잘 가다듬으면 곧고, 바르게 뻗은 나무같이 올바르게 성장할 수 있을 것이라고 생각했기 때문입니다.

이렇게 아이들의 교육에 관심을 가지면서 47년 전 제가 초등학교 시절, 저의 처지를 돌이켜 생각해보았습니다.

그때 저의 집안은 가난했습니다. 저의 부모님께서 어린 저에게 공부를 가르쳐준다는 것은 상상도 못 했고, 더구나 영어 회화 학원은 있지도 않았지만 소위 과외수업이라는 것도 집안이 가난하다 보니 엄두도 못 냈습니다.

그저, 학교에서 선생님께서 가르쳐주시는 공부를 하는 것이 전부였습니다. 공부를 어떻게 해야 하며, 장래는 어떻게 설계해야 한다는 충고를 주는 주위의 사람들도 없었습니다.

다만, 간간이 어머니께서 착하고 올바르게 살아야 한다는 눈물 어린 말씀을 들려주신 것이 지금의 제 성품을 결정짓는 데 커다란 역할을 한 것으로 기억됩니다.

그리고 오로지 계시다면 초등학교, 중학교, 고등학교 시절에 선생님이 계셨습니다. 그래서 저는 아직도 기억하고 있는 그 당시 선생님들의 말씀 한 마디 한 마디와 어머니의 사랑에 대한 고마움을 잊을 수가 없습니다.

그러나 지금은 세상이 많이 바뀌어 그런 시절이 아닙니다.

우리나라는 전체적으로 경제가 급속도로 성장하고 발전하여 가난에서는 이미 벗어나 있으며, 오히려 잘 사는 나라가 되었습니다.

그리고 교육 문제에 있어서도 모든 정보나 예측 가능한 미래에 대한 현상들이 매스컴을 타고 우리들 주위에 널려 있습니다.

그뿐만 아니라 훌륭하고 좋은 선생님들께서 하시는 충고의 말씀도 본인이 조금만 관심이 있으면 학교는 물론, 신문이나 서적, 인터넷이나 각종 세미나를 통하여 얼마든지 쉽게 보거나 들을 수 있습니다. 또, 좋은 참고 서적, 좋은 공부 환경, 좋은 인터넷 방송 등 얼마든지 찾을 수 있으며 좋은 학원을 찾고자 하면 학원 또한 얼마든지 찾을 수 있습니다.

그런데 다만, 우리 부모님들은 그런 정보, 그런 기회, 그런 노력들이 부족하거나, 놓치고 있다고 생각됩니다.

이런 시대에 살고 있는 현 시대의 아이들과 47년 전, 제가 어릴 때 자라던 시절과 어찌 비교가 되겠습니까?

저의 경우는 제가 어릴 때 저의 집안이 가난해서 교육보다는 생계유지가 더 중요했기 때문에 자녀들의 교육이 우선 순위에서 저 멀리 밀려나 있었지만, 지금 현 시대에서는 저와 같은 식의 가난이라는 이유보다는 오히려 기회나 정보를 놓치거나 노력이 부족하여 못하는 경우가 더 많을 것으로 생각됩니다.

제가 어릴 때 자라던 그 어려운 시절은 현 시대에 사는 지금의 아이들에게는 결코 다시는 돌아오지 않는 시대라는 것을 저는 잘 알고 있습니다.

그러니 저는 아이들에게 아빠 어릴 땐 이랬다 저랬다 하는 식의 비교도 할 필요가 없다고 생각했습니다. 중요한 것은 '지금 이 상황에서 어떻게 내 아이들을 잘 교육할 수 있는 것일까?' 하는 고민을 하는 것이 중요하다고 생각했습니다.

어린아이들은 아직 자신의 미래를 잘 모릅니다.

그러나 공부는 꼭 해야 할 시기가 있습니다. 그 시기를 놓치면 두 번 다시 아이들에게 기회는 돌아오지 않습니다.

그래서 저는 부모님들의 아이에 대한 진정한 사랑은 부모님께서 어떻게든 노력해서 아이들이 공부해야 할 시기에 꼭 공부할 수 있도록 아이들을 이끌어 주시는 것이라고 생각합니다.

이를 조금 미루어 아이들이 초등학교 6학년 정도만 되어도, 아이는 이미 성격이 굳어져 부모님의 생각대로 움직이기가 어려워질 수 있기 때문입니다.

잘 아시다시피 식물도 씨를 뿌려야 할 시기에 씨를 뿌려야 하고, 비료를 주어야 할 시기에 비료를 주어야, 꽃피는 시기에 꽃이 피고, 열매를 맺는 시기에 견실한 열매를 맺을 수 있습니다.

그러니 아이의 교육은 꼭 교육을 받아야 할 적절한 시기에 교육을 받아야 합니다.

다시 말씀드리면, 아이의 교육 문제는 참으로 어린 시절부터 시작하는 기본 교육이 가장 중요하다고 생각합니다.

기본 교육에는 여러 가지가 있겠으나, 그중에서 굳이 하나를 꼽으라 하면, 저는 아이들의 장래를 생각해서 조기 영어 교육을 선택하고 싶습니다. 그러므로 아이들이 어린 시절, 이 기회를 놓치지 마시고 부모님들의 노력으로 꼭 잡으시라고 권하고 싶습니다.

이것이 부모님의 아이에 대한 참사랑이라고 생각합니다.

17. 큰아이가 두 권째 고3 영어 교과서를 마스터하고 부모와 함께하는 영어 공부를 마치다

큰아이가 중학교에 입학하고 나서 1학년 동안은 학교생활도 있고 해서 초등학교 때보다는 하교 시간이 약간 늦어졌습니다. 그러나 초등학교 때 영어 공부를 시킬 때와 큰 변함은 없었습니다.

저는 아이와 함께 종전에 했던 그대로 고3 영어 교과서를 공부시켰습니다. 그리고 오후에 영어 회화 학원 다니는 것도 그대로 계속 보냈습니다.

아이는 중학교라는 새로운 생활에 부딪혔지만 별 어려움 없이 잘해나갔습니다. 아이가 학교에 다니는 3월에서 7월 초까지는 영어 교과서 학습 진도가 약간 더디게 진행되었습니다.

왜냐하면, 영어 회화 학원 다니는 일과, 중학교 생활의 적응을 고려해서 중학교에서 해야 할 일에 우선순위를 두다 보니 가끔 영어 테스트가 미루어졌기 때문이었습니다.

그러다가 중학교 1학년 1학기 여름방학이 되었습니다.

기회는 이때다 생각해서 고3 영어 교과서를 집중적으로 공부시켰습니다. 역시 방학 중에 공부하는 것은 많은 양을 할 수 있는 기회입니다. 이런 방법으로 영어 공부를 시키니 진도를 많이 나갈 수가 있었습니다.

같은 시기에 작은아이의 영어 공부도 집중적으로 시켰습니다. 저의 생각으로는 집에서 아이들에게 공부를 시키려면 공부를 시키는 지도 선생님이 있어야 하고, 이를 뒷바라지 해주는 보조 선생님이 있어야 하는데, 저와 저의 아내는 번갈아가며 이 일을 해냈습니다.

또, 저는 이런 생각도 해보았습니다.

'만약에 저의 아이들을 초등학교 2학년 때부터 영어 공부를 시키지 않고 초등학교 6학년이나 중학교에 접어들어 집에서 영어 공부를 시킨다고 가정한다면 아이들이 잘 따라주었을까?' 하는 생각입니다. 아마도 어렵지 않았나 생각합니다.

왜냐하면, '아이들도 머리가 커지고 영어를 잘하는 다른 영어 선생님과 아빠를 비교해볼 터이고, 어쩐지 집에만 죽치고 앉아 공부하기도 싫고, 남들은 영어 학원에서 공부한다는데 나만 집에서 공부하나 하는 불평도 있을 수 있고 하여, 결국은 아이를 집에서 공부시키지 못하고 남들처럼 영어 학원으로 공부를 시키러 보내지 않았을까?' 하는 생각을 해보았습니다.

만약에 아이를 중학교에 가서야 처음으로 영어 학원에 보냈다면 영어 회화나 영어를 지금처럼 잘하지는 못하고 학교 영어 시험에 급급했을 것입니다.

그리고 학교 시험은 그럭저럭 잘 볼 수는 있다고 하더라도, 입은 있어도 영어로 말 한마디 못하는 벙어리 영어를 했을 터이고, 귀는 있어도 듣지 못하고 독해력이나 할 줄 아는 눈망울 영어를 했을 것입니다. 저는 이렇게 혼자서 이런저런 생각도 해보았습니다.

그러나 한편 생각으로는, 그래도 아빠가 늦었지만 중학교 때라도 아이와 함께 영어 공부하자고 적극성을 보였다면 아이는 따라서 할 수도 있었을 것이라는 생각도 해보았습니다.

그러나 이런 생각은 그저 저 혼자서 생각해본 일일 뿐, 저는 다행히도 올바른 판단을 하여 아이들을 어릴 때부터 영어 공부를 시켰던 것입니다.

드디어 이제 초등학교 2학년 1학기 여름방학 때부터 중1 영어 교과서로 처음 시작한 영어 공부는 꼬박 만 5년이라는 긴 시간을 걸쳐 공부하면서 고3 영어 교과서 2권째를 끝으로 아빠와 함께하는 영어 공부를 마치려 하는 단계에 접어들었습니다.

큰아이가 중학교 1학년 1학기 여름방학이 지나고 2학기가 접어들 때쯤 두 권째 공부했던 고등학교 3학년 영어 교과서를 마칠 수 있었기 때문입니다. 그리고 이날 이후에는 큰아이가 영어 공부를 혼자서 스스로 하도록 하였습니다.

그러나 매일 매일 다니는 영어 회화 학원은 중학교 1학년 내내 겨울 방학이 끝날 때까지는 다니도록 하였습니다.

그 이후 중학교 2학년 때나 중학교 3학년 때에는 매일 다니던 영어 회화 학원도 중지하고 여름방학이나 겨울방학이 되면 방학 기간 한 달 동안만 수강신청을 하여 영어 회화 학원의 프리토킹 반에 보내 자유롭게 회화 시간을 보내도록 하였습니다.

큰아이가 중학교 1학년 2학기에 접어들면서 고3 영어 교과서를 마치고 더 이상 아빠와 함께하는 영어 공부를 중단한 것은, 이제 영어 회화도 수준급에 올랐고 고3 영어 교과서까지 마쳤기 때문에 더는 아빠로서 큰아이와 함께 영어 공부를 계속할 필요성이 없어졌기 때문입니다.

더불어 이제는 중학생으로서 모든 분야에서 학교 공부가 중요하다고 생각했기 때문입니다. 다만, 간간이 방학 등 기회가 있을 때마다 영어 회화 학원에 보내서 영어 회화 공부를 하도록 시켰고, 영어 소설책을 한두 권 사주면서 시간 나는 대로 읽도록 시켰습니다.

즉, 큰아이를 영어 하나에만 집중적으로 공부시키지 않았다는 것입니다.

큰아이가 앞으로 대학에 진학하여 어느 분야의 공부를 하게 될지는 아직 확정되지 않은 상태이고, 또, 영어란 모든 학문에 기본적인 것이기 때문에 아이들의 전공 분야나 장래의 직업 분야가 결정되면 그때 가서 필요에 따라 좀 더 깊이 있는 영어 회화나 영어 공부를 할 기회가 있으리라고 생각했기 때문입니다.

다시 말씀드리면, 우선은 아이들이 희망하는 대학에 진학하는 일이 더 중요하다고 생각했습니다. 이렇게 하려면 영어 이외에 다른 과목도 중요하기 때문에 다른 과목 공부도 열심히 해야 한다고 생각했기 때문입니다.

그리고 작은아이의 영어 공부가 적어도 3~4년이 남았기 때문에 이제부터는 작은아이의 영어 공부에 좀 더 적극적으로 신경을 써야 하는 것도 큰 이유였습니다.

이렇게 고등학교 3학년 영어 교과서를 끝으로 영어 공부를 마친 후, 큰아이가 중학교에 입학하여 고등학교를 졸업할 때까지 영어 과목에는 자신이 있었기 때문에 학교 영어 공부나 대학 입시의 수능 영어 공부를 위하여 사설 학원에 간 적은 없었습니다.

이 기간에 시험을 치르는 모든 영어 시험은 훗날 수능 시험을 포함해서 모두 만점을 받았기 때문입니다. 다만, 중3 때와 고교 시절 수학이나 국어 등 다른 과목을 보충하기 위하여 사설 학원 단과반에 저렴한 비용으로 다녔습니다.

큰아이의 중학교 생활은 순조롭게 이어졌습니다. 작은아이의 영어 공부도 매일매일 공부를 거듭해 갈수록 영어 회화나 영어 교과서 공부를 잘해나갔습니다.

항시 뒷전에서 아이들 뒷바라지를 해주는 저의 아내도 두 아이가 커가는 모습을 보면서 흐뭇해하고 기쁜 표정을 지었습니다. 그러면서 저와 단둘이 있을 때는 이런 말을 자주 하였습니다.

"어찌, 저런 아이들을 제가 낳았는지 모르겠어요, 너무 기뻐요."

"아이들은 반드시 엄마의 따뜻한 손길이 필요하지요."

"엄마 없이 자란 아이들은 얼마나 가엾을까요?"

18. 고등학교 시절은 집안의 공부 환경이 중요하다

큰아이가 고등학교에 입학하게 되었습니다.

우리 부부는 아이를 보며 대견스럽다는 생각을 했습니다.

벌써 큰아이가 고등학교에 입학하다니….

이와 때를 같이하여 작은아이도 중학교에 입학하게 되니, 두 아이가 집안에서 이리저리 휘젓고 다닐 때는 집안이 꽉 찬 기분이 들었습니다.

입학식이 끝난 어느 날, 날을 잡아 아이들의 입학을 축하해주려고 가족끼리 외식을 하러 집 밖에 나오는데 엄마의 양팔 옆에서 두 아이가 엄마를 호위해가며 연신 뭐라고 말하면서 웃고 깔깔대며 걸어가는 뒷모습을 보았습니다.

평소 가끔 있는 일이지만, 이날 만큼은 감회가 좀 달랐습니다. 저는 이 세상에 어느 것도 이 모습보다 더 아름다울 수 없고, 또

부러울 게 없다고 생각했습니다. 이것이 엄마, 아빠의 심정인가 봅니다. 이날 저희 부부는 두 아이의 입학을 진심으로 축하해주었습니다.

아이가 고등학생이 되면 부모님께서는 이 아이가 어느 대학에 입학할 수 있을까 하고 걱정을 하시게 됩니다. 저도 예외는 아니어서 늘 마음 한구석엔 이 생각을 버릴 수가 없었습니다.

내신 성적도 좋아야 하고, 수능 성적도 좋아야 하고, 대학 입시 경쟁은 치열하고, 어느 하나 소홀히 할 수 없는 일입니다.

물론 아이가 어느 대학에 들어가느냐가 아이의 모든 것을 전부 결정짓는 것은 아닙니다만, 그래도 대학 입시는 아이가 성인이 되어 사회로 진출하는 데 제일 먼저 부딪치는 중요한 관문임에는 틀림이 없습니다.

일반적으로 아이들이 학교 공부를 잘한다면 명문 대학에 들어가는 것은 어려운 일이 아닙니다. 그러나 아이의 성격과 장래의 희망, 집안의 경제 문제, 학업 성적 등 여러 가지 상황을 고려해가면서 결정하셔야 한다고 생각합니다.

여기서 아이의 대학 입시 중 응시할 대학 선택에 대하여 저의 의견을 잠깐 말씀드리면, 인문계의 경우 대학을 중시하여 선택하시고, 자연계의 경우 장래의 전공을 중요시하여 선택하시라고 권하고 싶습니다.

왜냐하면, 인문계는 일단 대학에 들어가면 이중 전공이 가능하고, 또 우선 대학에 입학한 후, 전과 등 여러 가지 방법을 생각해 볼 수 있는 여지가 있기 때문입니다.

그리고 또 명문 대학일수록 대학마다 특색이 있으므로 그 대학에 입학했을 경우, 학교 내의 분위기나 전과 등의 정보를, 희망하는 대학에 다니는 선배 형이나 언니들에게 자문을 구하는 것도 좋은 방법 중에 하나입니다.

막연히 고3인 아이들에게 맡겨두시는 것보다는 부모님께서 아이의 실력을 정확히 파악한 후, 대학입시 원서를 내는 과정에서 개입하시는 것도 좋은 방법입니다.

더욱 좋은 방법 중에 하나는 역시 고3 담임선생님과 부모님께서 직접 면담을 통하여 아이와 함께 결정하시면 가장 좋을 것으로 생각합니다.

기왕에 대학 입시 문제가 나왔으니 재수 문제에 대하여 저의 생각을 한 마디 더 말씀드려볼까 합니다.

만약에 아이가 첫해 대학입시에서 마음에 드는 대학에 입학하지 못하였거나 입학은 했으나 한두 달 대학교에 다니다 보니 전공이나 그 대학교가 마음에 들지 않아서 아이가 재수를 희망한다면 부모님께서는 아이의 입장에 서서 재수를 할 수 있도록 도와주시는 것이 좋다고 생각합니다.

재수 기간 1년 또는 2년은 아이의 긴 장래를 생각하면 그리 긴 시간은 아니라고 생각되기 때문입니다. 이런 생각은 아이가 대학 공부에 대한 자신의 희망이나 결심이, 아이가 대학 졸업 후 사회에 진출하려는 의욕과 맞물려 아이 자신에게 자기 스스로 용기를 줄 수 있는 결정이기 때문입니다.

아이는 자신이 스스로 판단하여 결정짓는 일에 대하여는 아이 스스로가 책임을 집니다. 이 나이 때쯤 되면 아이도 어른스럽게 생각할 수 있도록 성장했기 때문입니다.

그런데도 아이의 어른스러움을 인정하지 않고 부모님께서 지나친 간섭을 하시게 되면 아이는 자칫 엉뚱한 방향으로 나가 부모님의 기대는 실망으로 변할 수도 있습니다.

그러나 아이가 어린이 시절부터 초·중·고등학교 시절을 거치면서 서로 대화와 사랑으로 이어진 부모님께서는 이런 문제도 쉽게 해결하실 수 있다고 생각합니다.

왜냐하면, 부모님은 아이를 잘 알고 계시고 아이는 평소부터 부모님과 서로의 의견을 충분히 주고받는 관계로 계속 지내왔기 때문입니다.

더불어 재수를 결정하신 부모님께 한 가지 더 드릴 말씀은, 아이가 첫해에 마음에 두는 대학에 합격하지 못하고 2지망 대학교나 제3지망 대학교에 합격했을 경우에는, 경제적 여유가 있으시면 제2지망 대학교 등 합격을 한 대학에, 우선 등록을 하여 그 대학에 1학기를 다니면서 재수를 고려해 보십사하는 것입니다.

그리고 2학기는 휴학한 뒤, 그 뒤로 5~6개월 동안 본격적으로 재수 공부를 하여 수능 시험을 보시라고 권하고 싶습니다.

이렇게 하는 것을 시중에서는 '반수'라 하는데 이 방법은 제가 저의 작은아이를 대학교 보내는 과정에서 경험한 일이고, 또, 주위의 친구나 친척들의 대학입학 시험 과정에서 보고 들은 방법 중 가장 좋은 방법으로 생각합니다.

이 방법의 장점에는 여러 가지가 있겠으나 두 가지만 말씀드리면 첫째로, 수험생 아이가 대학교 2학기 때 비록 휴학은 했지만 소속된 대학교가 있으므로 마음이 안정된 상태에서 재수하면서 수능에 응시할 수 있고 둘째로, 반수를 하면서 받은 수능 점수가 나온 뒤, 대학을 지원하는 과정에서 바라던 대학에 소신 지원이 가능하여 의외로 희망하던 대학에 합격할 수 있는 확률이 높다는 데 있습니다.

이와는 다르게 첫해에 대학 입시에서 제2차나 제3차 지망대학에 합격했는데도 등록을 안 하고 대학교에 학적이 없는 상태에서 그냥 재수만 할 경우에는 재수생이 재수 생활하는 1년 내내 마음이 불안하고 또, 수능 점수가 나온 뒤 대학에 지원하는 과정에서도 안전 지원을 해야 하기 때문에 소신 지원을 할 수 없는 처지에 놓이는 수가 많기 때문입니다.

큰아이가 고등학교에 다니면서부터는 방학을 이용하여 영어회화 학원에 한 달 정도 다니던 것도 중단하고 학교 공부에 전념하도록 하였습니다.

작은아이도 큰아이가 했던 것처럼 중학교 1학년 1학기 여름방학 때까지 고3 영어 교과서를 두 권 마스터했습니다. 그 뒤로는 작은아이도 중학교 생활에 집중할 수 있도록 집에서 하는 영어 공부를 중단했습니다.

그리고 영어 공부를 중단한 이후에는 작은아이 역시 중학교 3학년까지 방학 중에는 영어 회화 학원에 한 달 정도씩 등록하여 영어 회화를 배울 수 있도록 보냈습니다.

이렇게 해서 집에서 아빠와 함께하는 영어 공부는 제가 큰아이에게 처음 영어 공부를 시작해서부터, 작은아이의 중학교 1학년 1학기 여름방학 때까지, 8년 만에 마칠 수가 있었습니다.

그동안 저의 집안은 저녁이면 영어 학습장 비슷하게 움직였습니다.

그러나 저는 그 시절이 참으로 유익하게 지나갔다고 생각합니다. 이 모든 일들이 다름 아닌 제 자식을 위하여 값지게 보낸 시간이기 때문입니다.

그리고 그 덕분에 저는 두 아이를 미국이나 해외로 유학을 보내지 않고서도 영어를 잘 알고, 영어 회화를 잘하는 아이들로 키울 수 있었습니다.

여기서 잠깐, 현대 시대에 살고 있는 부모님들도 느끼는 바이시지만 요즈음 웰빙 바람이 많이 붑니다.

그 내용을 살펴보면, 영양식 또는 다이어트 음식 등 먹는 음식 종류가 있고, 체력을 조절하여 몸짱을 만드는 것도 있고, 건강을 유지하여 장수하는 것도 있고, 좋은 환경에서 생활하는 것도 있으며, 그럴듯한 곳에 여행 가는 것 등 그 종류가 수없이 많습니다.

그러나 이 모든 것은 육체적인 만족에 관한 일로써, 본인이 사회적으로 어느 정도의 위치에 오르면 부수적으로 따라오는 저차원의 웰빙이라고 저는 생각합니다.

그러면 고차원의 웰빙은 무엇일까요?

저는 이러한 고차원의 웰빙은 정신적, 문화적, 학문적인 만족이라고 생각합니다.

현대 시대는 인터넷 발달로 질 높은 문화 정보나 지식이 시시각각 영어로 전달되고 있고, 지구 상 국가의 경계 개념이 세계화의 물결을 타고 무너지고 있는 상황에서 우리의 자식 세대에서는 세계의 문화나 학문이나 경제는 어떻게 변할까요?

물론 한글판 인터넷이 없는 건 아니지만, 이는 첨단 문화, 첨단 지식, 첨단 정보라고 보기에는 좀 무리가 있다고 생각합니다. 만약에 아이들이 우리말 밖에 할 줄 모른다면 우리나라를 중심으로 우리나라 안에서 활동할 수밖에 없습니다.

세계는 넓은데….

그러나 아이가 영어를 잘한다면 선진 문화와 지식을 빨리 이해하고 터득할 수 있기 때문에 우리나라는 물론이고 무대가 세계로 뻗어날 수 있다고 생각합니다.

다시 말씀드리면, 아이가 어느 분야의 직업에 종사하더라도 그 직업에 알맞도록 활동의 무대는 세계화될 것이라는 뜻입니다.

그래서 저는 우리나라의 문화와 지식 그리고 영어권의 문화와 지식, 이 두 가지 모두를 소화해 낼 수 있는 것이 아이들 세대에서는 진정한 고차원의 웰빙일 것이라고 생각합니다.

저는 영어를 할 줄 몰라서 영어권의 선진 문화나 선진 학문을 잘 이해하지 못합니다. 그리고 영어권의 사람들과 간혹 접할 기회가 있으면 무슨 핑계를 대서라도 피합니다. 생각해보면, 기쁨과 즐거움을 줄 수 있는 커다란 어느 한 부분을 저는 놓치면서 살고 있습니다.

그러나 우리 자녀들에게는 이렇게 영어권의 문화나 지식, 그리고 영어권의 사람들과 대화를 피하는 식의 삶을 물려줄 필요는 없다고 생각합니다.

이런 일은 부모님들께서 아이들에게 어릴 때부터 조기 영어 교육을 시키신다면, 비록 부모님께서는 이런 고차원의 웰빙 삶을 못사시더라도 자녀들은 그들이 성장한 후, 세계화 시대에 세계인의 일원으로써 고차원의 웰빙의 삶을 살 수 있을 것이라는 기대를 해볼 수 있을 것입니다.

그래서 자녀들에게 조기 영어 공부를 시키시는 일은, 부모가 자녀들에게 고차원의 웰빙의 삶을 선물하는 것이라고 생각합니다.

아이가 고등학교 시절, 부모는 고3에 가까워질수록 마음이 조급해집니다. 아내는 중학교에 다니는 작은아이에게 적지 않은 신경을 쓰면서도 큰아이의 대학 입시가 2년, 1년으로 점점 가까워지자 초조함을 감추지 못했습니다. 아침에 일찍 나가서 저녁 늦게 들어오는 큰아이에게 저나 아내가 특별하게 도와줄 일은 없었습니다.

대학 입시가 6개월 정도로 다가오자 아내는 하루 일을 끝내고 한 시간이고 두 시간이고 조용히 기도를 드렸습니다. 그러면서 학원까지 마치고 저녁 늦게 집에 오는 큰아이를 맞이하였습니다.

엄마의 기도하는 모습은 아이들에게 용기를 북돋워 준다고 저는 생각합니다. 대학 입시를 서너 달 앞둔 아이에게는 부모가 그 이상 더 할 일은 없었습니다.

그리고 이러한 엄마의 기도는 수능 시험이 있는 날, 시험이 종료되는 시간까지 계속되었습니다.

19. 수능 영어 시험 만점 받고 Y 대학교에 합격하다

큰아이가 수능 시험을 치르던 날, 시험이 끝나고 가족들과 함께 저녁 식사를 하였습니다.

저는 그 자리에서 시험이 어떠했느냐고 물었습니다. 아이는 영어 시험 문제는 쉬워서 만점을 받은 것 같다고 했습니다. 다른 과목에 대하여서도 잠깐 이런 저런 얘기를 한 뒤 화제를 돌려 그동안 수고한 이야기를 하면서 그날은 이렇게 보냈습니다.

얼마 후 수능 성적표가 나왔을 때 영어 점수는 역시 예상대로 만점이었습니다.

아이는 Y 대학교에 본인의 장래희망과 적성에 맞는 학과를 선택하여 응시했고, 얼마 후 발표된 합격자 명단에서 큰아이의 이름이 나오자 집안 식구들은 모두 기뻐하며 큰아이의 합격을 축하해주었습니다.

이 순간, 제가 언뜻 아내를 바라보니 아내는 흐르는 눈물을 손등으로 닦고 있었습니다. 저는 이날을 기다리며 온갖 정성을 쏟아부은 아내가 정말 성스러운 생각이 들었습니다.

큰아이는 엄마에게 다가가

"엄마, 고맙습니다. 엄마 기대에 어긋나지 않게 열심히 노력하겠습니다."라고 말하며 엄마의 손을 꼭 잡으면서 엄마를 껴안았습니다.

그 후 큰아이는 대학 생활을 하면서 자신이 다니는 대학이 정말 좋은 대학교라고 하는 말을 하였습니다.

저는 이때마다 대학 생활을 열심히 하는 아이에게 격려의 말을 잊지 않았습니다.

20. 작은아이도 Y 대학교에 합격하다

한편, 작은아이는 큰아이가 대학교에 입학할 때 고등학교에 입학하였습니다.

이때쯤 될 때까지, 작은아이도 이미 집에서 아빠와 함께하는 영어 공부는 2년 전에 고3 영어 교과서 2권을 마친 뒤, 형이 해왔던 그대로 이제 막 고등학교 생활을 시작하려 하고 있을 때였습니다.

그러나 저와 저의 아내는 작은아이가 아무리 학교생활을 열심히 하고 있다 해도 항시 불안한 마음은 떠나지 않았습니다.

왜냐하면, 세월이 갈수록 대학 입시 경쟁은 치열해지고 있는 상황에서 형은 Y 대학교에 입학했는데 동생도 같은 대학교에 입학하지 못하고 다른 대학교에 갈 수밖에 없게 되면 어쩌나 하는 마음에서였습니다.

기왕이면 동생도 공부를 열심히 잘해서 형과 같이 Y 대학교에 입학해서 두 아이가 함께 같은 대학교를 다닐 수만 있다면 좋겠다는 생각이 많이 했습니다. 이래야 훗날 이 두 아이가 어른이 되어 사회인으로 살아갈 때 서로가 여러 가지 상황에서 비슷한 균형을 유지해가며 살 수 있을 것이라는 희망 때문이었습니다.

이런 희망 때문인지 아내는 이때부터 작은아이에게 관심을 돌려 정성을 다했습니다. 실로 좀 일찍부터 고3 엄마 노릇을 하게 된 것입니다.

그 후, 엄마의 기도 덕분인지 작은아이가 스스로 노력한 덕분인지 작은아이도 형이 다니는 Y 대학교에 합격하는 영광을 갖게 되었습니다.

저희 부부는 정말 기뻤습니다. 두 아이가 모두 같은 대학에 다니게 된 것입니다. 그래서 저는 지금 저의 두 아이가 같은 대학교에 다니는 모습을 볼 수 있는 행복한 아빠가 되었습니다.

이 행복은 아내가 저에게 선물한 이 세상에서 가장 존귀한 선물입니다.

저는 이 선물을 마음 깊이 간직하여 제 평생 동안 아내를 고이고이 사랑하면서, 이 선물을 조금씩 조금씩 꺼내서 덤을 붙여 아내에게 되돌려 주는 선물감으로 삼고 있습니다.

21. 두 아이에게 대학 생활 이야기를 듣다

어릴 때부터 부모와 대화를 많이 하던 습관이 있어서 그런지, 큰아이는 대학생활을 하면서도 집에 오면 저와 아내에게 이런저런 얘기를 많이 하였습니다.

여러 가지 얘기가 있지만 그중에서 영어 공부에 관련된 얘기만 두어 가지 말씀드려보겠습니다.

2~3년 전 이야기인데, 집에서 가족끼리 저녁 식사를 하고 있었습니다. 그때 큰아이가 말을 꺼내는 것이었습니다.

이야기 내용인즉, "엄마 아빠께서 저희들에게 지금껏 해주신 모든 일에 감사드리지만, 특히 저희들에게 어릴 때부터 영어 공부를 가르쳐주신 것에 대하여 진정으로 감사드립니다."라는 것입니다.

참으로 장래를 내다보신 영어교육이었다는 것입니다.

물론 큰아이의 대학교에서는 자기 아버지가 외교관이나 미국에 있는 회사의 주재원 등으로 미국에 수년에서 십 년 가까이 아버지가 장기 근무하게 되어 그곳에서 오랫동안 교육을 받고 입학하여 오는 학생들도 있다는 것입니다.

그런 학생은 영어를 잘한답니다. 그런 학생들보다는 큰아이가 영어 회화 실력이 좀 뒤지지만, 그들과 비교해서 손색없이 영어 회화를 할 수 있을 만큼 영어 회화를 하기 때문에 대학교 내에서 수강하는 데는 물론이고, 대학교 내에서 가끔 외국에서 유학 온 학생들과도 만나 이야기할 기회가 있을 때도 영어 회화 덕을 많이 본답니다.

유학 온 학생의 분포를 보면 영어권 학생은 물론이고 독일, 일본, 중국, 이태리 등 외국 여러 나라에서 온 학생들이 있는데, 이들과 만나 이야기할 때는 반드시 영어를 사용한답니다. 그래서 영어를 말할 줄 모르면 이런 자리에서 대화할 기회도 없답니다.

그런데 재미있는 것은 독일이나 일본이나 중국 등 비영어권에서 유학 온 학생들보다는 큰아이가 영어를 좀 더 잘한답니다.

이들과 서로 영어로 이야기하다 보면 큰아이가 미국에서 한 번도 유학해본 경험이 없다는 것을 서로 알게 된답니다. 그러면 그들은 미국에 한 번도 살아본 경험이 없는데 어떻게 영어를 이렇게 잘하느냐면서 그 나라 학생들이 기가 죽는답니다. 영어 회화를 잘하는 것이 그러한 대화 모임에서는 짱인 모양입니다.

저는 큰아이가 하는 말을 들으며 빙그레 웃었습니다.

이제는 대학에서도 글로벌 시대가 도래하고 있는가?

옛 시절 저의 세대에서는 생각도 못 해본 일들이었기 때문입니다. 그러면서 큰아이는 말을 계속 이어나갔습니다.

만약에 한국 사람이 발음이나 제스처나 이 모든 것을 꼭 미국 사람처럼 잘하여도 미국 사람이 그런 사람을 볼 때는 오히려 거리감을 두고 이상하게 본다는 것입니다.

혹시 이 사람이 미국 사람이 아닌가 하고 말입니다. 이는 마치 외국 사람이 한국말을 하면서 발음까지 똑같게 한국 사람처럼 완벽하게 잘하면, 우리도 색안경을 끼고 경계하듯 말입니다.

그래서 영어 발음도 꼭 미국인처럼 똑같이 할 필요는 없다는 것입니다. 한국 사람의 영어 회화 실력은 미국 사람이 볼 때, '한국 사람인데도 영어를 썩 잘하는구나.'라고 생각할 정도이면 충분하다는 것입니다.

그러면서 큰아이는 마치 미국 사람처럼 완벽하게 영어를 잘하는 것보다는 오히려 한국 사람으로써 영어를 잘하면, 그들에게 호감도가 더 좋을 수 있으므로 앞으로 세계 무대에서도 더 유리할 것이라고 합니다.

우리 식구들은 가만히 큰아이가 하는 말을 듣고 있었습니다.

말을 여기까지 하고 잠시 멈칫거리더니 큰아이는 얼굴에 미소를 지으면서 계속 말을 이어나갔습니다.

큰아이가 초등학교 시절, 아빠에게 고1 영어 교과서를 배울 때까지는 아빠께서 영어를 무척 잘하시는 분인 줄 알았다는 것입니다. 그러나 고2 영어 교과서를 배우면서부터는 아빠께서 영어를 잘하지 못하시는 것을 눈치채고 알았다는 것입니다.

그러나 아빠께서 무안하실까 얘기는 안 했다는 것입니다. 아빠께서 저에게 영어 공부를 열심히 시키고 계시기 때문에 시키시는 대로 계속 따라서 영어 공부를 했다는 것입니다.

이 말을 듣고 저는 가슴이 뭉클했습니다. 그리고 계속되는 큰아이의 말에 귀를 기울였습니다.

"아빠, 저도 나중에 결혼하게 되면 엄마, 아빠께서 저희에게 어릴 때부터 하셨던 것처럼 아이들에게 조기 영어공부를 시키겠습니다.

엄마가 설령 직업을 가질 수 있는 위치에 있더라도 집에서 아이들을 보살피고 교육시키는 것이 더 중요한 것 같습니다. 이 방법이 참 좋은 것 같아요."

"저의 친구 영식이 있잖아요, 그 애 엄마가 학교 선생님이시고요, 그 친구와 얘기하면 으레 그 친구는 저더러 부럽다고 말합니다. 그 친구는 초·중·고등학교 때부터 엄마가 해주는 따뜻한 밥을 한 번도 못 먹어 봤다고 지금도 말해요.

그래서 그 친구는 자기도 결혼하면 결혼 후에도 직업을 갖는 여자와는 절대로 결혼하지 않는다고 해요. 아이들이 자기처럼 불쌍해질 것 같다고 생각하는 것 같아요."

그러면서 큰아이는 동생더러

"너는 어떻게 생각하니? 너도 형과 같은 생각이니?"

"저도 형과 생각이 똑같아요. 나중에 결혼하면 아빠처럼 제가 혼자서 벌어서 살아가겠습니다. 엄마가 결혼 후에 직업을 갖는 것은 바람직하지 않다고 생각합니다. 가정이 중요한 것 같습니다."

그리고 큰아이가 동생에게 말했습니다.

"아빠처럼 내가 직접 내 자식들을 가르치면 교육비도 적게 들 거야. 둘째, 셋째부터는 노하우가 생기니 첫째 애보다도 훨씬 적게 들겠지. 안 그러니?"

그러자 동생도 말했습니다.

"음, 경영학도다운 얘기이군."

"참 아빠, 우리 친구들이 자기 부모님 얘기하는 것을 쭉 들어보면 우리 엄마, 아빠처럼 다정하게 지내시는 분이 별로 안 계신 것 같아요. 그래서 저도 엄마, 아빠처럼 살려고 합니다."

"너도, 네 친구들 얘기가 그러니? 내 친구들도 그런데…. 엄마, 아빠는 참 훌륭하신 분이셔요, 진심으로 존경합니다."

이 말을 듣자마자 아내가 큰 소리로 웃었습니다.

"응 그래, 너희 아빠는 참 좋은 분이시다. 창의력도 있고, 추진력도 있고, 또, 정직하시고…."

그날은 이렇게 이런저런 이야기를 소재로 즐겁게 웃으면서 재미있게 보냈습니다.

지금 큰아이는 올해 대학을 졸업하면 자신이 생각한 대로 장래를 계획하리라고 생각됩니다. 그리고 작은아이는 군 복무를 위해 준비 중입니다.

제 3 부
자녀의 교육과 저자의 생각들

책에 길이 있습니다.
책을 벗 삼아 함께 갑시다.
저자 김 종 근

참고 자료

중앙대학교 졸업

1. '삼년고개'의 교훈에서 보는 영어 공부의 새로운 방법

지금부터 오십 년 전, 제가 초등학교 저학년 때 국어책인지 도덕
책인지 기억은 잘 나지 않지만 '삼년고개'라는 이야기를 읽은 적이
있습니다.

그 내용을 요약해서 말씀드려보면 이렇습니다.

어느 마을에 한 고갯길이 있었는데 이 고갯길을 넘다가, 넘어지
면 누구든지 3년을 더 살지 못하고 죽는다는 전설이 내려오는 고
갯길입니다. 그래서 이 고갯길의 이름이 '삼년고개'라고 부르며, 이
러한 이유 때문에 누구든 이 고갯길을 넘으려면 긴장하고 조심스
럽게 넘곤 하였습니다.

그러던 어느 날, 동내의 부잣집 노인 한 분이 이 고갯길을 넘다가
그만 넘어져 곤두박질을 쳤습니다.

집에 돌아온 노인은 집안 식구들을 모두 불러 모아놓고 이런 사

실을 말하면서 큰 걱정을 하였습니다.

"내가 앞으로 3년 밖에 더 살지 못할 터인데 어찌하면 좋겠느냐?"

그러나 누구도 뾰족한 대답을 하는 사람이 없었습니다. 그 후, 노인이 근심에 쌓여 눕게 되자 노인의 집안 식구들은 어떻게든 노인 어른을 살려보려고 좋은 방법이 없을까 이리저리 노력해 보았지만, 노인의 병색은 시간이 지날수록 점점 깊어지고 몸도 수척해져만 갔습니다.

세월이 흘러 삼 년이 가까워지자 노인 집안 식구들은 만약에 어느 분이라도 노인 어른의 병만 낫게 해준다면 후한 대접을 하겠다며 이 사실을 전국 방방곡곡에 알렸습니다.

그래서 전국에서 용하다는 의사들이 노인 집안으로 속속 모여들었습니다. 그리고 의사들은 노인의 병을 낫게 해보려고 온갖 노력을 해 보았지만, 노인의 이 병은 도저히 고칠 수 없다고 하며 모두 집으로 돌아갔습니다.

삼 년이 거의 다 될 무렵, 이제 노인은 의지와 기력마저 모두 잃고 죽을 날만 기다리고 있었습니다.

이때 어느 한 소년이 이 소식을 듣고 노인 집에 찾아갔습니다. 그리고 노인 식구들에게 소년이 말했습니다.

"제가 한 번 노인 어른의 병을 고쳐 보겠습니다."

노인 식구들은 소년을 어이없다는 듯 빤히 쳐다보며 말했습니다.

"너의 행동이 고맙긴 하지만 이미 노인 어른의 병을 고치려고 전국에서 유명하신 의사 선생님들께서 모두 다녀가셨단다.

그런데도 병을 못 고치셨는데 네가 아직 나이도 어린데 무슨 일을 하겠니?

그냥 집으로 돌아가거라." 하고 타이르듯 말하며 돌려보내려 하였습니다.

그러나 소년은 노인을 꼭 살려보겠다고 사정사정하여 겨우 집안 식구들의 허락을 받아 노인을 만나볼 수가 있었습니다.

소년이 노인 앞에 다가가

"제가 노인 어른의 병을 고쳐보겠습니다."라고 말하였습니다.

노인 어른은 벌컥 화를 내며

"이제는 어린아이까지 데려와서 나를 농락하는구나. 빨리 저 아이를 집으로 보내거라." 하고 집안 식구들에게 호통을 쳤습니다.

그러자 소년은 노인께 "제가 노인 어른의 병을 꼭 고쳐 보겠으니 한 번만 기회를 주십시오." 하고 말하였습니다.

노인 어른이 가만히 생각해보니 이제는 자신의 병을 고쳐 보겠다고 나서는 사람도 없고, 꼼짝없이 죽을 날만 기다리고 있는 처지인데 비록 나이 어린 소년이지만 병을 고쳐 보겠다는데 굳이 하지 말라고 그럴 이유도 없었습니다.

그래서 노인은 소년에게

"그래, 네가 내 병을 고쳐 보겠다 하니 한번 해보아라." 하고 허락하셨습니다.

허락을 받은 소년은 노인의 옆으로 가서 이렇게 물었습니다.

"할아버지께서 삼년고개에서 넘어지셨습니까?"

"응, 넘어졌지."

"그 삼년고갯길은 한 번 넘어지면, 넘어진 사람은 3년밖에 더 살지 못한다는 말이 전해 내려온다면서요."

"응, 그래. 그래서 나도 3년밖에는 살지 못하지. 이제 얼마 안 있으면 3년이 되니 나도 곧 죽겠지."

"할아버지, 그러시다면 할아버지께서 그 '삼년고개'에 가서 한 번 더 넘어지시지요."

"야! 이 녀석아. 그렇게 한 번 더 넘어지면 나는 그 자리에서 죽어 버리려고."

노인은 소년이 삼년고개에서 한 번 더 넘어져 보라는 말을 듣고 버럭 화를 내셨습니다.

"아니에요, 할아버지 한 번 더 넘어지시면 그 자리에서 죽는 것이 아니고 3년을 더 사시는 것입니다. 다시 말씀드리면, 한 번 넘어지시면 3년, 두 번 넘어지시면 6년, 세 번 넘어지시면 9년… 이렇게 늘어나는 것이지요."

노인은 소년의 이 말을 듣고 한참 생각하다가

"옳지, 그렇다. 네 말이 맞다. 삼년고갯길에 가서 내가 더 넘어져야겠다." 하시며 자리를 박차고 벌떡 일어나셨습니다.

노인은 그 길로 곧바로 삼년고갯길에 가서 넘어지고 또 넘어지셨습니다. 한 번, 두 번, 세 번…. 몇 번이고 몇 번이고 삼년고개에서 넘어지신 노인은 그 후 편안한 생활을 하시며 오래오래 장수하셨다는 얘기입니다.

제가 이 이야기를 말씀드리는 이유는 흥미롭게 얘기하고자 함이 아닙니다.

이 이야기의 내용에서 보듯이 '삼년고개에서 넘어지면 3년밖에 못 산다.' 하는 주위에 있는 모든 사람들의 고정관념과 여태 해왔던 방법만 가지고 노인 환자를 치료해보려는 의사들의 고정관념에 대하여 답답함을 느끼며, 이 소년이 똑같은 노인 환자를 대하면서 여태껏 시도해 본 적이 없는 새로운 방법으로 기존의 사고방식을 깨면서, 노인 어른의 병도 고치고, 수백 년을 내려온 저주받은 삼년고개라는 오명도 벗겨버리는 지혜에 대하여 말씀드리려는 것입니다.

대부분의 많은 사람들은 무슨 일을 할 때, 남들이 이러쿵저러쿵 이야기하는 방법을 그대로 따르려 한다고 생각합니다.

즉, 삼년고개 이야기 내용과 같이 할아버지가 삼년고갯길에서 넘어지셨으니 3년밖에 더 살지 못하고 이 때문에 병이 생겼으니 약으로만 고쳐 보겠다는 것입니다.

이렇듯 깊이 뿌리박힌 고정관념으로는 자신의 어려운 처지를 벗어나기 힘들다고 생각합니다.

그러나 이 이야기에서는, 상황을 신속히 파악한 노인 어른이 소년의 말을 귀담아듣고 자신의 생각을 바꾸어 병을 고칠 수 있었습니다.

아이들 공부도 그렇습니다.

내 아이가 공부를 좀 더 잘해야겠으니 남들이 다 보내는 소문난 학원에 보내야겠다는 것입니다. 그래야 어떻게 좀 내 아이가 남들의 틈에서 같이 따라갈 수 있을 것 아니냐는 것입니다.

부모님께서는 이런 방법이 전부라고 생각하시니 있는 돈 없는 돈 다 들여서 조기 유학이다, 어디에 있는 유명 학원이다 하시면서 엄청난 사교육비를 쓰시는 것입니다.

그러니 한 가정에서 버는 돈은 한정되어 있고, 아이들 사교육비는 많이 써야겠고, 걱정이 안 생길 수가 없을 것입니다.

저는 부모님께서 자녀들의 조기 영어 교육에 굳이 걱정하실 필요가 없다고 생각합니다.

왜냐하면, 영어 공부에도 삼년고개 이야기에서 보듯이 소년이 노인께 말씀드린 대로 그 고갯길에서 몇 차례 더 넘어지는 지혜가 담긴 새로운 방법을 찾을 수 있기 때문입니다.

그러면 자녀들의 영어교육에 새로운 방법은 어떤 것일까요?

저는 자녀들에게 영어 공부를 시키는 데 있어서 새로운 방법은 사교육비를 들여 고액 영어 과외 조기 유학을 가야 한다는 고정관념을 깨고, 제가 **제1부**와 **제2부**에서 말씀드린 대로 부모님께서 직접 자녀들에게 영어 공부를 가르치려고 시도해보시는 것이 새로운 방법이라고 생각합니다.

반드시 돈을 많이 들여 고액 영어 과외나 조기 유학을 가야지 자녀교육이 잘될 것이라는 생각에서 벗어나 새로운 길을 개척해 보시는 것입니다.

'내가 어떻게 내 아이들을 가르쳐?',

'나는 안 될 거야' 하는 생각을 바꿔 굳게 결심하고 실행해보시는 것입니다.

이렇게 부모님께서 집에서 어린 자녀와 함께 공부하시게 되면 좋은 점으로는 우선, 유명 학원이나 학군을 찾아다니며 꼭 이사가지 않으셔도 되고, 부모가 직접 자녀를 가르치니 자녀와 친밀감이 생겨서 좋고, 사교육비가 적게 들어 많은 돈이 절약되고, 부부간에 단합되고, 가족이 화목해져 좋고, 자녀들의 실력이 향상되는것을 부모가 직접 그때그때 확인할 수 있어 안심이 되는 것 이외에도 여러 가지로 좋은 점이 많이 있습니다.

아이들 교육에도 경제 원리는 적용됩니다.

즉, 최소한의 교육비를 들여서 최대의 효과를 얻어보려는 방법입니다. 사실 부모님들께서 정당하게 돈을 벌기란 그리 쉬운 일은아닙니다.

삼년고개 이야기에서처럼 넘어지는데 돈이 듭니까?

노인께서 돈을 들여서 병이 나았다면 이 이야기는 존재하지 않았을 것입니다. 이 이야기의 핵심은 바로 여기에 있습니다.

돈을 들이지 않고 몇 번 더 넘어지는 이 방법, 이 지혜를 가르쳐주려고 삼년고개 이야기를 작가는 썼을 것입니다.

그런데 사람들은 꼭 돈을 들여야만 무슨 일을 할 수 있다고 생각합니다.

돈을 버는 일이 얼마나 어렵습니까?

사교육비로 돈이 들어가는 것을 최대한 줄여야 한다고 생각합니다. 부모님들의 노후생활도 중요하기 때문입니다.

만약에 자식들에게 사교육비로 다 털어주고 나면 80세에서 90세까지 이르는 부모님들의 노후생활은 어려움을 겪을 수도 있다고 생각합니다. 그러니 안정된 노후생활을 위하여 어느 정도의 경제력은 확보하셔야 하는데 이 방법으로는 사교육비를 적게 쓰는 방법이 가장 좋다고 생각합니다.

저는 또, 요즈음 세대는 자식들과 부모도 경제적으로 독립되어야 서로의 좋은 관계가 부드럽게 유지된다고 생각합니다.

돈에 구애받지 않는 일부 극소수의 부유층도 우리나라에는 있겠지요. 그러나 이런 분류의 사람들보다는 대부분 모든 사람들은 돈 때문에 노후 생활을 즐겁게 지내시기엔 흡족하지 못할 수도 있습니다.

자녀들에게 부모의 노후 생활을 맡긴다는 것은 자식도 어려운 일이고, 부모님 또한 어려운 일입니다. 심사숙고하여 깊이 생각해 볼 문제라고 생각합니다.

그런데 한편으로 생각해보면 재미있는 일은 인간 만사 그렇게 불공평하지는 않다는 것입니다.

엄청나게 부자인 사람들은 어떤 면에서는 좋기도 하겠지만, 그들 나름대로 고민도 많은 것입니다. "남의 떡이 커 보인다."는 우리

나라 속담처럼 큰 부자들이 퍽이나 행복할 것 같아도 꼭 그런 것은 아닐 것입니다.

행복이란 단어는 누구나 소유할 수 있고, 또 우리 주위에서 찾아보면 얼마든지 있다고 생각합니다.

큰 부자가 되면 그렇지 못한 사람보다 병도 없이 오래 살아야 할 텐데, 그런 것 같지는 않고, 김치를 먹을 때도 고춧가루 대신 금가루로 버무린 김치를 먹어야 할 텐데 그것도 아니고, 고기반찬도 옛날과 같이 부자만 먹어야 할 텐데 요즈음은 살찔까 봐 서로들 피하는 실정이고, 승용차도 대형, 소형은 구분되겠지만, 꼭 외제차나 대형이 아닐지라도 중·소형차도 가족끼리 야외로 나들이 나가는데는 손색없이 기분 좋은 물건이고, 큰 부자들은 고급주택에서 산다지만 밤에 무섭고, 썰렁하고, 외로운 큰 집보다는 오손도손 가족끼리 모여 사는 보통 주택이 더 좋을 수도 있습니다.

그리고 부잣집 자녀들은 어릴 때부터 부모의 재력을 믿고 공부는 안 하고 빈둥대는 아이들이 생각보다 많은데, 이런 아이들은 누가 봐도 장래가 의심스러울 것입니다.

이에 비하여 만약에 보통 사람들이 자녀들을 공부 잘하고 성실한 아이로 키울 수만 있다면, 세상에 부러울 게 없는 좋은 보물과 가정을 소유하게 되는 것이라고 생각합니다. 이것이야말로 어떠한 큰돈을 주어도 살 수 없는, 나 자신만의 행복입니다.

이렇게 볼 때 큰 부자나 보통 사람들이나 한평생 살아가는 데는 별 차이가 없다고 생각합니다. 다만, 어떤 가치관을 가지고 살아가느냐가 중요하지 않을까 생각합니다.

사실, 옛날같이 왕이 있던 시대에는 양반과 백성들과는 차이가 많았습니다.

우선 먹는 것, 입는 것에서 차이가 크게 났고, 교육도 차별을 두었기 때문에 아무리 똑똑했더라도 배울 수가 없었고, 백성은 양반으로 신분 상승이 어려웠으며, 백성의 인권과 처우는 실로 양반들의 아랫사람 신분이었습니다.

그런데 지금은 그런 것이 전혀 없는 세상입니다.

본인의 능력에 의하여 얼마든지 돈도 벌 수 있고, 지위도 오를 수 있으며, 모든 명예나 지식도 자유롭게 소유할 수 있는 시대입니다. 그리고 어느 경우도 본인만 올바르다면 부당한 대접을 받지 않는 시대입니다.

실로, 현 시대에 살면서 부정부패 집단, 공갈 사기 집단, 마약 범죄 집단 등 사회적으로 해서는 안 되는 일에만 끼어들지 않는다면, 오히려 보통 사람들은 대접을 받고 사는 사회가 된 것입니다.

사람에 따라 인생관이 다르기 때문에 뭐라고 말씀드리기는 어렵습니다만, 어쨌든 부모님께서 자녀를 돈 적게 들이면서 공부 잘하는 자녀로 부모가 기대하는 수준까지 키울 수만 있다면 그 가정은 행복의 기본조건을 갖추었다고 생각합니다.

이렇게 자녀를 가꾸시려면 부모님께서 조금이라도 더 젊으셨을 때, 즉 아이들이 어렸을 때부터 아이들에게 관심을 가지면서 꾸준한 노력이 필요하다고 생각합니다.

그리고 이러한 노력은 부모님 스스로 자신의 행복을 찾는 아름다운 길이라고 생각합니다.

2. 사임당 신씨 부부를 생각해보며

우리나라 역사를 통하여 가장 훌륭했던 여성을 한 분 뽑으라고
하면 이조 시대 이율곡 선생의 어머니였던 사임당 신씨을 뽑는 분
이 많으실 것입니다. 그러면 왜, 많은 분들이 이 분을 가장 훌륭한
여성으로 뽑을까요?

그 이유는 이분께서 서예가, 화가로서 뛰어난 재능과 침공, 자수
에 이르기까지 능력이 탁월해서라기보다는 두말 필요도 없이, 그
분의 셋째 아들인 이율곡 선생님을 어릴 때부터 모범이 되는 가정
교육을 하셨던 분이었기 때문일 것입니다.

여기서 사임당 신씨에 관해 잠깐 알아보면, 이 분은 연산군 10년
(1504년) 대관령 동쪽 동해안의 강릉 북평촌 마을에서 태어났습니
다. 그 분은 19세에 이원수라는 분과 결혼하여 아들, 딸 7남매를
낳았는데 이 중 셋째 아들이 이율곡 선생이십니다.

이율곡 선생에 대하여는 우리나라 오천 원권 화폐에 초상화가 나올 정도로 유명한 분이신데, 이율곡 선생은 13세 때 진사 초시에 합격하고, 그 뒤 매번 응시한 과거에 아홉 차례나 장원하신 분이십니다.

그러나 율곡 선생의 어머니이신 사임당 신씨는 율곡 선생이 16세가 되던 해, 48세의 나이로 세상을 떠났습니다.

그러면 지금 말씀드린 간략한 자료를 가지고 당시 사임당 신씨가 살던 시대적 배경과 주위 환경을 살펴보면서 사임당 신씨의 훌륭했던 모습과 남편 이원수 씨의 역할에 대하여 상상해서 추측해 보겠습니다.

사임당 신씨가 사시던 때는 조선 시대로 당시에는 여성들이 자녀들의 학문이나 교육에 깊이 관여했던 시절은 아니었습니다.

그럼에도 이율곡 선생과 같은 훌륭한 분을 키워내셨다는 사실은 사임당 신씨가 7명의 자녀들에게 가정교육을 통하여 학문의 중요성을 알려주면서 공부하도록 이끌어 주셨을 것이고 또, 스스로도 서예, 그림, 또는 자수 등을 공부하면서 어머니가 공부하는 모습을 자녀들에게 보여주시는 남다른 점이 있었을 것입니다.

더불어 사임당 신씨의 이런 점 때문에 그 결과로 이율곡 선생이라는 학문과 덕망이 높으신 분이 출현할 수 있었으리라고 생각합니다.

그런데 저는 '과연 현대 사회에서도 이런 쉽지 않은 차원 높은 가정교육이 그 당시 엄격했던 봉건 사회에서 여성인 사임당 신씨 혼자만의 힘으로 가능했을까?' 하는 의구심이 생겼습니다. 그리고 아마도 혼자만의 힘은 아닐 것이라는 생각을 했습니다.

그렇다면 생각나는 것은 사임당 신씨의 남편 이원수라는 분입니다. 바로 이분께서 보이지 않게 뒷전에서 아내를 적극적으로 도와주셨을 것이라는 생각이 들었습니다.

남편 이원수 씨는 부인의 뛰어난 자질을 알고 부인께서 뜻을 두고 하고자 하는 생각을, 남편이라는 지위를 이용하여 꺾지 않았고, 오히려 부인의 말씀에 귀를 기울이면서 격려하고 협조해 주시는, 아량이 있는 분이었을 것이라는 생각입니다. 그래서 저는 남편 이원수 씨라는 분의 이러한 선각자적인 협조를 사임당 신씨의 역할 못지않게 높이 평가하는 것입니다.

남편 이원수 씨에 대하여 역사학자들은 어떠한 평가도 내리고 있지 않습니다. 왜냐하면, 이 분은 수운판관이라는 조그만 벼슬을 한 것 이외에는 별로 전해오는 역사적 내용이 없기 때문입니다. 그러나 다행히도 이 분의 성품에 대하여는 율곡 선생의 제자들이 집필한 『율곡전집』이라는 책에서 짤막하게 "진실하고 정성스러워 꾸밈이 없으며, 너그럽고 겸손하며, 옛사람다운 기품이 있다."고

쓰여 전해오고 있습니다.

저는 이 문구를 발견하는 순간,

'아! 역시 이 분이 이토록 훌륭한 분이셨구나.' 하고 감탄하였습니다.

사실, 이 한마디 문구는 그 시절에 이율곡 선생의 아버지이신 이원수 씨가 부인 사임당 신씨를 도와 어린 시절의 이율곡 선생님을 어떠한 모습으로 가정교육을 시켰겠는가 하는 문제와, 이율곡 선생이 16세가 되던 해, 7남매를 남겨두고 48세의 나이로 세상을 떠난 사임당 신씨 이후에 아버지로서 이원수 씨의 성품이, 아직은 어린 나이인 이율곡 선생께 어떠한 영향을 미쳤겠는가 하는 문제를 추정해볼 수 있는 중요한 자료인 것이기 때문입니다.

그래서 저는 이 문구를 생각하며 당시 이원수 씨의 모습을 추정해보았습니다.

그분이 '진실했다'의 의미는 극진히 아내 사임당신씨를 사랑하며 가정에 충실하면서 정직했다는 뜻이고, '정성스럽다'는 의미는 매사에 공을 들여 열심으로 끈기있게 일을 처리했다는 뜻일 것이며, '너그럽다'는 의미는 7남매나 되는 자녀들에게 엄한 아버지가 아닌 친구와 같은 다정다감한 아버지로서 자녀들과 대화하며 사랑으로 돌봤다는 뜻일 것입니다.

그리고 '겸손하다'의 의미는 그 당시 시대가 남성 중심의 봉건 사회였음에도 남편으로서 권위도 부리지 않고, 아내를 이해하고, 아내의 의견에 따르며 적극적으로 협조하였고, 부딪치는 모든 일은 대화를 통하여 풀어나가는 넓은 아량을 소유하신 분이었다는 뜻으로 보이며, '옛사람다운 기품이 있다'의 의미는 욕심 없이 청렴하고, 정의로우며, 집안의 가풍을 올바르게 이끌어 가보려는 마음으로 한평생을 보내신 분으로 생각되었습니다.

그 분의 이러한 성품은 그야말로 현 시대에서도 누구나 바라는 보통 사람들의 표본이 되는 성품으로써, 이런 분이셨기 때문에 그 분의 자녀들 중에서 이율곡 선생과 같은 분이 나올 수가 있지 않았나 생각합니다.

역사학자들은 일반적으로 역사적 인물을 평가할 때, 그 사람이 어떤 지위에 올라 큰일을 벌였거나, 사고를 쳤거나, 또는 목숨을 바쳐 나라를 위해 일을 했을 때 그 결과를 가지고 역사적인 인물로 평가하는 것 같습니다. 이런 의미로 볼 때 사임당 신씨의 남편인 이원수 씨는 이런 큰일을 하신 분이 아니니까 역사는 그저 보통 사람으로 평가했을 것입니다.

그러나 저는 『율곡전집』에 써 있는 율곡 선생의 아버지, 이원수라는 분의 성품을 압축하여 적어놓은 이 한마디의 문구를 읽어보고 또, 읽어보고 깊이 묵상해보면서 그분의 훌륭한 성품을 감히 엿볼 수가 있었고, 이런 분이셨기 때문에 아내 사임당 신씨가 여성으로서 빛을 발휘할 수가 있었으며, 아내를 도와 자녀들의 가정교육에 헌신할 수 있었다고 생각했습니다.

그래서 저는 시대를 초월한 그분의 사고방식과 미래를 내다보는 통찰력 있는 안목에 높은 점수를 주었습니다.

그리고 지금 말씀드린 대로 사임당 신씨와 그분의 남편, 이원수 씨의 내조 역할을 생각해보면서, 가정에서 아빠의 역할이 얼마나 중요한가를 새삼 깨달을 수가 있어 가정교육에 좋은 교훈을 얻을 수 있다고 생각했습니다.

현실적으로 자녀들에게 어릴 때부터 집에서 영어 공부를 시키시려면 뒤에서는 보이지 않는 엄마의 노력이 많이 요구되는 것입니다.

그리고 이 노력에 힘을 합하여야 하는 아빠의 노력 또한 그 못지않게 힘이 필요하며, 이렇게 두 분의 힘이 합하여질 때 진정한 가정교육은 결실을 맺고 아이의 영어 공부는 성공할 확률이 높습니다.

어쩌면 부모님의 헌신적인 이런 노력은 아무리 열심히 했을지라도 부모로서 당연한 것 아니냐고 별 의미 없이 평가받을지도 모릅니다. 그러나 비록 아무런 평가를 받지 못할지라도 이러한 노력의 상대가 내 자식이요. 내 혈육이기 때문에 가능한 것이며, 부모는 그렇게 노력했다는 사실만으로도 흡족할 수 있을 것이라고 생각됩니다.

저는 사임당 신씨의 가정을 생각해보면서 멀리 풍습이 다른 어느 외국인의 가정교육 모습을 참고하지 않더라도, '오늘날 우리 아빠와 엄마는 어떠한 자세로 자신의 자녀를 교육해야 하나?' 하는 해답을 가르쳐주면서, 방향의 길잡이가 되어주신 사임당 신씨 부부의 가정교육에 많은 공감을 했습니다.

그리고 그 시절에도 이토록 현명한 우리 조상분들의 지혜로운 모습이 너무 아름답게 느껴졌습니다.

3. 사교육비와 노후생활,
그리고 직장 엄마를 생각해보다

　서울의 특수지역에 있는 아파트나 주택의 값이 타 지역보다 유
난히 비싼 것은 여러 가지 이유가 있겠으나 주된 원인 중의 하나가
자녀들의 교육문제 때문이라는 것입니다.

　사실, 일류 명문대학은 거의 모두 이러한 특수지역과는 정반대
방향에 멀리 떨어져 있는데도, 많은 부모님들이 특수지역에는 소
위, 명문 대학을 많이 보내는 고등학교나 유명한 학원들이 많아서
자녀들에게 대학입시 공부를 시키는 데 유리하다고 생각하고 계
시는 것입니다.

　그래서 이곳에는 자녀들에게 사교육비를 많이 쓸 수 있는 돈 있
는 부모님들이 다른 곳에 비해 많이 모여 살게 되고, 이런 분들은
자녀들에게 돈을 아끼지 않고 쓰며, 생활비 또한 많이 쓰기 때문

에 아무래도 돈의 흐름이 많게 됩니다.

또, 돈 많은 사람들이 살다 보니 유흥가를 비롯해 상가도 밀집해있고 주택가도 깨끗이 정돈되어 있습니다.

그러나 모든 부모님들께서 특수지역의 일부 부유층 생활 수준을 따라갈 수는 없는 일입니다. 그리고 또, 그럴 필요도 없다고 생각합니다.

오히려 부모님 자신들의 수입과 지출을 생각해보면서 현실뿐만 아니라 앞으로 미래에 다가올 길고 긴 노후 생활까지를 생각해보실 필요가 있다고 생각합니다.

왜냐하면, 돈은 누가 와서 쓰라고 거저 주는 것이 아니며, 정말 벌기는 어렵고, 나이가 들면 들수록 벌리지는 않기 때문입니다.

그러니 억지로 돈을 벌 수 없는 바에야 한정된 수입 안에서 미래를 생각하며 적게 지출하는 것이 가장 현명한 방법 중에 하나일 것이라고 생각합니다.

생각해보면 앞으로 우리나라는 모든 분야에서 선진국이 될 것입니다. 우리나라가 선진국이 되면 어떻게 변할까요?

이는, 기왕에 선진국들이 하고 있는 사회 전반에 관한 선진국 문화를 자세히 살펴보면, 우리나라가 어떤 방향으로 갈 것인가 하는 문제는 어느 정도 예측이 가능합니다.

이 글에서 저는 '우리나라가 선진국이 되었을 때, 어떤 분야가 어떻게 변할까?' 하는 전반적인 문제에 대하여는 저 자신은 능력이 부족하여 말씀을 드리지 못하고 다만, 자녀 교육과 부모님의 노후 생활 안정에 관한 저의 경험적 생각을 말씀드려볼까 합니다.

앞으로 전개되는 미래사회는 인터넷과 매스미디어 및 각종 산업 기기의 발달로 경제적으로나 사회 구조적으로 상당히 투명한 사회가 될 것으로 생각됩니다.

투명한 사회란 여러 가지 의미로 분류하여 생각할 수 있겠으나, 다른 분야는 다 접어두고, 부모님의 수입과 지출 면에서만 바라볼 때, 지금껏 느껴볼 수 없었을 정도로 수입과 지출이 뻔하게 드러난다는 뜻입니다.

그러니 이러한 예상되는 미래 사회에 맞춰 누가 봐도 수긍이 갈 수 있는 객관성을 가지고 부모님 자신들이 스스로의 경제적 능력을 깊이 평가해볼 필요가 있다고 생각됩니다.

정말, 나는 언제까지 돈을 벌 능력이 있을까. 어떻게 하면 아이들을 공부 잘하는 아이로 키워서, 성공시켜 부모 처지보다 좀 더 좋은 위치로 신분 상승시킬 수 있을까?

내 자식을 교육시키는 데 교육비는 얼마나 쓸 능력이 있을까?

아이들 교육이 다 끝나면 내 재산은 얼마나 될까요?

그리고 그때 남은 재산으로 노후에 자식들에게 기대지 않고 안정된 생활을 할 수 있을까?

세월이 흘러 자녀들이 결혼하면, 자식들도 살기 바쁠 텐데 부모에게 어떤 관심을 보일까? 결국, 부모인 내가 늙어 거동이 불편하기까지는 자녀들과 떨어져 살아야 할 텐데, 그때 나는 내 처와 또는 내 남편과 어떤 처지에 놓이게 될까?

사람의 수명은 길어진다는데….

이 모든 문제는 인생을 살아가시면서 차례차례 해결하셔야 할 문제이지만, 만약에 재산이 많아 이 문제가 해결된 부모님들이 계시다면, 이런 분들은 노후생활을 여가로 즐기시면서 기쁘게 보내실 수 있으실 것으로 생각됩니다.

그러나 세상은 말처럼 그리 쉽지 않아서 생각보다도 많은 분들께서 이런 상태에 다다르지 못하고 노후에 고민하시는 분도 많으시리라 생각합니다.

그래서 부모님들의 장래에 대한 설계는 비록 몇 차례 수정하는 한이 있더라도 신혼 초부터 부모님이나 경험 있는 선배님이나 친척의 조언 또는 전문가들이 써놓은 글을 참고하면서 자꾸만 계획을 세우시는 편이 좋다고 생각합니다.

왜냐하면, 만약에 부부가 자신들이 꾸며놓은 가정에 대하여 장래의 목표를 세우지 않고 이를 설계하지 않으면, 결혼 후 수십 년이 지난 뒤, 성공한 가정으로 남기에는 어려움이 있다고 생각하기 때문입니다.

그리고 제가 왜 여기서 이런 말씀을 드리느냐면, 부모님들께서 안정된 노후생활을 설계하시려면 여러 가지 조건이 있겠지만, 그 중에서도 돈이 많으냐, 적으냐 하는 조건이 가장 중요한 조건을 차지한다고 생각하기 때문입니다.

그런데 부모님들께서 돈을 모아 노후생활의 장래에 관해 설계하는 데 있어, 가장 중요하면서도 가장 지출을 많이 차지하는 것이 자녀들의 사교육비라고 생각합니다.

또 한편으로 생각해보면, 자녀들의 교육이 잘되느냐 못 되느냐에 따라 미래에 자녀 자신들의 운명이 좌우된다고 보아도 틀린 말이 아닐 정도로 중요한 일이기 때문에 자녀 교육에 많은 사교육비를 쓰지 않을 수 없는 처지에 있는 것입니다.

그래서 이런 많은 사교육비의 지출을 놓고, 부모님의 장래에 노후생활과 연결해 볼 때, 부모님의 입장에서는 이 문제가 어느 문제보다도 많은 고민을 가져다주는 문제라고 생각됩니다.

그러면 여기서 자녀들의 교육문제와 사교육비에 대한 고민거리를 여러 가지로 생각해 볼 필요가 있는데, 이를 생각나는 대로 대략 말씀드려보면, ① 남들은 모두 아이를 3~4살 때부터 몇 군데씩 학원에 보내는데 나는 어떻게 하나. ② 우리 동네는 아이를 안심하고 보낼만한 학원이 없는데 이사 가야 하나. ③ 가정 형편이 넉넉지 않은데, 학원에 보내야 하나. ④ 엄마인 내가 직장에 다니는데 안 다닐 수도 없고, 아이는 누가 봐주며 어떻게 교육하나. ⑤ 부모인 내가 어떻게든 특수지역에 사는 부유층 그룹에 끼어 살아야 아이들이 좋은 중학교, 좋은 고등학교에 배정받을 수 있고, 또 이런 학교에 다녀야 실력 있는 선생님을 만나 공부할 수 있을 텐데, 그리고 부잣집 아이들과 사귀게 될 텐데, 특수지역으로 이사 가야 하나. ⑥ 아이를 일류 대학에 보내려면 유명 학원에 다녀야 하는데 내가 사는 곳은 유명 학원도 없으니 어떻게 학원을 보내지. ⑦ 특수지역으로 이사 가면 남편이 직장을 출퇴근하는 시간만 합하여 3~4시간이 넘게 걸려 국내판 기러기 아빠가 되는데, 이래도 아이들 교육을 위해 특수지역으로 이사 가야 하나. ⑧ 또 특수지역으로 이사 가면 사교육비와 생활비가 많이 들 텐데, 아이들 교육이 끝나는 몇 년 동안 빚을 내서라도 돈을 써야 할 것 아닌가? 이래야 나중에 후회가 없을 텐데 어떻게 하나?

지금 말씀드린 이유가 아니더라도 아이의 교육에 관한 한 부모님의 망설임은 숱하게 많을 것입니다.

이러자니 저것이 안되고, 저러자니 이것이 부족하고…. 그래서 부모님들께서 많은 갈등이 생기게 됩니다만, 이 모든 일은 부모님 스스로의 선택에 달려있다고 생각됩니다. 다만, 선택하실 때 여러 가지 변수를 고려해 보시면서 10년, 20년 그리고 30년 이후까지를 생각해보자는 것입니다.

여기서 저의 생각을 잠깐 말씀드려보면, 저는 부모님께서 자녀의 교육을 위해 금전적인 것을 포함하여 모든 것을 바치실 필요는 없다고 생각합니다.

또, 자녀들도 그런 것을 바라지도 않을 것입니다. 왜냐하면, 자녀 교육 문제 못지않게 부모님 자신의 기나긴 노후생활도 중요하기 때문입니다.

오히려 부모님들의 노후생활 안정은 훗날 자녀들이 성장하여 결혼하고 사회생활을 하는 데 커다란 도움이 된다고 생각합니다.

저는 직업상 주위에서 많은 분들과 면담할 수 있는 기회가 많습니다. 그런데 그중에는 안타깝게도 노후생활에 성공하지 못한 분들을 많이 보았습니다. 그리고 노후생활의 설계에 성공하여 재미있고 즐겁게 편히 살고 계시는 분도 보았습니다.

이렇게 노후생활에 성공한 분들의 공통점은 자녀들이 제 나름대로 사회 진출하여 자리를 잡은 사람들이며, 그보다 더 중요한 것은 노후생활을 안정적으로 편히 지낼 수 있는 재산을 어느 정도 가지고 계신 분들이었습니다.

두 가지 중, 어느 하나가 부족해도 부모님들의 노후생활은 말 못할 갈등 속에 편하지 못할 것이라고 생각됩니다.

그래서 이 두 가지 요소를 다 갖추시는 데는 가능하시면 좀 일찍 신혼 초부터 세심하게 설계하여 아이들이 초·중·고등학교에 다닐 때까지의 사교육비를 거의 쓰지 않고 재산을 모아 두실 필요가 있다고 생각하며, 이 두 가지 요소를 얻기 위한 방법으로 저의 경험을 참고하시라는 권고를 드리고 싶습니다. 저의 경험 수기를 읽어보시면 아시겠지만, 지금은 옛날 그 시절과 달라 부모님께서 아이들에게 영어 공부를 시키시려면 원어민에게 영어 회화를 배울 수 있는 곳은 쉽게 찾을 수 있습니다.

그리고 앞으로는 원어민들이 직접 아이들에게 저렴한 비용으로 영어 회화만 전문적으로 가르치는 영어 회화 전문 학원들이 계속 늘어날 것으로 생각됩니다.

만약에 원어민에게 영어 회화를 직접 배우기가 어려운 지역에 살고 계시는 분이나 영어 학원 수강료가 부담되어 아이들을 영어 학원에 보내기가 경제적으로 어려우신 분이 계시면 TV나 DVD, 또는 테이프를 통하여 영어 듣기를 배울 수도 있습니다.

이렇게 듣다 보면 어린이들은 언어 습득 능력이 뛰어나서 말하기도 어느 순간 이루어집니다.

그러나 이 모든 것은 기초 영어 즉, 중학교 1, 2, 3학년의 영어 교과서를 먼저 충실히 배운 후에 시작하시는 것이 중요합니다.

요즈음 영어 학습 열풍에 편승하여 신문이나 방송 등에 갖가지 영어 학습에 대한 광고나 심지어 영어 마을까지도 등장했는데 이 모두 돈만 많이 들고 별로 효과적이지 못하다고 생각합니다.

과장 광고가 너무 많다는 뜻입니다.

영어가 그렇게 쉽게 배워지면 누군들 영어를 못하겠습니까?

영어 한두 마디 한다고 해서 영어 공부가 다 된 것이 아닙니다.

우리 한글을 생각해봅시다.

어린아이들이 우리 한국말을 배우기 위하여 한두 살 때부터 하루 종일 긴 세월 동안 얼마나 많은 노력을 합니까? 영어 공부는 결코 쉬운 분야가 아닙니다. 긴 시간과 반복되는 많은 노력이 필요합니다.

거듭 말씀드립니다만, 아이들이 영어 공부를 처음 배우는 데 사용할 영어 교재는 중학교 영어 교과서가 돈도 안 들고 최고로 좋다고 생각합니다.

왜냐하면, 모든 정성을 쏟아부어 제작한 중학교 영어 교과서보다 더 좋은 영어 초보 길잡이는 없기 때문입니다.

더구나 교과서 내용을 자세히 설명한 자습서와 테이프도 있으니 더욱 효과적일 것입니다. 그러니 부모님들께서 내 자식을 위하여 모두 한 번 영어 선생님이 되어 보시라는 것입니다.

자랑스럽지 않으십니까?

고생은 되시지만 마음이 뿌듯하실 것이라고 생각됩니다.

이렇게 아이들을 부모님께서 직접 가르치신다면 사교육비 많이 들고, 생활비 많이 들고, 주택 가격 비싼 특수지역에 굳이 거주하지 않으시더라도 자녀들에게 영어 공부를 잘 가르칠 수 있다고 생각합니다.

이것은 제가 해본 경험입니다.

또 이것이 돈 버는 길이기도 합니다. 돈 버는 일 중 가장 중요한 일은 수입된 돈을 지출하지 않는 것이기 때문입니다.

여기서 한마디 더 드릴 말씀은 직장에 다니시는 엄마께서는 자식 교육에 좀 더 신중할 필요가 있다고 생각합니다. 엄마, 아빠 두 분이 직장에 다니실 정도가 되시면 두 분은 우수한 두뇌를 가지신 분일 것이며, 자녀 또한 부모를 닮았을 것입니다.

그러나 몇 년이고 자녀를 남의 손에 맡기면 자녀는 자라는 과정에서 남을 닮아갑니다. 즉, 가정부에 맡기면 가정부를 닮아가고, 할

머니에게 맡기면 할머니를 닮아간다는 뜻입니다. 엄마가 키워야 엄마를 닮아간다고 생각합니다.

원래 두뇌가 우수한 아이였을 텐데도 부모님들의 이러한 무관심 때문에 아이의 재능을 살리지 못하는 경우를 주위에서 많이 봅니다.

그래서 저는 경우에 따라 다르겠지만, 엄마가 직장에 꼭 다녀야 한다면 초등학교 입학 전에는 직장을 그만두시는 편이 좋겠다는 생각을 조심스럽게 해봅니다. 이때부터는 정말 아이를 위해 엄마가 해야 할 일이 너무 많기 때문입니다.

물론 부모님이 아이가 학교 가는 일이나 공부하는 일을 무관심하게 방치하신다면 부모는 할 일이 별로 없습니다.

또, 이렇게 아이를 방치해도 금방 무슨 일이 벌어지는 것도 아닙니다. 그러나 아이의 장래가 걱정은 되실 것입니다.

저는 아이의 장래가 곧 부모님의 장래라고 생각합니다.

만약에 아이를 잘 키운다면 지금의 부모보다도 더 안정되고 확실한 위치에 오를 수 있다고 생각하기 때문입니다.

이런 내 아이들을 어떻게 돈으로 평가하겠습니까?

엄마가 직장에서 버는 돈보다, 좀 부족은 하겠지만, 알뜰히 가정생활을 하며 절약하시는 것이 어떤 면에서는 더 경제적이고 미래

지향적이 될 수도 있다고 생각합니다.

저는 아이의 교육이 잘되고 못 되는 것은 꼭 공교육 탓이라고 생각하지는 않습니다.

한 번쯤 부모님께서는 자녀들의 교육문제를 가정생활의 문제에서부터 원인을 찾아보실 필요가 있다고 생각합니다. 예를 들어, 아이들이 부모를 찾을 때마다 항시 부모님께서는 집에 계셔 주었는가 하는 문제 등을 말입니다.

저는 제 주위에 친척 중 한 분이 대학을 졸업하고 곧바로 서울에 소재한 중학교 여교사가 되어 직장생활을 하시는 분이 계셨습니다.

이 여선생님은 적당한 기회에 중매가 들어와 결혼하게 되었고, 결혼 후 아이를 둘 낳았습니다.

가정 형편도 넉넉지 못하였고 직장 또한, 여성으로서 편하고 좋다는 직장이라서 누가 봐도 남편은 남편대로, 엄마는 엄마대로 직장을 다녀야 할 처지였습니다.

그러나 큰아이가 초등학교에 입학하기 1년 전, 학교에 사직서를 냈습니다. 주위 사람들은 깜짝 놀랐습니다.

그러나 본인은 소신이 뚜렷했습니다. 아이들을 위해서 엄마가 집에 있어야겠다는 것입니다. 본인인들 이 생각 저 생각 안 했겠습니까? 제삼자인 사람들보다 더 깊이 생각했을 것입니다.

그 후 그분은 자녀들 교육에 열심이었고 현명한 엄마로서 아이들을 뒷바라지했습니다. 이렇게 되니 남편은 남편대로 가정에 책임감을 갖고 더 성실하게 살았으며 아이들은 두 명 모두 명문 일류대학교에 합격하는 영광을 누렸습니다.

이러한 사실은 같이 이웃하며 사는 이웃 사람들이나 친척분들이 더 잘 아는 것입니다. 그리고 이 분의 이러한 생활을 지켜보면서 이웃분들의 칭찬도 자자했습니다.

저는 여기에서 '만약에 이 분이 중학교 여교사님으로 계속 학교에 다니셨어도 아이들 두 명 모두 명문대학교에 합격이라는 최고의 영광을 누렸을까?' 하는 생각을 해보았습니다. 어려웠을 것입니다. 왜냐하면, 새벽에 아이들이 학교 가는 시간보다 더 일찍 출근하여 저녁에 오시는 엄마의 기나긴 직장생활 시간, 그 시간 한쪽에선 하루 종일 엄마를 기다리는 아이들의 외로움이 있고, 이 외로움을 어린아이들이 감당하기에는 하루 하루의 시간이 너무 길기 때문입니다.

저는 이 여선생님을 잘 압니다.

어떻게 잘 아느냐고요?

그분은 바로, 저의 아주 가까운 친척이기 때문입니다.

4. 지나친 과대광고에 현혹되지 말고, 조기유학 한 번 더 생각을

현대인은 하루 종일 숱한 광고의 홍수 속에서 살고 있습니다. 이러한 광고가 나에게 유익한 것인지 관심을 가질 필요가 있는 것인지 조차도 파악하지 못한 채, 눈이 떠 있으니 보고, 귀가 열려 있으니 듣고 있습니다.

이렇게 수 차례 똑같은 광고를 보거나 들음으로써 혹시, 나는 저 광고와 무슨 연관성이 있는 것이 아닌가 하는 마음에서 본인도 모르게 광고를 신뢰하게 되고, 그 광고가 이끄는 방향으로 나 자신이 가고 있음을 알게 됩니다. 이것이 광고의 특성이고, 소비자들의 이런 심리를 이용해서 광고는 계속 선전되고 있는 것입니다.

원래, 신문이나 방송의 기삿거리는 '개가 사람을 물었다.'라는 평범한 사건은 기삿거리가 못되고, '사람이 개를 물었다.' 하는 특별한 경우의 사건만을 기삿거리로 취급하는 속성을 가지고 있습니다.

이런 속성을 가지고 있는 것이, 매스컴의 특징이다 보니 매스컴에서 취급하는 광고 또한 소비자에게 눈에 확 띄게끔 노력할 것이고, 그러다 보니 과장되거나 확대하여 광고하게 되는 경우가 흔히 있는 것입니다.

따라서, 신문이나 방송에 광고로 선전되었다고 해서 그대로 믿을 것이 못되니 소비자들께서 신중히 판단하여 다시 한번 광고 내용을 냉철히 생각해보실 필요가 있다고 생각합니다.

그도 그럴 것이 신문이나 방송의 광고 내용을 보면 병으로 고생할 사람은 거의 없을 것 같고, 돈 못 벌 사람은 거의 없을 것 같으며, 자녀들 영어 공부 못할 사람 거의 없어야 할 것 같습니다.

그런데 실제는 그렇지 않습니다.

병으로 고통받는 사람들은 많으며, 돈 못 벌어 가난한 사람도 많고, 영어 공부 못하여 애타는 학생들이 너무 많습니다. 이런 사실들을 미루어볼 때, 광고라는 것은 사실보다는 상당 부분 부풀려 선전하고 있다고 보아야 할 것입니다.

그런데 이렇게 많은 광고 중에 학생들이 다니는 학원이나 시중에 팔고 다니는 영어 학습 교재를 보면, 서너 달 또는 짧은 기간 내에 영어 공부를 마스터할 수 있는 것처럼 광고하는 것을 볼 수 있습니다.

영어 학자나 영문학 교수들의 말씀을 귀담아 들으셔도 아는 일이지만, 광고 선전과 같이 짧은 기간 내에 영어 공부를 마스터한다는 것은 대다수의 학생에게는 불가능한 일입니다.

물론 안 하는 것보다야 낫겠지만, 광고주들이 하라는 대로 하고 있으면 별로 영어 실력은 늘지 않고, 아까운 시간을 들여가며 별 효과 없이 돈과 시간만 낭비하는 비효율적인 방법이라는 것을 뒤늦게 깨닫게 됩니다.

사실, 영어 공부는 마음먹고 몇 년이고 오랜 세월을 꾸준히 노력해야 본인이 바라는 경지에 오를 수 있다고 생각합니다.

미국이나 영국처럼 영어권 나라의 아이들은 어릴 때부터 자기 나라에서 영어를 사용하고 있기 때문에 우리나라 아이들이 영어 공부에 매달려 많은 시간을 공부할 때, 이 아이들은 별도로 신경 써서 영어라는 공부를 하지 않을 것입니다.

그리고 쉬엄쉬엄 여유 있게 영어 아닌 다른 공부를 하면서 사교육비 안 들이고 학교 생활을 보내도 충분할 것입니다.

이렇게 해도 영어권 아이들은 이미 세계 공용어가 되어버린 영어를 잘합니다. 그래서 이들이 세계로 진출하는 데 우선은 유리한 위치에 있을 것입니다.

이들도 외국어를 배우긴 하겠지만, 아무렴 우리나라에서 거의 모든 학생들이 영어를 죽자사자하며 배우는 것보다는 그 강도가 훨씬 덜 할 것입니다.

이렇듯 영어권 학생들은, 다른 나라의 외국어를 전공하는 특정 소수 학생들만이, 자신의 전공을 위하여 깊이 있게 다른 나라의 외국어를 배우는 것을 제외하고는, 아마도 나머지는 학생들은 다른 나라의 문화나 즐거움을 위한 교양공부 정도로 외국어를 공부할 것입니다.

왜냐하면, 이들은 이미 영어를 잘하기 때문입니다.

그러나 우리나라에서 학생들이 외국어로 영어 공부를 배우는 것은 이런 사치스러운 것이 아닙니다.

어쩌면 우리 학생들에게는 장래에 성패가 달린 문제일지도 모릅니다. 잘 아시다시피, 세계 무대에서 의사소통은 거의 모두 영어로 통하기 때문입니다.

그래서 우리나라에서 교육부나 대학 당국이 영어를 중요시하는 것도 영어를 잘하는 우리 학생들을 해마다 수만 또는 그 이상을 양성하여 이 학생들이 성장한 후, 세계로 뻗어나 여러 분야에서 외국의 다른 나라와 경쟁해서 반드시 이겨, 우리나라 전체의 인구가 잘 먹고 잘살 수 있는 길을 터주기 위함일 것입니다.

그러니 저의 생각도 장래에 국가의 보배가 되는 이런 학생들을 적극적으로 양성할 필요가 있다고 생각합니다.

영어 공부는 과학 분야나 학문 분야와 같이 깊은 사고력이나 연구심이 필요한 것이 아닙니다. 그저 언어이기 때문에 많은 시간을 들여 반복되는 많은 학습이 필요한 것입니다.

그러니 이런 언어공부는 어릴 때부터 일찍 시작하여 한가한 시간이 제일 많은 어린 시절에 빨리 끝내는 것이 가장 좋다고 생각합니다.

이렇게 된다면 공부 의욕이 왕성한 우리나라의 많은 학생들은 영어를 쓰는 미국이나 영어 사용권 아이들과 같이 대학 시절에는 영어 공부에 큰 부담을 느끼지 않고, 자신의 전공학과의 공부에 모든 힘을 쏟아부을 수 있을 것이기 때문입니다.

저는 이것이 세계의 강대국과 겨루는 진정한 경쟁력이라고 생각합니다.

만약에 대학이나 직장에 가서 학생 때 부족한 영어 공부를 보완하려 한다면, 그때는 이미 자기의 전공 분야 학문도 연구해야 할 때이므로, 영어 공부까지 별도로 시간을 내어 공부한다는 것은 시간이 너무 부족하다는 것을 느끼게 됩니다.

그래서 금번 교육부에서 초등학교 저학년 때부터 영어 공부를 시키기로 결정한 것을 저는 환영합니다.

물론 우리나라의 모든 어린이가 영어를 다 잘할 수는 없습니다. 또 그럴 필요도 없습니다. 그러나 이렇게 어릴 때부터 영어 공부를 시키다 보면 그중에서는 영어를 잘하면서 자기 전공 분야에서 우수한 학생들이 반드시 많이 나올 것입니다.

이런 학생들이 많이 배출되면 학문적으로나 사업적으로나 뛰어난 인물들이 많이 나오게 되고, 이들로 인하여 우리나라가 세계적으로 앞장서는데 커다란 도움이 되기 때문입니다. 그리고 이런 학생들을 길러내는 부모님 또한 자랑스러울 것입니다.

이런 학생은 돈 많은 부유층 부모님들이 하시는 것처럼, 자신의 자녀들을 사교육비를 많이 들여가며 영어 과외 지도를 시키거나 조기 유학을 보내야만 이루어지는 것은 아닙니다.

가정 형편이 넉넉지 못해도 영어 공부만 어릴 때부터 부모님이 시키실 수 있다면, 강남 등 특수지역에서 살지 않으시더라도 언제, 어디서든지 키워낼 수 있습니다.

왜냐하면, 조기 영어 공부는 특수한 별도의 교육 환경이 필요 없기 때문입니다.

부모가 가정 형편이 넉넉지 못한 이유로 재능이 있는 어린아이가 어릴 때부터 영어 공부할 수 있는 기회마저 갖지 못한다면, 이는 실로 불행한 일입니다.

앞으로는 영어가 각 분야에서 지금보다 점점 더 필요한 세상이 올 것으로 생각되기 때문입니다.

그러니 부모님께서 자녀들에게 직접 영어 공부를 시키시는 것, 이것이 자녀에게 낚시하는 방법을 가르치는 것이요, 자녀의 장래에 희망을 주는 일이요, 그리고 부모가 자녀에게 주는 최대의 선물이 될 것이라고 생각합니다.

서점에서 싼값에 쉽게 구입할 수 있는 것이 중학교 교과서이며, 자습서입니다. 그리고 영어 회화를 배우는 데 있어서는 원어민에게 회화를 직접 배우시면 좋겠지만, 만약에 그렇지 못하더라도 TV 화면이나 PMP 또는 DVD나 테이프를 이용하여 충분하진 못해도 영어 회화 교육을 받을 수 있습니다.

그리고 이렇게 공부하여 학생이 영어 회화에 자신이 좀 있게 되면 학생 자신이 스스로 알아서 영어 하는 원어민들을 찾아가서 집적대며 자꾸 말을 붙여보게 되는 것입니다.

앞으로 이런 학생들에게는 점점 더 그럴 기회가 많이 있을 것으로 생각됩니다. 이런 때를 생각해서 어릴 때부터 부모님께서 자녀들에게 영어 공부를 시키시는 것이 현명하신 행동이라고 생각합니다.

우리 속담에 "될성부른 아이 떡잎부터 알아본다."라는 말이 있습니다. 부모님께서 아이에게 영어 공부를 어린 나이에 직접 시켜주신다면, 아마도 아이는 공부에 취미가 붙게 되어 나머지 다른 과목 공부는 스스로 할 수 있는 능력을 가진 될성부른 아이가 될 것으로 생각됩니다.

부유층의 자녀라 할지라도 조기유학을 보내시려면, 한 번 더 신중히 생각해보실 필요가 있습니다.

수억이 드는 엄청난 비용은 차치하고라도 과연 몇 년 후에 귀국해서 아이가 만족스럽게 사회생활을 할 수 있을까요? 친구나 교우관계는 어떨까요? 너무 어려서부터 외국 땅에 홀로 보내기 때문에 성격의 형성에 장애는 없을까요? 아이가 친구들이 조기 유학 간다며 자신도 가고 싶다고 졸라대니 아이의 뜻에 따라 별생각 없이 조기 유학을 보내는 것 아닌가요?

또는, 부모가 자신의 만족을 충족하기 위해 별로 원하지 않는 아이를 조기 유학 보내는 것은 아닐까요? 아직은 나이도 어린데 아이가 외국에서 생활할 때 문화의 차이에 대한 소외감은 이겨낼 수 있을까요? 조기 유학이 끝난 후, 학생이 우리나라에 다시 와서 공부할 때 사용된 유학비에 비하여 과연 부모님이 기대한 대로 조기 유학을 잘 보냈다고 느낄 정도의 수준이 되어 학생들과 어울려 공부 잘하는 모범 학생이 될 수 있을까요?

이보다 더 중요한 것은, 어린 나이에 유학 보내는 데 부모님의 보호와 관찰을 벗어난 외국에서 과연 좋은 것만을 보고 배울까요? 어린아이든 어른이든, 사람이란, 나쁜 것은 쉽게 배우고 좋은 일은 어렵게 배운다던데….

참으로 어려운 여러 가지 상황을 고려하셔야 한다고 생각합니다. 이렇게 여러 가지 상황을 고려하시고도 조기 유학을 보내시기로 결정하셨다면, 자녀 교육은 부모님의 책임이므로 부모님께서 선택하신 대로 행동하셔야 하는데, 유학 기간에는 학생이 국내에 있는 것보다도 더 많은 관심을 가지고 아이를 관찰하시면서 여러 가지로 정성껏 돌보심을 계속하셔야 할 것으로 생각합니다.

다만, 주위의 부추김이나 눈치, 그리고 다른 사람이 한다고 해서 분위기에 휩쓸려 행동하지는 않으셨으면 하는 생각입니다.

왜냐하면, 자녀를 조기 유학 보내고 난 뒤 부모님께서 받는 금전적, 정신적 고통은 적지 않을 것이기 때문입니다.

여기서 저의 아주 가까운 친척 중 한 분께서 아이를 고등학교 1학년 말 때 조기 유학 보냈던 이야기를 말씀드려볼까 합니다.

아이 아빠는 전문직을 가진 분으로, 사회적으로 존경받는 직업에 종사하고 있는 분입니다. 아이가 고1 때 미국의 고등학교에서 초청받아 1년간 공부할 기회가 생겼습니다. 이는 아이가 다니던 고등학교에서 주선해준 것이었습니다.

어떻게 보면 선택된 아이였습니다. 이 초청을 놓고 아이 아빠와 엄마는 미국에 아이를 보내야 하나 보내지 말아야 하나 고민에 빠졌습니다. 만약에 이 아이가 안 간다면 다른 아이에게 초청을 양보해야 했습니다.

오랜 생각 끝에 아이 아빠는 아이를 미국에 보내기로 결정하였습니다. 아이가 미국에서 학교를 다닐 때도 홈스테이 방식으로 미국의 어느 가정집에서 학교를 다니기 때문에 숙식에는 별로 지장이 없고, 비용도 적게 들 것이라고 했습니다. 또 기회가 기회이니만큼 보내보는 것도 좋을 것이라고 생각했던 것입니다.

이 아이는 고등학교 1학년 시절 당시 반에서 반장을 하고 있었으며, 학교 성적은 상위권에 속하는 학생이었습니다.

중학교 때 친구들이 그대로 고등학교에 모두 진학했기 때문에 교우관계도 좋았고, 항상 명랑하며 어른들 말씀도 잘 듣는, 말 그대로 모범 남학생이었습니다. 이렇기 때문에 이 학생에게 당시 특전에 가까운 미국 초청 유학이 가능했을 것입니다.

학생이 미국으로 유학을 간 뒤 1년이 지났을 때, 기왕에 유학을 간 것이니 1년 더 연장한 뒤 고등학교를 미국에서 졸업했습니다. 그리고 미국에서 대학에 그대로 진학할까 국내로 올까 망설이다 가 미국에서 대학 진학을 포기하고 국내 대학에 진학하기로 결정한 후, 지금은 영어 전공은 아니지만 서울에 있는 모 대학 어문계열에 진학하였습니다. 이 학생이 진학한 모 대학은 명문대학은 아닙니다. 그러나 학생의 부모님은 만족하셨고, 학생도 좋아했습니다. 이야기는 여기까지입니다.

이 학생의 조기 유학은 가장 순탄하게 진행된 경우의 한 예입니다. 그러나 저는 여기서 몇 가지를 말씀드려보겠습니다.

이 학생이 만약에 국내에서 공부하여 그대로 대학에 진학했더라면 지금은 어느 대학에 입학했을까요?

자신의 취미를 살려서 어문계열이 아닌 다른 분야로 전공할 수도 있었지 않았을까요? 이 학생이 미국 유학 2년 동안 유학비로 지출된 돈이 얼마나 될까요? 학생 부모님들은 유학비가 별로 안 들었다고 했는데….

이 학생이 귀국해서 국내 대학의 진학이 확정되기 전, 저의 아이와 만나 대학진학과 자신의 진로에 대하여 불안한 심정을 말한 적이 있었는데, 이런 일들이 다행히도 이 학생이 국내 대학에 진학하게 되어 해소는 되었습니다.

이 학생은 조기 유학을 다녀온 결과 영어 회화 실력은 늘었다고 합니다. 그러나 영어 회화 실력만 좀 늘었다고 해서 장래가 확실해지는 것도 아닌데, 이제 조기 유학 경험이 있고 성장도 하여 대학생이 된 이 학생에게 만약에, 고1 시절이었던 옛날로 돌아가 자신에게 조기 유학의 길이 쥐어져, 본인이 조기 유학의 여부를 직접 선택할 수 있는 처지에 있었다면, 학생은 어떤 선택을 했겠느냐고 물었을 때 뭐라고 대답할까 궁금하였습니다.

이 학생의 경우 조기 유학은 성공한 경우에 속합니다. 그러나 부모님은 큰 비용을 부담하셔야 했습니다.

저는 학생 부모님을 잘 압니다.

그 학생 부모님은 워낙 교육열이 높으신 분이기 때문에 그 비용 중 일부만 가지고도 학생이 좀 더 어릴 때부터 계획성 있게 영어 공부를 시켰다면, 이 학생은 영어 실력을 높이는 공부뿐만 아니라 지금, 좋은 성적으로 쉽게 명문대학을 갈 수도 있지 않았나 하고 저는 생각해봅니다. 그러나 이러한 모든 일들은 이미 진행이 끝난 뒤의 일입니다.

모름지기 부모님께서는 자녀의 교육에 대하여는 일이 벌어지기 전에 신중한 선택을 하셔서 결정하셔야 합니다. 기회는 두 번 오지 않으며 자녀 또한 한두 명밖에 되지 않아 실험 삼아 할 수 있는 일이 아니기 때문입니다.

　광고 얘기를 하다가 조기 유학까지 말씀이 나왔습니다. 일반적으로 사람들은 활자로 인쇄되어 쓰인 인쇄물이나 방송 내용을 그대로 믿어버리는 경향이 있습니다.

　이러한 경향은 어려서부터 책을 보며, 또 방송을 들으며 이 내용을 비판 없이 그대로 받아들이는 데 익숙해져 있고, 특히 초등학교 시절부터 중고등학교 대학 시절까지 인쇄물인 교과서로 공부하는 과정에서 교과서 내용이 학교 시험에 나오고, 교과서 내용대로 그대로 적었을 경우에만 맞는 답안이 되었기 때문에, 이런 식으로 공부하는 과정에서 인쇄물을 믿게 되는 습관이 길러진 것이 원인입니다. 그러나 이러한 사람들의 습관을 이용하는 것이 바로, 광고입니다.

　이런 이유 때문에 광고의 내용은 있는 그대로 믿지 말고 허위 광고인지 과장 광고인지 또는 사실인지 좀 더 세심하게 살펴볼 필요가 있습니다. 그리고 나서 선택하셔야 합니다.

　다시 말씀드립니다만, 영어 공부는 단시일 내에 이루어질 수 없는 과목입니다. 그렇다고 해서 너무 오랜 세월을 공부하는 둥 마는 둥 잡고 있어서 될 일도 아닙니다. 저의 경험대로 부모님께서 아이들에게 매일 2~3시간씩 집중적으로 직접 가르치신다면 중학교 1

학년 교과서는 3개월 정도면 마스터할 수 있습니다.

그리고 중학교 2학년 교과서는 4개월, 중3 교과서는 5개월 정도면 가능합니다. 다만, 공부하는 시간과 아이들이 받아들이는 능력에 따라 기간이 약간 단축되거나 연장될 수는 있을 것입니다.

거듭 부탁드리지만, 쓸데없이 광고에 현혹되어 다른 이상한 교재는 사용하지 않으시는 것이 좋습니다. 영어 공부를 자녀들에게 처음 공부시키시려면 곧바로 중학교 1학년 교과서가 제일 좋습니다. 중학교 1학년 교과서는 어렵지도 않고 쉽게 영어를 접할 수 있는 가장 훌륭한 책이라고 생각합니다.

혹시, 어린아이에게 중학교 영어 교과서가 너무 어렵지 않느냐고 반문하실지 모르겠으나, 이 일은 제가 저의 아이에게 직접 실험하여 성공한 결과입니다.

그러니 이런 방법을 권해드리는 것입니다.

"시작이 반"이란 속담이 있습니다.

이렇듯 부모님의 결심은 중요한 것입니다. 이 시기에 어린 나이의 아이들은 아직 뭐가 뭔지 잘 모릅니다. 부모님께서 현실을 올바로 파악하시고 적극적으로 행동하셔야 합니다. 그러면 기쁜 결과를 반드시 얻으실 수 있다고 생각합니다.

5. 수요, 공급의 원리와 저소득층의 자녀에 대한 영어 회화 교육의 확대에 관하여 생각해보다

소위, 학군이 좋다는 특수지역의 집값이 다른 지역보다 월등히 높다고 합니다. 정부는 이런 현상을 부동산 투기의 일종이라고 판단하고 이곳의 주택값 안정을 위해 갖가지 묘책을 다 쓰고 있습니다. 그러나 이 묘책도 별로 효과를 거두지 못하고 있는 것 같습니다. 왜 그럴까요?

이러한 특수지역이 다른 지역보다 공기도 좋고 친환경적이며, 더 살기가 좋아서 그럴까요. 특수지역에 살면 좀 우쭐해 보이려는 자기과시적인 생각 때문에 그럴까요. 경제사정이 비슷하거나 사회적 위치가 비슷한 사람들끼리 모여 살기 때문에 자신도 좀 그런 분류에 끼고 싶은 충동 때문에 그럴까요?

그런저런 이유도 약간은 있겠으나, 꼭 그렇지만은 않은 것 같습니다. 왜냐하면, 특수지역에 꼭 살아야겠다는 이유를 들어보면 여하한 다른 이유보다는 자녀들의 교육 문제가 가장 큰 이유로 꼽고 있기 때문입니다.

그래서 이런 이유와 연결하여 생각해보면 특수지역에는 명문 중고등학교가 많고 유명 학원들이 밀집되어 있어 자녀들을 명문대학에 입학시켜보려는 부모님들의 희망을 충족시킬 수 있다는 것입니다.

이런 기대 때문에 부모님들의 마음은 아이들이 대학 입시를 준비하는 기간만이라도, 세를 살더라도 이런 지역에 살면서 좋은 교육 환경, 특히 명문 중고교나 유명 입시학원에 다닐 기회를 얻고자 애쓰시는 것이며, 부모님들의 이런 희망과 기대 때문에 특수지역으로, 특수지역으로 이동하는 현대판 맹모삼천지교가 실행되고 있다고 생각됩니다.

이런 현상은 이미 모든 매스컴이나 여론조사 기관에서 설문조사에 의해 확인된 사실로써 별로 새삼스러운 일이 못 된다고 생각됩니다.

그러니 이런 지역의 주택은 수요가 많아지게 되고, 그래서 정부에서도 이런 곳의 인근에 신도시를 만든다, 또는 특수지역이 아닌 다른 지역에 비슷한 교육환경 도시를 만들어 보겠다는 등, 별별

정책을 내놓지만, 기왕에 이런 지역에서 명문 대학을 많이 보냈다는 인지도가 있기 때문에 부모님들은 쉽사리 믿으려 하지 않으며, 자칫 잘못하여 한 번밖에 없는 자녀들의 교육기회를 망칠까 봐 어떻게든 특수지역에 가서 자녀 교육을 해야겠다고 생각하는 것입니다.

이런 현상에 참여하시는 분은 교육정책을 만드는 분도 마찬가지이고, 교육자로서 몸을 담고 있는 분도 마찬가지이며, 사회에 어느 정도 위치에 있으면서 경제적으로 좀 여유가 있다는 분도 너나 할 것 없이 마찬가지입니다. 그도 그럴 것이 자식 교육은 기회가 이제는 중고등학교 때뿐이니 이때 좀 있는 돈을 몽땅 써서라도 자식 교육에 투자하겠다는 것입니다.

사실 명문 일류대학교는 모두 이런 지역과는 정반대 방향에 있음에도 앞으로 있게 될 자녀들의 대학생활이 자녀들의 장래를 결정하는 데 중요하다는 것을 잘 알면서도, 이것은 뒤편으로 미루고 부모님들의 생각에는 우선은 중고등학교 교육이 더 중요한 것입니다.

저는 부모님들께서 맹모삼천의 교훈에 따라 특수지역을 선호하는 마음에 이랬으면 좋겠다, 저랬으면 좋겠다고 말씀드리고 싶은 마음은 없습니다. 다만, 경제적 여유가 부족하여 이런 지역으로 이사 못 가시는 것을 잘못된 것처럼 생각하시는 부모님이 계시면 저의 경우를 참고하셨으면 좋을 것이라는 말씀은 하고 싶습니다.

저의 경우는 **제1부**, **제2부**에서 말씀드린 것처럼 특수지역에 살지 않았으면서도 두 아이가 영어 회화를 아주 잘하는 아이로, 그리고 명문대학교에 입학한 아이로 키울 수가 있었습니다.

더구나 아이들이 대학교를 다닐 때도 집이 가까워서 등교하거나 하교할 때도 퍽 좋았다고 생각되었습니다. 대학교와 가정이 가깝다는 것은 아이들의 대학생활을 부모가 관찰할 수 있는 좋은 조건이기도 합니다.

사실, 부모 생각에는 이제는 아이들이 대학도 들어갔으니 대학생활은 신경을 덜 써도 괜찮겠지 하며 방심할 수가 있습니다. 그러나 부모님들의 이러한 방심을 금물입니다.

대학은 대학대로 자율이라는 이름 아래 아이들을 방임하기 때문에 자칫 잘못된 길로 빠질 수 있는 길이 생각보다는 많다고 생각됩니다.

고등학교 시절 대학입시라는 엄청난 관문 때문에 집에서 학교와 학원만 오가던 순진한 학생들에게는 대학 생활 중에서도 어느 정도 철이 들 때까지는 부모의 계속되는 관찰이 필요하다고 생각합니다. 이것은 자녀에 대한 간섭이 아니고 부모의 사랑이기 때문입니다.

어쨌든 특수지역과 사교육비, 해외 조기 유학 등, 모든 것을 충족시킬 수 있도록 경제적 여유가 풍족하여 이것저것 다 갖추신 부모님이라면 본인께서 알아서 하시겠지만, 만약에 그렇지 않은 분이시라면 굳이 특수지역을 선택하지 않으시더라도 저의 경우처럼 주택값 비싸지 않은 곳에서 아이가 어릴 때부터 부모님이 아이와 함께 공부하면서 사교육비를 줄이고 생활비도 줄이면서 긴 안목으로 노후생활에 대처하시는 편이 훨씬 좋을 것으로 생각됩니다.

이런 방법으로 부모 밑에서 교육을 받으며 성장하는 아이는 성인이 되어서도 부모의 경제력에 의존하지 않고 자립심이 강하며, 부모의 고마움을 잘 아는 아이가 될 것이기 때문입니다.

저는 경제에 대하여 특출하게 잘 알지는 못하지만 늘 관심은 가지고 있습니다. 그래서 수요와 공급에 대하여 쉽게 이해하는 데 도움이 되게끔 마침 제가 생각한 이야기를 한마디 해 보겠습니다.

10명이 일하는 어느 집단이 있다고 생각해봅시다.

매일 아침, 점심, 저녁으로 식사하는데, 끼마다 식탁에 놓인 10개의 밥그릇을 선착순으로 한 개씩 가져다 먹도록 되어 있습니다. 그런데 그날 점심은 밥그릇이 9개밖에 없었습니다.

일을 마친 뒤 인솔자는 점심이 9그릇밖에 없으니 난감했습니다.

할 수 없이 인솔자는 오늘 점심을 9그릇밖에 없으니 알아서 하라고 하며 점심 식사 시간을 주었습니다.

사람들은 일시에 식당으로 몰려가서 서로 밥그릇을 차지하려고 북새통을 냈습니다. 다툼이 벌어진 것입니다.

그러면 여기서 일반적인 보통 사람인 경우에는 왜 사람들이 서로 다툴까? 십시일반이라고 한 숟갈씩 양보해서 9그릇을 10그릇으로 만들어서 똑같이 나누어 먹으면 될 것 아닌가 하고 생각할 것이고 또, 어떤 분은 아홉 사람은 제대로 먹고 한 사람 정도는 양보하고 한 끼 굶은들 어떠리 하시는 분도 있고, 또 어떤 사람은 여덟 사람은 제대로 먹고, 한 그릇이 남으면 나머지 두 사람이 가위바위보를 해서 이기는 사람이 먹으면 될 것 아닌가 하시는 분도 있을 것입니다.

그러나 그렇지 않은 것이 경제 원리입니다.

이런 경우 10명 모두가 서로 가지려고 다투는 것입니다. 그래서 다툼은 10명 전체로 번지고, 그 밥 한 그릇 부족 때문에 10명 모두는 제대로 먹은 사람도 부족함을 느끼고, 못 얻어먹은 사람은 말씀드릴 필요도 없이 평소보다도 더 많은 배고픔을 느끼는 것입니다. 그러니 10명 모두가 불만인 것입니다.

반대로, 10명이 있는데 밥이 11그릇이 있다 하면, 이런 경우는 밥그릇을 차지하러 식탁에 빨리 갈 필요도 없으며 설령 밥을 한 그릇을 다 먹지 않았더라도 배고픔도 없고, 밥 한 그릇에 대한 중요함도 못 느끼고 불만도 없는 것입니다.

이것이 경제학에서 말하는 수요와 공급의 법칙입니다.

이 이야기를 그대로 특수지역의 주택 수요에 대입해보면 특수지역 주택의 흐름을 이해하실 것입니다.

이렇게 특수지역의 주택은 불과 얼마 안 되는 비율의 초과수요 때문에 오르는 것입니다.

또, 이런 원리를 증권 시장에 대입해도 같은 원리입니다.

사실, 어떤 특정 회사의 그날 하루 거래량이 전체에 몇%가 되겠습니까? 회사 전체의 주식량을 대비해보면 0.01%도 안 될 것입니다. 그러나 그 날의 1주당 거래 금액이 회사 전체의 주식 가격에 그대로 반영되지 않습니까. 어떻게 보면 우스운 일입니다.

그러나 그것이 경제 원리입니다.

저는 여기서 경제 원리를 논하고자 하려는 뜻은 아닙니다. 다만, 밥 한 그릇 부족으로 인하여 10명 모두가 다툼을 벌이면서 불만을 가질 수 있다는 예를 들면서, 조기 유학과 고액 사교육비에 대하여 생각을 해볼까 합니다.

조기 유학이나 고액 사교육비 사용은 전체 학부모의 입장에서 볼 때, 불과 영 점 몇%에 지나지 않는 소수인의 행동입니다.

그러나 그로 인하여 조기 유학이나 고액 사교육비를 쓰지 못하는 수많은 부모님은 자신의 처지와 자녀들의 장래를 생각할 때 괴로움을 느끼실 수 있습니다.

요즈음 모든 매스컴에서는 우리나라도 이제는 세계화의 추세에 걸맞게 영어 회화공부가 필요하다 하면서 영어 공부가 자녀들의 장래에 신분을 결정지을 수도 있는 가장 중요한 교육이라고 보도하고 있습니다.

사실 맞는 이야기입니다.

그래서 영어 회화 공부를 가르치지 못하시는 많은 부모님들이 이대로 가면 우리 아이는 영어 회화 공부에서 남에게 밀려 영영 다른 아이들보다 뒤떨어지는 것 아닌가 하고 걱정합니다.

부모님께서 아이들에게 초등학교 2학년 시절부터, 제가 **제1부**, **제2부**에서 말씀드린 대로 중학교, 고등학교, 영어 교과서를 모두 마스터시키고, 영어 회화 실력을 위하여 TV나 PMP 또는 DVD나 테이프를 가지고 영어 회화 공부를 시켜서, 아이들이 어느 정도 영어 회화를 할 수 있는 실력이 되었을지라도, 아이들이 원어민과 직접 얼굴을 맞대고 영어 회화를 할 수 있는 기회가 한 번도 없었다면, 부모님들은 아이들을 원어민 영어 회화 학원에 보내서 1~2년 동안만이라도 꼭 원어민과 직접 대화하면서 원어민에게 영어 회화를 배우게 해주고 싶다는 마음이 생길 것입니다.

또, 저소득층의 부모님들께서는 전문 영어 회화 학원의 수강료가 비싸서 다닐 돈이 부족하다든지 또는 전문 영어 회화 학원은 집에서 멀리 떨어진 곳에만 있다든지 하는 등 여러 가지 이유로 고민하실 수도 있습니다. 다행히도 경제적 여유가 조금 있어 아이들을 어떻게든 원어민 영어 회화 전문 학원에 보내실 수 있으시면 다행이지만, 이렇게 못하시는 부모님들은 어떻게 하나?

아이는 이제 원어민과 영어 회화 공부를 하고 싶어 하는데….

저도 이 부분에 이르러서는 어떤 좋은 방법이 없을까 하고 고민해 보았습니다.

그래서 실현 가능할지 불가능할지 모르지만, 저의 생각을 말씀드려 볼까 합니다. 학교의 공교육은 공교육대로 실시하고, 초등학교나 중학교에 원어민 영어 회화 강사를 상주 또는 파트타임으로 근무 시켜 이분들로 하여금 희망자에 한하여 방과후 매일 시간대별로 초급반, 중급반, 상급반으로 구분한 뒤, 영어 회화 만을 전담하여 아이들에게 골고루 영어 회화를 학습할 기회를 주면 어떨까 하는 생각을 해 보았습니다.

그러면 방과후, 영어 회화 실습반이 초·중학교에 특설되었다는 사실만으로도 아이들의 관심이 높아질 것입니다. 원어민 영어 회화 강사는 미국인, 캐나다인, 영국인, 필리핀인, 호주인도 좋고 한국인 선생님도 좋습니다. 일정 수준의 영어 회화강사 자격이 있으면 가능합니다.

이런 방법으로 영어 회화 공부를 희망하는 아이들에게 회화 공부를 할 수 있도록 국가가 길을 열어 주면 좋을 듯 합니다.

왜냐하면, 우리나라는 인재가 많이 필요한 나라이고 여기에 맞춰 아이들은 장래에 세계 무대에서 우리나라를 이끌어 갈 국가의 보물이기 때문입니다.

6. 자녀의 장래,
본인의 소질과 희망을 존중해주시길 바라며

어느 부모님이고 각자 자신이 처한 입장에서 자녀의 장래에 대하여 걱정 안 하시는 분은 안 계실 것입니다.

그토록 자녀의 장래 문제는 부모님의 최대 관심사이자 일생에 가장 큰 업무입니다.

자녀가 남자아이인 경우는 남자아이대로, 여자아이인 경우는 여자아이대로, 모두 그 나름대로 자녀의 소질과 능력과 의욕과 희망이 다르며, 또 부모님은 부모님대로 자녀에게 기대하는 바람이 있기 때문에 이 모든 것이 딱 맞아 떨어지도록 자녀를 이끌어간다는 것은 쉬운 일은 아니기 때문입니다.

그래서 저는 자녀의 장래에 관한 한 어떤 것이 정답이라고 말하기는 곤란하다고 생각합니다.

다만, 제 생각을 말씀드려 본다면, 아이들을 어릴 때부터 부모님께서 늘 관찰하시면서 대화하는 과정에서 그 아이의 소질과 능력과 희망을 발견하여 내 아이가 앞으로 성장한 후, 사회생활을 하는 과정에서 본인이 만족할 수 있는 직업에 종사할 수 있도록 이끌어 주시는 것이 바람직하다고 생각합니다.

제가 말씀은 이렇게 쉽게 했습니다만, 이 일은 부모님께서 적어도 자녀가 중학교에 입학한 후 십 년 가까이 자녀들에게 보이지 않는 노력과 설득이 필요합니다.

"내 뱃속에서 나온 자식도 내 마음대로 안 된다."라는 말을 흔히 합니다. 오죽했으면 이런 말이 나왔겠습니까?

모든 부모님께서는 내 자녀가 학교에 모범생이고, 공부도 잘해서 명문대학교에 들어가고, 또 졸업 후 좋은 직업을 가질 수 있기를 바랍니다. 그러나 꼭 이런 일이 부모님의 희망대로 모든 자녀에게 다 이루어진다고 보기는 어렵습니다. 즉, 자녀들이 반드시 부모님의 생각대로만 되는 것은 아니라는 의미입니다.

그러니 부모님께서는 자녀들이 성장해가는 과정을 유심히 살펴보시면서 자녀들의 장래에 대하여 자녀들과 상의하면서 방향을 잡아야 하는데, 이에 앞서 우선 자녀들의 성품을 몇 가지 유형으로 나누어 생각해보면,

① 자녀들이 자신의 의지에 따라 부모님의 생각과는 달리 자신이 소질이 있다고 생각되는 분야로 진출하려고 하는 자녀도 있고, ② 공부하기는 싫어하는데 남달리 붙임성이 좋고 성실한 자녀도 있고, ③ 한 가지 일에 몰두하며 손재주가 좋은 자녀도 있고, ④ 예체능에 뛰어난 자녀도 있고, ⑤ 수완이 있고 계산이 빨라 사업가 기질이 있는 자녀도 있고, ⑥ 남이 시키는 말을 잘 듣고 성실하여 직장생활을 잘할 수 있는 자녀도 있고, ⑦ 공부 하나만큼은 남에게 뒤질세라 열심히 하는 자녀도 있고, 또 이 밖에도 자녀들의 성품은 여러 가지 유형으로 나타난다고 볼 수 있습니다.

저는 여기서 어떤 유형이 어떤 유형보다 더 좋다고는 말할 수 없다고 생각합니다.

어떤 유형의 성품을 가진 자녀라 할지라도 현 시대는 모든 분야가 전문성을 가지고 있는 시대이므로 자기 자신이 어느 분야에 가서든 성공만 하면 최상의 위치에 오를 수 있기 때문입니다. 그뿐만 아니라 현 시대는 예전과 달리 부모님께서 평소에 생각지도 못한 직업이 다양하게 많이 있습니다.

어느 학자의 얘기를 언뜻 들었는데, 우리나라에서만도 직업의 종류가 2만여 가지가 넘고 선진국인 미국에서는 5만 가지가 넘는다고 합니다.

제가 직업이 세무사이기 때문에 직업에 대하여 남들보다는 좀 관심이 있는 편인데, 저의 생각으로도 우리나라에서 눈에 띄는 직업만 해도 정말, 수천 가지가 넘는 것 같습니다.

이렇게 많은 직업 중에서 부모님들이 내 자녀를 어느 분야로 진출시켜볼까 하는 일을 결정한다는 것은 어떤 면에서 보면 자녀들의 대학 입시보다도 더 힘들다고 생각됩니다.

그래서 저는 이 많은 직업 가운데 본인이나 부모님의 희망에 의하여 대학 졸업 후, 진출 방향이 공무원이나 교사 또는 전문직이나 급여생활자와 같이 뚜렷하게 결정된 직업에 대하여는, 일반적으로 널리 알려진 정보에 의하여 알아 보시면 되기 때문에 별로 드릴 말씀은 없고, 잘 알려지지 않은 자영사업자라는 직업에 대하여 제가 평소 생각하고 있던 내용을 말씀드려볼까 합니다.

저는 직업상 급여생활자보다는 자영사업자, 즉 사장님을 많이 만나 대화할 기회가 많습니다.

그런데 이분들은 한결같이 본인의 사업에 5년에서 10년, 많게는 20년 이상을 같은 업종에 종사하고 계시는 분들이 대부분입니다. 그리고 그 분야에서는 나름대로 성공하신 분들이며, 이 분들이 본인의 사업에 관한 자긍심은 대단합니다.

또한, 본인 사업에 관한 일 처리에서도 사업의 모든 사항을 꿰뚫고 있고, 본인 사업에 대하여 현재의 상태와 앞으로의 전망과 세계 시장의 흐름까지도 분석하고 있습니다.

어떻게 보면 자신의 사업에 관한 한, 투자나 경영에 대한 이론만을 내세우는 경제학자나 대학 교수보다도 더 잘 알고 있는 것 같다고 생각이 들 정도입니다.

그런데 이런 분들이 자기 사업에 관한 지식을 터득하는 데는 누가 알려줘서 터득한 것이 아닙니다. 본인이 젊은 시절부터 기나긴 세월을 같은 사업에 종사하면서 고통과 쓰라림과 허탈감을 맛보면서 얻어진 경험에 의한 산 지식인 것입니다.

또, 이런 분들은 어느 위기가 닥쳐도 흐트러짐이 없습니다.

위기를 극복할 풍부한 경험적 지식으로 어느 때가 움츠리고, 어느 때가 나래를 펴야 하는 때인가를 잘 알고 있기 때문입니다.

그러면서도 이런 분들은 어느 누구에게도 지시를 받지 않고, 행동이 자유로우며, 조기퇴직이나 정년퇴직도 없습니다.

그리고 이런 분들은 사회적으로도 언제 어디서든 대우를 받는 위치에 계시며, 사업적인 경험에 의해 안전한 노후생활도 대부분 스스로 준비하고 계십니다.

여기까지, 저는 자영사업자에 대하여 제가 느낀 바를 간단하게 말씀드렸습니다.

왜 제가 이런 말씀을 드렸느냐 하면 부모님께서 자녀를 교육하고 장래를 생각하실 때, 대학 졸업 후, 꼭 틀에 박힌 것처럼 회사나 공무원 등, 급여 생활자로 취직되는 것만이 사회로 진출하는 데 있어 전부는 아니고, 자영 사업을 경영해보는 쪽으로 나가는 길도 있다는 것을 말씀드리고자 생각했기 때문입니다.

사실 현 시대는 85%쯤 되는 학생이 일반대학이든 전문대학이든 대학에 다니는 상황이기 때문에 앞으로는 점점 더 모든 자영 사업은 대학 출신자들이 경영할 것으로 생각됩니다. 그리고 이런 분들이 자영 사업을 경영할 때 사업의 성공 확률은 더욱 높아질 것으로 생각됩니다.

이렇듯 현 시대는 다양한 분야로 자녀들이 진출할 수 있는 길이 있으므로 자녀들을 어느 분야로 진출시킬까 하는 고민을 한 뒤, 신중히 결정하셔야 한다고 생각합니다.

그런데 만약에, 부모님께서 지금 중학교 2~3학년이나 고등학교에 다니는 자녀가 있다면 이미 학생들은 어느 정도 성장하였기 때문에 제가 **제1부**나 **제2부**에서 말씀드린 대로 부모와 함께 집에서 공부하기는 좀 어려운 입장에 있다고 판단됩니다.

그러니 할 수 없이 학교 공부를 열심히 하거나, 사교육비를 들여서라도 학원에 공부를 시켜야 하지 않나 생각합니다. 이렇게 자녀들에게 뒤늦게라도 공부를 하도록 하여 자녀들의 희망과 부모님의 기대에 맞도록 대학에 입학한다면, 더 말씀드릴 나위 없이 좋은 일일 것입니다.

그러나 만약에 부모님이나 학생이 열심히 노력하였는데도 희망에 못 미치고 다른 분야로 진출하게 되었다든지, 또는 자녀가 본인이나 부모님이 원하는 대학교에 입학은 하였지만, 대학 생활을 겪고 졸업하는 과정에서 본인이 희망하는 직업을 도중에 포기했거나, 또는 처음부터 취직하지 않고 부모님의 생각과는 방향이 다르게 자녀가 자영 사업이나 좀 색다른 분야에 진출해 보고 싶다고 생각한다면, 부모님은 자녀에게 자신의 희망과 의욕을 가질 수 있도록 용기를 북돋워 주고 감싸주며 이끌어 주셔야 한다고 생각합니다.

왜냐하면, 정말 세상에는 젊은 사람들이 할 수 있는 일이 많고 또 성공할 수 있는 길도 많기 때문입니다. 그런데 의외로 부모님들은 이 세상에 좋은 직업이 많이 있다는 사실에 대하여 잘 모르시고 계시는 것 같습니다.

그저 부모님들이 알고 있는 직업은 일반적으로 알려진 대로 회사에 취직하는 것과 공무원이나 교사 또는 전문직 시험에 합격하는 일 정도가 대학교 졸업 후, 직업의 전부인 것으로 알고 계시는 부모님이 의외로 많기 때문입니다.

이러한 이유는 부모님들께서 자영 사업에 대한 인식이 부족한 데도 원인이 있고, 경험이 없는 자녀를 자영사업체에 종사토록 한다는 데에 대한 위험부담의 우려 때문이라고 생각됩니다.

부모님들은 이런 인식 때문에 가장 안정하다고 생각되는 취업이나 자격 시험에 온통 희망을 걸고 계시는 것 같습니다.

그러나 만약에 실제로 대학 졸업을 1~2년 앞둔 자녀가 어느 날 갑자기 일반적으로 알려진 직업을 선택하지 않고, 자신의 장래 직업으로 자영 사업을 선택하겠다고 나선다면 부모님께서는 어떻게 하시겠습니까? 이런 경우 제 생각으로는 부모님께서 이를 반대만 하지 마시고 가능하다면 긍정적으로 자녀들의 희망을 받아주며 자녀와 함께 상의하시는 편이 좋겠다고 생각합니다.

또, 부모님께서 자녀를 어릴 때부터 대학 생활까지 계속 관찰한 결과, 우리 아이는 취직보다는 자영 사업에 흥미도 갖고 있고, 소질도 있어 자영 사업을 하는 편이 더 좋을 것 같다고 판단되시면, 이런 경우 또한 자녀와 함께 상의해서 좀 일찍, 그러니까 자녀가 20대부터 사업을 하도록 시키시는 것이 좋을 것 같습니다.

자영 사업은 나이가 들어서 하면 실패할 확률이 높고 젊어서부터 시작하면 성공할 확률이 높기 때문입니다.

그리고 이렇게 자영 사업을 시작하게 되면 아이는 스스로 결정한 일이기 때문에 책임감을 느끼면서 의욕을 가지고 일을 성취해 나가리라고 생각됩니다.

저는 이런 생각 때문에 부모님들께서 자녀의 장래를 생각해보는 과정에서 도움이 될까 하여 자영 사업을 하시는 사장님들의 실태를 몇 마디 적은 것입니다.

이렇게 어떤 이유에서든 만약에 자녀가 일찍부터 자영 사업으로 진로를 결정한다면 아이는 사업을 운영하면서, 돈이란 것이 벌기가 어렵다는 것을 미리 알 수 있고, 돈맛도 미리 알기 때문에 경제적으로 홀로서기를 할 수 있는 능력을 남보다 빨리 터득할 수 있습니다.

그러면 자녀가 자영 사업을 시작하는 데 있어 미리 생각해 볼 일을 몇 마디 말씀드려볼까 합니다.

우선, 자녀가 자영 사업을 하고자 한다면 가장 좋은 방법은,

첫째로, 부모님께서 어떤 사업을 하고 계실 경우, 부모님 밑에서 부모님의 사업을 배우는 것이 가장 좋다고 생각합니다.

이것은 두말 필요도 없이 부모님께서 하시는 사업에 대하여 오랜 세월 부모님의 노하우와 경험을 그대로 이어받을 수 있어 모든 면에서 절대적으로 유리하기 때문입니다.

그리고 둘째로, 부모님의 친척이나 친구분이 마침 자녀가 마음

먹고 하고자 하는 자영 사업을 하고 계신 경우에는 그분의 밑에서 일을 배울 수 있도록 부탁하여 사업의 수완과 노하우를 터득할 수 있도록 이끌어 주시는 방법입니다. 이 방법 역시 부모님보다는 좀 부족하겠지만, 방법 중에는 좋은 방법입니다.

이렇게 아이들이 부모님이나 친척, 친구분들께 사업의 노하우를 배운 후, 자신들이 독립하여 사업을 시작할 때는 여기에 새로운 아이디어와 지식을 첨가하게 되므로, 희망 있는 자영 사업가로 발전할 수 있다고 생각합니다.

그러나 자녀가 부모님께서 하시는 사업이 아닌 다른 사업을 하고자 하거나, 또는 부모님께서 사업하시는 분이 아닌 경우에는 마지막 세 번째로, 새롭게 하고자 하는 사업을 선택하여야 하는데, 자녀가 자영 사업을 시작한다 해도 너무 서두르실 필요는 없습니다.

남자의 경우 부모님과 상의한 후, 여러 분야의 업종을 잠깐잠깐 아르바이트로 취업하면서 마음먹은 직종에 대하여 1년이고 2년이고 본인이 그 업종의 모든 분야의 일을 완전히 터득할 때까지 근무해보고 그 업종의 수익성이나 자신의 소질, 또 집안의 경제적 능력 등을 비교해본 뒤 결정해도 충분합니다.

그러니 군 복무를 마치기 전까지는 탐색전을 벌이면서 실무경험을 쌓아야 합니다. 그리고 모든 일은 군대를 마치고 나서 시작하는 것이 좋다고 생각합니다.

또, 군대를 마친 후에도 다시 한번 경험해 본 분야에 대하여 재평가하면서 경험을 쌓은 뒤 시작하는 것이 좋습니다.

사업을 시작할 때, 처음에 자본금이 많이 들어갈 수 있으므로 처음부터 무리하게 크게 시작할 필요는 없습니다.

적정히 소규모로 사업을 시작한 후, 자신감이 붙어 가면 아이 자신이 돈을 벌어서 몇 년에 걸쳐 조금씩 능력껏 확장하시는 것이 바람직합니다.

그러다가 처음 시작한 업종에서 돈을 모으면 비슷한 다른 업종으로 규모를 확장해서 옮겨도 좋고, 처음 업종이 적성에 계속 적합하다 생각하면 그 업종을 확장하면서 계속 유지하셔도 좋을 것입니다.

지금 대기업이라는 것도 알고 보면 처음에는 다 이런 식으로 소규모였던 사업을 오랜 경영과 경험을 거친 뒤 규모만 크게 확장한 것에 지나지 않습니다. 어쨌든 자영 사업 경영에 대한 승패의 열쇠는 사업주가 그 사업의 내용을 얼마나 속속들이 알고 있느냐 하는 문제와 사업을 얼마나 오랜 기간 경험을 했느냐 하는 두 가지 문제로 결론지을 수 있다고 봅니다.

사실 남자는 공부만 잘한다고 해서 모든 것이 해결되는 것은 아닙니다. 공부를 잘해서 하든, 사업을 잘해서 하든 남자는 한 가정을 안정적으로 꾸려나갈 수 있는 경제적인 능력을 갖춰야 남자라고 할 수 있다고 생각됩니다.

이런 측면에서 볼 때, 남자아이를 키우는 부모님들은 가정교육 차원에서 아이에게 어릴 때부터 올바르게 돈을 번다는 것이 어떤 것인가를 조금씩 조금씩 가르칠 필요가 있다고 생각합니다.

또, 여자아이인 경우도 자영 사업을 할 분야는 얼마든지 많이 있습니다.

여자가 무슨 자영 사업이냐 하실지 모르겠습니다만, 어느 분야에는 오히려 남자아이들 보다도 훨씬 유리한 점이 더 많고, 여자아이는 돈을 아끼는 편이라서 돈 모으는 데도 장점으로 작용합니다.

더구나 여성으로서 자영 사업을 한다면, 요즈음은 주위 사람들에게 인기도 끌 수 있고 아마도 청혼도 많이 들어올 것입니다.

현 시대는 여성과 남성이 똑같은 대우를 받으며 사회에 진출하고 있습니다. 여성의 능력은 꼭 회사에 취직하거나 공무원, 전문직에 종사함으로써 발휘되는 것만은 아니라고 생각합니다. 오히려 자영 사업을 함으로써 여성의 특유성이 발휘되는 것도 많습니다.

이렇게 남자아이고 여자아이고 자영 사업을 하다 보면, 사업 분야에 따라 영어가 필요한 사업도 있습니다. 이때, 자녀가 영어 회화가 가능하다면 본인이 하는 사업의 이익이나 확장을 위해 해외로 진출할 수가 있습니다.

앞으로 세상은 무역의 시대이기 때문입니다.

무역도 옛날같이 무역회사에서만 하는 것이 아니고, 지금은 개인이든 회사이든 사업자이면 누구나 자유로이 세계의 어느 곳과도 쉽게 할 수 있습니다.

무역사업이라고 하니 경험 없으신 분은 어렵게 생각하실지 모르지만, 별것이 아닙니다.

내가 가진 물건을 해외에 팔고 싶으면, 즉 수출하고 싶으면 외국 사람이 물건을 사러 올 때까지 기다리지 않고, 본인이 직접 외국에 나가 물건이 필요한 사람을 찾아다니며 주문을 받아서 귀국한 후, 국내의 우체국에서 소포 붙이듯이 상품을 포장해서 해상운송이나 항공 운송사업을 하는 회사에 맡기시면, 요즈음은 서비스업이 발달되었기 때문에 그 운송회사에서 모든 일을 알아서 처리해주는 것입니다.

다만, 대금 결제는 서로 은행을 한군데 정해놓고 그곳을 이용하면 이것도 은행에서 알아서 처리해줍니다.

수입하는 것도 별것이 아닙니다. 외국에서 싼 물건을 사와 국내에서 팔고 싶으면, 본인이 외국에 나가 외국 상점에서 가격이 적당한 쓸 만한 물건을 본 뒤, 물건 수량과 가격을 결정하고 국내에 와서 물건을 주문하는 주문장을 보낸 뒤, 한국에 있는 은행에 물건 대금을 예치해놓으면 외국 상인이 주문장을 보고 물건을 보냅니다. 그러면 국내에 도착한 물건을 찾아서 국내시장에 팔면 되는 것입니다.

수출이든 수입이든 세계 어느 국가나 서류는 반드시 영어로 작성하고 있는데, 이런 서류 작성하는 일은, 돈은 은행에서, 물건은 해상운송이나 항공운송회사에서 부탁하면 알아서 해줍니다. 이렇게 수출이나 수입하는 일도 국내에서 물건을 사고파는 것이나 절차는 크게 다를 것이 없습니다.

그러나 처음 무역을 해보고자 하는 분은 반드시 소량으로 미리 한 번 경험해 보셔야 합니다. 그러면 그 뒤부터는 누구나 쉽게 할 수 있는 간단한 일인 것입니다.

우리들이 보통 해외로 관광 여행을 갈 때, 가이드가 안내하는 기념품 가게에서 술 한 병 또는 선물용 기념품들을 사게 되는데 이것도 무역의 한 종류입니다만, 이런 형태는 여행자가 물건을 국내에 가져와 자기가 쓰거나 선물로 나누어주려고 사오는 것이니 이런 경우를 말하는 것이 아니고, 무역은 자기 물건을 외국 상인에게 팔거나, 외국에서 싼 물건을 사 가져와서 국내에서 고객에게 팔 목적으로 사업하는 것을 말합니다.

세상은 정말 넓습니다. 세계 곳곳에 싼 물건도 많고 우리나라 물건을 제값 받고 팔 수 있는 곳도 많습니다.

사업을 하시다 보면 이런 경우 저런 경우에 부딪히게 되는데, 자신의 사업이 어느 정도 경지에 올라 무역을 할 정도의 규모가 되면, 본인이 직접 영어 회화를 사용하여 무역업을 할 수도 있게 됩니다.

이렇게 영어 회화를 자유롭게 쓰면서 세계 이곳저곳을 누비며 무역업을 할 수 있는 정도의 위치에 오르면, 이 사업가는 돈 버는 재미도 있지만, 사업에 대한 즐거움도 많으리라고 생각됩니다.

그리고 무역 사업은 반드시 영어 회화가 능숙할수록 유리하며, 급여 생활자로써는 상상하기 힘든 불가능한 높은 경지의 사업입니다. 그래서 사실 무역업은 매력 있는 사업입니다.

그러니 자녀들의 직업은 봉급생활자 등, 일반적으로 인기 있다고 알려진 직업만이 꼭 좋은 직업은 아니라고 생각합니다.

앞서 말씀드린 대로 저는 직업상 자영 사업을 하여 성공하신 사장님들과 대화를 할 기회가 많습니다.

그런데 이런 분들은 한결같이 부동산에 대하여도 정통한 경험적 지식을 가지고 계신 것을 알았습니다. 또 이분들은 사회적으로 그 어떤 위치에 있는 사람들보다도 떳떳하고 남부끄럽지 않게 생활하고 계시는 것도 볼 수 있었습니다.

현실을 바라보면 우리나라는 본인이 능력만 있으면 누구에게도 간섭받지 않고 그 능력을 모두 발휘하면서 살 수 있는 나라입니다.

그러니 문제는 국가가 하든, 사회가 하든, 부모님이 하시든, 성장해가는 아이들에게 경제적으로 홀로서기를 할 수 있는 능력을 키워주는 것이 해결 방법이라고 생각합니다.

그러나 경제적으로 자립할 수 있는 능력 중에서 가장 큰 능력인 자영 사업의 경영 능력을 키우는 방법에 대하여 대학교에서는 배울 수가 없습니다.

왜냐하면, 대학교에서는 경영학이라는 분야가 있는데, 이런 곳에서 배우는 학문은 대기업의 경영에 관한 일반적인 실태를 공부하기 때문에 대기업에 취업하는 학생들에게는 도움이 될 수 있으나, 중소기업이나 소규모 자영 사업을 경영하고자 하는 대학생들에게는 별로 도움이 되지 못하고 있지 않나 하는 생각이 들기 때문입니다.

그 이유는 경영학 분야의 교수님들께서 중소기업이나 소규모 사업의 경영에 관한 경험이 부족하기 때문일 수도 있고, 대학교에 중소기업 경영학과가 없는 것이 이유일 수도 있습니다.

그래서 저는 대학교에 중소기업 경영학과나 자영 사업 경영학과가 생겼으면 하는 바람도 있습니다.

그러나 이런 일은 현실적으로 아직 이루어지지 않은 일이니 자영 사업의 경영 능력 방법을 터득하고자 한다면, 실제로 사회생활에 부딪혀서 경험적으로 터득할 수밖에 없다고 생각합니다.

따라서 만약에 자영 사업에 관심이 있는 자녀들이 젊은 나이 때부터 사업 능력을 배우기 위해서 실습 현장인 사회생활에 뛰어들어야겠다고 결심했다면 앞서 말씀드린 대로 아르바이트 등 실습을 경험한 뒤 적당한 규모의 자영 사업을 직접 경영해보시는 것이 가장 빠르고 정확한 방법이라고 생각합니다.

제가 이런 말씀을 드린다 해도 현실적으로 부모님께서 이런 자영 사업을 자녀들에게 막상 시키려 하면, 요즈음 아이들이 부모님 시절 때보다 의지가 약하다고 생각하며 항시 자녀들을 어린아이로만 취급하려는 경향이 있을 수도 있습니다.

그러나 부모님은 자녀들을 너무 약하게만 생각하지 않으셨으면 하는 것이 저의 생각입니다.

요즈음 아이들은 옛날에 고생하신 부모님 시절을 잘 모릅니다. 또, 굳이 알 필요도 없고 자꾸만 그 시절을 얘기하실 필요도 없다고 생각합니다.

왜냐하면, 지금의 자녀들도 만약에 부모님 시절에 같은 조건으로 태어났다면 부모님같이 강인하게 되었을 것이기 때문입니다. 다만, 지금의 자녀들은 부모님 시절보다는 생활이 넉넉한 위치에서 자랐기 때문에 약해 보일 뿐입니다.

그러니 부모님께서는 자신의 어린 시절의 환경과 생각을 고집하지 마시고 지금의 부모님 생활상태에서 자녀의 처지를 생각하시면서 엄청나게 변화된 자녀들의 신세대 생각에 따라주시는 것이 좋다고 생각합니다.

요즈음 재벌 3~4세들을 볼 때 그들이 똑똑하고 잘난 것처럼 보이는 경우가 있습니다. 이들은 부모의 재산 덕분에 그렇게 보이는 것뿐이지, 그들이 일반 서민의 자녀로 태어났다면 그들 또한 보통 아이들과 다를 바가 없는 것입니다.

아이들은 다 비슷합니다.

그리고 아이이기 때문에 무한한 발전 가능성이 있는 것입니다. 그러니 집안 전체가 잘 되려면 어릴 때부터 부모가 관심을 가지고 자녀들을 공부시켜 자영 사업을 시키든, 급여 생활자가 되든 부모가 바라는 위치에 올려놓는 것이 최선의 길이라고 생각합니다.

사람은 사회생활을 하면서 수많은 사람을 접촉하며 사는 것이 아니라고 생각합니다.

대부분의 시간은 가족, 이웃, 친척, 친구나 직장 동료 등 자신의 몇몇 주위 사람들과 접촉하며 지내고 있을 것입니다. 이런 사람들은 기껏해야 수십 명 정도에 지나지 않습니다.

물론, 예외적으로 정치인이나 연예인이나 유명인사가 되어 그 유명세를 타고 있는 동안에는 그럴 수도 있습니다. 그러나 보통 사람들은 매일 매일 그저 주위의 몇 사람 정도와 접촉하며 지내는 정도일 것입니다.

그런데 사람들은 수백 명, 수천 명의 사람들과 접촉하며 살고 있는 것으로 착각하여 수많은 모든 사람들에게 자신이 노출되어 있는 것으로 생각하는 경우가 많습니다.

그래서 부모님들은 자신의 자녀들도 유명인사가 될 수 있어야 뭔가를 이루어 놓은 것으로 생각할 수도 있는데, 꼭 그렇게 되어야만 하는가 하는 문제를 좀 더 깊이 생각해 볼 필요가 있다고 생각합니다.

저 자신도 아이들의 부모로서 아이들에 대한 저의 희망을 말씀드려보면, 아이가 앞으로 사회에 진출하여 많은 사람들의 눈에 띄는 그런 위치보다는 주위의 사람들과 잘 어울리며 평범하고 보통 사람으로 조바심 없이 평온하고 즐겁게 살아가기를 희망할 뿐입니다.

즐겁게 살아간다는 얘기가 나왔으니 제가 여행할 때 경험한 이야기를 해볼까 합니다.

몇 년 전, 저희 부부는 함께 4박 5일의 일정으로 중국의 장가계라는 곳을 여행하였습니다.

여행사에서 모집한 패키지 여행이므로 각 지역에서 다양한 분들이 함께 여행하게 되었습니다. 20여 명이 되는 여행객들은 여행 중에 서로 자신을 소개하고, 서로를 돌봐주고, 서로를 안내해 주며, 사진도 찍어주고, 서로 음식도 나눠 먹고, 웃고 즐기면서 한마음이 되어 재미있는 여행을 하였습니다.

그런데 우리 단체 중에는 70세를 막 넘기신 아주 건강한 모습의 노인 부부께서 친척 몇 분과 함께 여행을 오셨습니다.

이 노인 부부는 여행 중에 다른 여행객들과 즐겁게 웃고 함께 어울리면서 주위 분들을 오히려 이끌어 주시는 편이어서, 여행객들은 그분의 나이에 크게 부담을 느끼지 않았고, 편안하고 기쁘게 지낼 수 있었습니다.

그리고 제가 옆에서 보기에도 이 노인 어른은 부인을 끔찍이 생각하시는 것 이외에도, 여행객들과 함께 퍽 즐겁고 기쁘게 행동하시는 것이었습니다.

저는 '내가 나이가 들어도 저런 노인분을 닮아가야겠구나.' 하고 생각하면서 노인 어른이 어떤 일을 하셨던 분인지가 궁금해서 함께 관광 온 친척 한 분께 살짝 물어보았습니다. 그래서 그 노인 어른은 몇 년 전에 시골에서 중학교 교장 선생님으로 정년퇴직하신 분이라는 것을 알게 되었습니다.

우리 여행객 일행이 이렇게 며칠간을 함께 다니다 보니 서로는 친숙해졌고, 여행의 마지막 날이 되자 헤어지기도 섭섭할 정도였습니다.

여행 마지막 날, 여행객 모두는 아쉬운 마음으로 짐을 챙겨서 버스에 탔는데 가이드 말에 의하면 약 2시간 정도 가야 공항에 도착할 수 있다고 했습니다.

버스가 출발하자 잠시 후 여행객 중 한 분이 일어서서 인사를 하였습니다. 그동안 가족같이 즐겁고 재미있게 지냈다는 말과 좋은 추억이 됐다는 말을 하면서, 노래까지 한 곡 부르고 나더니 앞 좌석에서부터 차례로 노래를 불러도 좋고, 재미있는 얘기를 해도 좋고 하니 끝인사말을 하자고 제안했습니다.

여행객 모두는 동의했고, 차례차례 한 사람씩 인사말을 하고 노래 한 곡씩을 불렀습니다. 여행객들은 손뼉을 치며 장단을 맞추면서 즐거운 시간이 흘렀습니다.

한 사람, 한 사람씩 자기 차례가 지나고 교장 선생님으로 정년퇴직하셨다는 그분의 차례가 왔습니다.

　그분은 마이크를 잡으신 뒤, 이번 여행은 함께 오신 여행객 모든 분들이 너무 좋은 분들이라서 모두 즐겁고 기쁘게 4박 5일의 일정을 보낸 것 같다는 간단한 인사 말씀과 함께 여행이란 참으로 즐거운 것이라고 말씀을 꺼내신 뒤, 즐거움에 대하여 언급한 로마 속담을 한마디 하시겠다면서 속담 내용을 말씀하기 시작하셨습니다.

　"여러분, 하루가 즐거우려면 어떻게 하시면 되는 줄 아십니까?"

　차 내에 여행객들은 모두 조용했습니다.

　물론 저도 모르니 아무 말도 못 하고 있었습니다.

　"목욕이나 이발을 하시면 하루가 즐겁습니다.

　옛 로마 사람들은 그렇게 말하면서 목욕을 즐겼습니다."

　"그러면, 일주일이 즐거우려면 어떻게 하시면 되는 줄 아십니까?"

　또다시 차내 여행객들은 조용했습니다.

　저도 이리저리 생각해 보았지만, 도무지 생각이 안 났습니다.

　"결혼을 하시면 일주일이 즐겁습니다.

　옛 로마 사람들은 결혼을 이렇게 즐거운 일로 표현하고 있습니다."

　"또 이보다도 더 즐거움으로 표현한, 한 달이 즐거우려면 어떻게 하시면 한 달 내내 즐겁겠습니까?"

　이 물음에 여행객들은 점점 조용해졌습니다.

저 역시 고개만 갸우뚱거리면서 그 교장 선생님을 쳐다보고만 있었습니다.

"이사를 하시면 한 달 내내 즐겁습니다. 역시 옛 로마 사람들도 이사하여 집 단장하는 것이 커다란 즐거움이었던 것 같습니다."

"자! 그러면 이제, 일 년이 즐거우려면 어떻게 하시면 되겠습니까?"

여행객들은 이제는 정답을 알 수 있다는 듯이 여행 등을 얘기하며 소곤대기 시작했습니다.

저도 여행 얘기를 하시려고 그러시는구나 하면서 잠깐 멈칫하는 사이에 어느 여행객 한 분이

"여행입니다." 하고 말씀하셨습니다.

"예, 맞습니다. 여행입니다. 옛 로마사람들도 이렇게 여행을 즐거움 중에 아주 큰 즐거움으로 생각하면서 그들이 여행을 즐겼던 것 같습니다. 우리 이 버스 안에 계신 여행객분들도 이 즐거움을 느끼시면서 여행을 하셨을 것입니다. 이 즐거움을 1년 내내 고이 간직하시길 바라겠습니다."

우리 일행은 교장 선생님께서 이 말씀이 끝나자마자, 이분의 말씀이 다 끝난 줄 알고 박수를 치기 시작하였습니다.

저도 박수를 치려는 순간, 다시 노인 교장 선생님께서 말씀을 이으셨습니다.

"지금까지 하루, 일주일, 한 달, 일 년을 지내는데 어떻게 하면 즐겁게 지내는가에 대한 여러 가지 즐거움에 관하여 얘기했습니다. 그러면 이제, 마지막으로 평생을 즐겁게 살려면 어떻게 하시면 평생을 즐겁게 사시겠습니까?"

박수 소리가 뚝 그치고 차 안은 다시 조용해졌습니다.

잠시 시간이 지났습니다. 여기저기서 '사랑', '건강', '기도', '독서' 등 이 말 저 말이 나오기 시작하였습니다. 저는 아무리 생각하여도 '평생을 즐겁게 지내려면' 이란 물음에 대한 답을 생각해낼 수가 없습니다. 그러자, 노인 교장 선생님께서 말씀을 해주셨습니다.

"정직입니다. 정직하게 지내는 것이 평생을 즐겁게 해주는 것입니다. 그 옛날 로마사람들은 이미 정직하게 살아간다는 것이 어떤 것이라는 것을 잘 알고 있었던 사람들이었습니다."

그 순간 다시 차 안은 조용해졌습니다.

저는 순간 '아차, 이분께서 바로 이 말씀을 하시려고 그러셨구나.' 하는 생각이 들었습니다.

그리고 이 말씀은 노인 교장 선생님께서 인생의 오랜 경험 끝에 행복한 삶의 비결을 알려주고 계신다는 것을 알았습니다. 이 말씀을 마치자 노인 교장 선생님께서는 노래 한 곡 부르시겠다고 하시면서 노래를 흥겹고 멋지게 부르셨습니다.

순서가 다음 사람으로 또 다음 사람으로 옮기면서 이제는 저의 차례가 되었습니다.

저는 마이크를 잡고 즐겁게 함께 지낸 일행들에게 감사의 인사를 한 뒤, 특히 노인 교장 선생님의 덕담을 마음에 담고 앞으로 남은 인생을 선생님의 덕담에 충실히 맞춰가며 즐겁게 살아보겠다는 말씀을 드렸습니다.

그 날, 이렇게 우리 일행은 아쉬움을 남기면서 헤어졌습니다.

공항에 도착하니 저의 아이들이 마중 나와 있었습니다.

집에 가는 차 안에서 즐겁게 보내셨느냐는 아이들의 질문에 저는 노인 교장 선생님께서 해주신 말씀을 그대로 아이들에게 이야기해주었습니다.

옆자리에 있던 아내도 "너희들도 정직하고 올바르게 살아야 한다." 하며 말을 거들었습니다.

아이들은 엄마, 아빠께서 좋은 분과 여행을 하신 것 같다며 기뻐했습니다.

집에 도착할 때까지 차 안에서는 그 노인 교장 선생님 덕분에 정직하게 살아야 한다는 내용에 대한 열띤 토론이 있었습니다.

이런 일이 있었던 때가 아마도 큰아이가 대학에 입학한 다음 해였던 것으로 기억됩니다.

저는 그때 이후로 이제 성인의 길목에선 두 아이에게 기회가 있을 때마다 정직에 관하여 이야기하곤 합니다.

그리고 가끔 방송이나 신문에 정직하게 살지 못하여 불미스럽게 되는, 한때 유명했던 사람들의 예를 들면서 그들 가족들의 괴로움과 친척, 친구, 친지들의 냉소적인 비웃음을 생각해보라고 말하기도 했습니다. 그러면서 너희들은 정직함으로써 즐겁게 살아가는 것이 부모에 대한 효도요, 자신에게는 아름다운 삶이라고 말해주곤 하였습니다.

우리 주위를 둘러보면 좀 특출하게 살아가려는 사람들을 종종 봅니다. 그러나 저는 보통사람의 위치가 누구나 보기에도 좋고, 살기도 좋은 위치라고 생각합니다. 그래서 저는 참으로 보통 사람이 좋습니다.

보통 사람은 자기 자신이 떳떳하고 정직하게 살아왔고, 그래서 행복하며, 여기에 경제적으로 약간만 여유가 있으면 세상은 모두 아름답게 보인다고 생각합니다.

그리고 삶에도 활력이 있고, 마음도 온화해지며, 성품도 자비스러워진다고 생각합니다. 또 누구를 만나 대화를 하더라도 자신감이 있을 것이라고 생각합니다.

요즈음 세상도 그렇지만 앞으로 전개되는 미래의 세상은 학문과 지식, 그리고 고급 정보마저도 인터넷과 TV 또는 매스컴들이 누구나 쉽게 알 수 있도록 앞다투어 보도되기 때문에 보통 상식 정도로 일반화될 것입니다.

그리고 사회의 나쁜 부정과 부패는 정보 매체나 인터넷의 발달로 점점 설 자리를 잃게 되며, 투명사회로 바뀔 것입니다.

또, 교육마저도 평생교육 시대로 가고 있습니다. 그리고 법률, 세무, 의료에 관련된 일도 수수료나 보험료를 조금만 내면 손님을 친절하게 모시면서 일을 처리해주는 전문가들이 경쟁적으로 주위에 널려 있는 시대입니다.

그러니 미래에 자녀들이 갖춰야 할 중요한 것은 경제 활동 능력입니다. 다시 말씀드리면, 자녀들이 성장하여 먼 훗날의 노후까지 경제적 능력을 가질 수 있도록 가르치시면 된다고 생각합니다.

이렇게 경제적 능력이 있는 자녀를 키우는 데는 꼭 공부가 전부는 아닙니다.

오히려 공부를 많이 하여 직장생활을 한 사람들이 다니던 직장을 조기에 퇴직한 후, 엉뚱한 곳에 집착하여 노후에 경제력을 잃게 되는 경우를 주위에서 흔히 듣거나 보고 계시기 때문에 잘 아실 것입니다.

제가 지금까지 말씀드린 대로 부모님께서는 자녀를 키우실 때 여러 가지 상황을 고려해 보면서 자녀들의 진로를 정확히 짚어줄 필요가 있다고 봅니다. 생각해보면, 이런 일들은 부모님의 의무에 속하는 사항일 것입니다.

그래서 저는 자녀를 공부시키는 데 사교육비나 조기 유학을 보낸다고 맹목적으로 돈을 많이 쓸 것이 아니라, 알뜰하게 계획을 세워 대학을 졸업시킨 뒤 얼마간의 자금을 주어 자영 사업을 시켜보시는 것도 좋은 방법 중에 하나라고 생각합니다.

세상은 정말 다양합니다.

그리고 할 일도 많습니다. 그러니 남이 뛴다고 나도 덩달아 같이 뛸 필요는 없다고 생각합니다.

즉, 남이 자녀들을 이런저런 식으로 공부시킨다고 나도 내 자녀를 이런저런 식으로 공부시켜 출세시켜야겠다는 생각을 하실 필요는 없다는 뜻입니다. 왜냐하면, 내 자녀에 관한 한 부모님보다도 더 잘 알고 계시는 분은 아무도 없기 때문입니다.

예를 들어, 어떤 사람이 극적으로 성공하여 신문이나 방송에 연일 계속하여 보도되고 있는 기사 내용이 있다고 합시다. 그러면 모든 사람은 그를 칭찬합니다. 이런 기사 내용은 그 사람이 스스로 피나는 노력을 하여 성공했을 때, 그 성공한 사람을 대상으로 매스컴에서 기삿거리로 보도하며 떠들어대는 것뿐이지, 내 아이가 그렇게 된 것은 아닙니다.

그리고 또 한편으로, 아무리 이리저리 생각해 봐도

내 아이를 그런 사람처럼 성공한 위치에 올려주려고 도와주는 사람은 한 명도 없다는 것입니다. 내 아이는 설마 잘되겠지 하는 노력 없는 기대는 일찍 버리시는 것이 좋다고 생각합니다. 남이 우리 아이의 인생을 보장하거나 살아주는 것이 아니기 때문이며, 오히려 어떤 면에서 경쟁자가 될 수도 있기 때문입니다.

그래서 자녀가 어릴 때부터 부모님의 역할이 중요한 것이며, 아이들의 장래는 아이를 어릴 때부터 주의 깊게 관찰해온 결과에 따른, 부모님의 현명한 판단에 달려있다고 저는 생각합니다.

7. 영어 공부의 중요성과
대학 졸업 후 사회생활을 생각해 보다

많은 사람들이 우리나라가 선진국 대열에 끼지 못하고 후진국 대열에서 오르락내리락하던 시절에는 이토록 영어가 중요한지는 잘 몰랐을 것입니다.

그저 외국인과 접촉하는 사람이나 통역하는 사람, 무역하는 사람과 외교관 정도만 영어를 하면 될 줄로 알았을 것으로 생각됩니다. 또, 그런 것이 예전엔 통했습니다. 그리고 국민 대다수는 우리나라 말만으로도 충분히 잘 지냈습니다.

이런 상황은 아직도 후진국을 벗어나지 못하고 있는 나라를 보면 잘 알 수 있습니다.

그러나 지금 우리나라는 공업 선진국의 대열에 다가서고 있습니다. 그래서 우리나라의 회사 직원들은 외국에 나가 우리나라의 상품을 팔거나, 외국에서 싼 물건을 들여와 우리가 사용해야 할 일도 많아졌고, 세계 무대에 나가 우리나라가 유리하도록 행동해야 할 일도 많아졌습니다.

사실 우리나라 사람이 일상생활에 쓰는 물건 중에 순수하게 국내에서 100% 만들어지는 것이 얼마나 되겠습니까?

많은 부분이 외국에서 수입하여 쓰고 있는 실정이 아닙니까. 그러면 지금 이렇게 쓰고 있는 물건이 앞으로 우리나라가 선진국이 되면 국내에서 100% 생산되어 자급자족이 되겠습니까?

그렇지는 않을 것입니다. 오히려 선진국이 되면 될수록 국내에서 자급자족율은 더 떨어지고 외국에 원재료 등을 의존하는 비율이 높아질 것입니다.

이런 현상은 우리나라뿐만 아니라 외국의 선진국도 마찬가지입니다. 즉, 나라끼리 서로 부족한 것과 남아 도는 것을 교환하여 쓰게 되기 때문입니다.

이와 같은 현상은 국민의 대부분이 먹고 살기에 급급한 후진국에는 거의 없습니다. 그러나 우리나라는 이제는 이런 나라가 아니므로 외국과의 거래가 점점 더 많아지게 됩니다.

그런데 외국과 이런 거래를 하는 데는 모든 언어가 영어를 사용한다는 것입니다. 그러니 지금도 그렇지만 앞으로는 더욱, 대기업에서 돈을 벌어들이는 중요한 위치에 있는 사람은 모두 영어가 숙달되지 않으면 아무리 사람이 착실하고 능력이 있어도 중요한 위치에 오를 수가 없는 것입니다.

그럴 수밖에 없는 것이 우선 외국인과의 접촉에서 말과 글이 통해야 하는데, 영어를 떠듬거린다든지 영어 한마디 못한다면 어떻게 이런 분을 회사에서 채용하겠습니까?

만약에 회사에서 이런 분을 채용한다면 영어를 전혀 쓰지 않아도 되는 부서에 배치하게 될 것입니다. 이렇게 된다면 미래사회에서 이런 분은 아마도 사무직이나 전문기능직으로 우대받으며 근무하기는 점점 어려울 것으로 보입니다. 그러니 이런 분이 일하거나 근무할 곳은 뻔히 나타난다고 생각됩니다.

이러한 추세는 회사도 세계 속에서 회사가 살아남아야 하기 때문에 어쩔 수 없는 현상일 것으로 생각됩니다.

저를 포함해서 이 시대는 나이 드신 어른들이 생각하시는 그런 지구가 아닙니다. 더구나 아직은 어리지만 이 아이들이 성인이 되어 지구촌에서 살아갈 때는 이미 세상은 더욱 많은 변화를 겪을 것으로 생각됩니다.

그리고 우리나라는 이러한 세계의 변화를 이끌어가는 중심 안에 서 있어야 한다고 생각합니다. 이렇게 되려면 계속하여 인재를 많이 키워야 합니다.

그래서 부모님들께서 내 아이를 인재로 만들기 위한 자녀 교육이 필요하고 그 중심이 되는 교육에는 영어 공부가 기본으로써 필수적이라고 생각합니다.

현실적으로 볼 때 우리나라는 인터넷 문화가 무척 발달한 나라로써 웬만한 정보와 지식은 한글로 얻을 수는 있습니다.

그러나 좀 더 앞서가는 새로운 최첨단 학문과 지식을 연구하거나 접근하려면 영어로 된 인터넷 사이트나 최첨단 기기를 이용해야 이러한 선진 학문과 지식을 접할 수 있는 것입니다.

그러니 영어가 아직은 언어로써 중요한 구실을 하고 있다고 볼 수 있습니다.

이렇게 세계가 한울타리 안에 들어와 굳이 서로가 국경을 오가지 않더라도 서로 대화가 통할 때, 그 중심이 되는 언어가 영어가 된다면 부모님께서는 자녀들이 성장하여 어느 분야, 어느 직업에서 일하더라도 영어는 꼭 필요하다는 것을 이해하실 것입니다.

그러니 부모님께서 어릴 때부터 자녀들에게 영어 공부를 시키는 것은 자녀들이 장래에 그들이 바라던 일을 할 수 있는 위치에 도달할 수 있도록 도와주는 일입니다.

다시 말씀드리면, 영어 공부는 자녀들의 장래희망에 대한 투자라고 생각하시면 틀림없을 것으로 생각합니다.

저도 우리나라 한글이 있는데 영어를 중요하다고 자꾸만 강조하고 싶은 마음은 없습니다.

참으로 자존심이 상하는 일입니다.

그래서 영어 공부를 우리가 살아가는 생활의 수단으로 생각해 버리시면 차라리 마음이 편해집니다.

그저 취직시험 문제라고 생각해도 좋고, 축구 하는 데 축구공이라 생각해도 좋고, 수영하는 데 수영복이라 생각해도 좋고, 걸어 다니는 데 신발이라고 생각해도 좋습니다. 또 필요하니까 할 수 없이 쓰는 물건이라고 생각해도 좋습니다.

이렇게 생각해 보면서 한편으로는 세상을 좀 넓게 보셔야 합니다.

우리나라는 후진국이 아닙니다.

선진국 대열에 낀 나라입니다.

앞으로 우리나라는 세계 속에서 중요한 위치에 서서 세계를 움직일 수 있는 나라가 되어야 하며, 그 역할은 부모님의 자녀들이 해야 합니다.

그리고 지금은 옛날의 50년, 100년이 불과 3년, 5년으로 압축되면서 급속히 발달하고 있는 시대입니다. 그러니 부모님의 자녀들이 생활하는 10년~20년 후의 세상을 상상해 보십시오.

모든 주위의 환경은 빠르게 변하겠지만, 그래도 따라갈 수는 있습니다. 그러나 영어 공부는 시기를 놓치면 10~20년 후에 전개되는 세상에 적절히 대처하면서 성공한 사람으로 남기가 어렵다고 생각됩니다.

현대 사회는 지식의 사회입니다.

인터넷의 발달로 세계는 이제 한 동네와 같이 모든 정보나 사건, 모든 사업이나 일까지도 그저 앉은 자리에서 알 수 있고 또 처리하는 그런 사회입니다.

그러면 지식이란 뭐냐 하는 의문이 생깁니다. 지식은 별것 아닙니다.

사람들은 사회의 각 분야마다 제각기 일하고 있는데, 그 일하는 분야에 대하여 알고 있는 것이 바로 지식입니다.

그러면 지식 없는 사람은 없겠다고 말하실 것입니다.

그렇습니다. 어느 분야든 그 분야에서 일하고 계시면 지식이 있는 것입니다.

예를 들어보면, 과학 분야 같으면 전기, 전자, 자동차, 기계, 컴퓨터, 섬유, 염색, 금속, 광학, 토목, 건축, 의학, 약학, 화공약품, 원자력, 항공, 천문학, 해운, 선박, 철강, 농약 및 종묘, 수의학, 종이, 도

기, 목재 등 여러 가지가 있고,

음식 분야 같으면 한식, 중국식, 일식, 양식, 제과, 퓨전식, 체인점 음식, 인스턴트 음식 등 여러 가지가 있고,

체육 분야 같으면 축구, 농구, 야구, 배구, 수영, 체조, 헬스, 게임, 바둑, 골프 등 여러 가지가 있으며, 예능 분야 같으면 국악, 서양음악, 대중음악, 무용, 발레, 서양화, 동양화, 연극, 관현악단, 배우, 가수, 성악가, 음반, 오페라 등 여러 분야가 있고,

서비스 분야 같으면 호텔, 컨설팅, 교통, 디자인, 세무, 회계, 법률, 보육, 행정, 교육, 보건, 의상, 경영, 금융, 증권, 보험, 부동산 임대, 출판, 인쇄, 오락, 미용, 공연, 신문, 방송, 영화, 중개, 통신, 광고, 운송, 냉동, 창고 등이 있고,

농업 분야 같으면 쌀농사, 채소농사, 화훼, 과수원, 조경, 산림 등이 있으며, 어업 분야 같으면 원양어업, 근해어업, 양식 등이 있고 축산업은 목장, 양계, 양돈, 낙농, 축산 등이 있고,

인문 분야 같으면 문학, 어학, 경제학, 국방, 신학, 종교, 사회과학 등, 이 이외에도 숱하게 많은 분야가 있는데, 이런 사회의 각 분야는 모두 이 분야에 지식이 있어야 종사할 수 있는 것이고, 실제로 이런 일에 직접 또는 간접적으로 근무하시는 분은 모두 지식인인 것입니다.

지금 말씀드린 분야 중에서 어느 하나도 대학의 정규과목에 빠지는 것이 없고, 모두 포함되어 있으며, 이런 분야의 실무적인 지식을 습득하려고 해당 학과가 있는 대학에서는 많은 노력을 하고 있습니다.

또, 이 중에서 과학 분야나 농업, 축산업, 수산업의 지식과 관련하여 생산된 제품을 사고파는 것이 제조 사업이요, 도매 사업이요. 소매 사업인 것입니다. 그러니 제조 사업은 물론이고, 도매 사업이나 소매 사업도 관련된 제품의 지식이나 경영 지식이 충분해야 사업을 운영할 수가 있습니다.

이러니 이 사회는 모두 지식의 사회라고 할 수 있습니다.

여기서 지식 중에 어느 지식이 어느 지식보다 더 나은 지식이라고 말할 수는 없다고 생각됩니다. 왜냐하면, 각 분야에서 상위권에만 든다면 사회적으로 충분히 최고의 위치에 오를 수 있기 때문입니다.

언제부터인지 우리 사회가 꼭 1등을 해야만 되는 것처럼 되어 있는데, 저는 꼭 1등까지는 할 필요가 없다고 생각합니다.

왜냐하면, 어떤 분야든 계속하여 1등을 할 수는 없는 것이고, 또 혼자서 사는 것이 아니기 때문입니다. 그리고 이 사회란 3등도 있고, 15등도 있고 72등도 있으며 꼴찌인 100등도 함께 어울려 사는 것이, 이 사회이기 때문입니다.

사실 대학을 졸업하여 사회에 나오면 학교 때만 있었던 등수는 없어집니다. 잘 아시다시피, 사회에 나오면 새로운 등수가 매겨지게 되는데, 이때는 등수라기보다는 등급이라고 표현하는 것이 오히려 좋을 듯합니다.

어쨌든 뭐라고 표현하든지 간에 이 등급을 갈라놓는 중요한 요인은 자기 자신이 결혼하여 가정을 가지고 긴 인생을 살아가는 데 꼭 필요한 생활능력입니다.

이 생활능력을 여러 가지로 표현할 수 있겠지만, 이 역시 이런 말 저런 말을 아무리 해보았자 결국은 생활능력이란, 돈 버는 능력이라고 말할 수 있다고 생각됩니다.

그래서 이 돈 버는 능력을 키우려고 공부도 하는 것이요, 좋은 대학도 가려고 하는 것이라고 생각합니다. 그렇기 때문에 자신의 진로를 결정하는 데 확률적으로 돈을 잘 버는 분야가 어느 분야인지 눈치를 살피면서 대학입시나 취직시험에서 이리저리 망설이는 것입니다.

그렇지 않고 특수한 경우, 자신의 인생이 충분히 보장되었다든지 또는 세속을 떠나 특별한 각오가 있으신 분이 계시다면 대학 공부도 고고학이나 철학, 예술학, 종교학 등 좀 차원 높은 학문을 즐기시면서 보내실 수도 있다고 생각합니다.

그러나 99%가 넘는 대부분 학생들은 이러한 특수분야 보다는 돈 잘 버는 분야에 관심이 있고, 이 때문에 좋든 싫든 공부를 해가면서 경쟁적으로 지식을 쌓으려고 노력하는 것입니다.

그러면 대학에서 지식만 쌓으면 사회에 나와서 돈을 잘 벌 수 있느냐 하는 의문이 생깁니다.

이것은 그렇지 않다고 대답할 수밖에 없습니다.

왜냐하면, 대학에서 배운 지식은 사회에 나와서 돈을 벌 수 있는 기초 중에 기초일 뿐이기 때문입니다.

그러면 지식 이외에 더 필요한 것이 뭐냐고 물으실 것입니다. 지식 이외에 더 필요한 것은 경험입니다.

그러니 졸업 후에 그 분야에서 경험을 쌓기 시작해야 합니다. 학생이 대학을 졸업하고 사회에 나오면, 본인이 가려고 하는 분야에 이미 지식과 경험이 풍부한 기라성 같은 분들이 자리를 잡고 있습니다. 그래서 대학을 졸업한 학생이 사회에 진출한다는 것은, 자기가 가고자 하는 분야에 맨 꼴찌인 100등으로 자리를 잡는 것입니다. 이렇게 되기 때문에 이 사회는 항상 1등과 100등이 한데 어울려 사는 사회가 되는 것입니다.

그러면 이 말로써 돈 잘 버는 능력이란 것에 대한 설명이 끝났느냐는 것입니다. 물론 그렇지 않습니다.

이제 100등으로 출발한 대학 졸업 학생은 경험을 쌓기 시작해야 합니다. 100등에서 95등으로 그리고 90등으로, 시간과 세월이 흐르면서 등급은 조금씩 오를 수 있습니다.

이때부터는 지식과 경험을 토대로 자기관리를 해야 합니다.

그래야 좀 더 나은 등급으로 오를 수 있습니다. 이것이 안되면 등급이 오르기는 좀 어렵습니다.

그러나 이 사회에서 한데 어울려 사는 데는 별 무리가 없습니다. 왜냐하면, 사회는 1등에서 100등까지 어울려 사는 곳이기 때문입니다.

사람이 자기관리를 잘해서 같은 시간과 세월을 소비하더라도 등급이 빨리 올라갈 수 있고 좀 더디게 올라갈 수도 있으며, 자기관리가 잘 안 되어서 올라가기가 힘든 사람도 있습니다.

그것이 능력 즉 자기관리능력입니다.

이렇게 자기관리를 잘해서 등급이 오르는 분야도 있지만, 자영 사업을 하고자 하는 사람은 경험을 쌓은 뒤, 돈을 잘 버는 능력을 키우려면 추가로 자본이 필요합니다. 자영 사업은 자본, 즉 돈이 있어야 가능하기 때문입니다.

자본이 있어 자영 사업을 하려면 이때부터 사업 경영이라는 새로운 경험에 들어갑니다.

자영 사업 경험은 조그만 경험부터 차차로 큰 경험을 얻는 것이 순서입니다. 모든 자영 사업의 성공자는 이렇게 해왔기 때문입니다. 이런 식으로 미리 성공한 사람들을 본받아가며 해야지 빠른 기간에 자영 사업 등급을 올리려고 마음이 앞서면 성공하지 못할 수도 있다고 생각합니다.

이렇게 제 나름대로 대학졸업생들이 졸업 후 사회생활을 해나가는 장래의 모습을 간단히 생각해보았습니다.

어쨌든 대학 졸업생은 사회 등급 중 맨 꼴찌인 초년생이라는 말로 결론지을 수 있는데, 가능한 한 젊은 시절에 계획을 잘 짜서 선택한 분야에서 상위권에 진입하려고 노력해야 합니다. 노력하면서 세월이 지나다 보면 상위권에서 자리를 차지했던 기라성 같았던 사람들이 차츰차츰 그 자리를 물려주기 때문입니다.

그러나 분야마다 특성이 있어서 약간은 다르겠지만, 살다 보면 사회적 등급은 그리 중요한 것은 아닙니다.

어떻게 살아가느냐가 더 중요할 수도 있기 때문입니다.

8. '버드나무 장작 얘기를 하지 말라.', '나뭇잎을 물지 말라.'의 교훈 이야기

지금부터 40여 년 전, 제가 고등학교 1학년 말 때의 일입니다. 그때 저의 수업과목에 한자라는 과목의 수업이 일주일에 1시간 있었습니다.

한자 선생님은 당시 저의 학교에서 가장 연로하신 분이셨는데 한자 선생님은 인품이 훌륭하신 분으로 소문이 나서 모든 학생들에게 존경의 대상이셨습니다.

고등학교 1학년이 다 끝나가던 그 날은, 한자 마지막 수업시간이었습니다. 선생님께서 교단에 오르셔서 말씀을 꺼내셨습니다.

"전 시간까지 한자책을 모두 마쳤으니 오늘은 무슨 수업을 할까?"

잠시 생각하시더니 말씀을 계속 이으셨습니다.

"오늘은 마지막 한자 수업 시간이다. 이제 고등학교를 졸업할 때까지 한자 수업은 없다. 그러니 오늘은 한자 교과서에는 나오지 않지만, 앞으로 너희들이 사회로 진출하여 살아가는 데 교훈이 될만한 얘기를 두 가지 해주마.

지금부터 얘기하는 이 말은 인생을 살아가는 데 그 어떤 얘기보다도 가슴 깊이 간직해야 할 좌우명 같은 이야기이기 때문에, 비록 내가 너희들의 스승일지라도 제자인 너희들에게까지도 아까워서 얘기해 주기가 망설여지는 훌륭한 얘기이다.

이 이야기를 잘 듣고 너희들이 인생을 살아가는 데 도움이 되기를 바란다."

이 말씀을 하신 뒤, 한마디 말씀을 덧붙이셨습니다.

"그런데 이 이야기의 뜻을 너희들이 올바르게 이해할까?

나는 이 교실에 있는 60명의 학생 중에 단 한 명만이라도 너희들이 성장해서 이 이야기의 뜻을 알고, 가슴 깊이 새기면서 살아갈 학생이 있다면, 나는 이 이야기를 한 보람을 느끼겠다."

이렇게 말씀하시고 나서 선생님은 칠판에 한자를 쓰기 시작하셨습니다.

저는 당시 학급에서 키가 좀 큰 편에 속했습니다. 그래서 책상 배열에서는 맨 뒷좌석에 앉았습니다. 그리고 저는 한자 선생님을 학교 내의 어떤 선생님보다도 존경하고 있었습니다. 그래서인지 저는 그날 선생님께서 어떤 말씀을 하시나 기대하면서 귀를 쫑긋 세웠습니다.

선생님께서는 한자로 한 구절의 글씨를 쓰시고 나신 뒤, 음으로 읽어주시고 뜻을 풀이해 주셨습니다.

저는 선생님께서 쓰신 한자 구절을 노트에 옮겨 적었습니다.

그때 제가 적은 한자 구절은 약 10자 정도가 넘으리라고 기억됩니다. 그러나 아쉽게도 그 한자 구절을 적은 노트는 지금까지 보관하지 못한 관계로 여기에 옮겨 적을 수는 없지만, 뜻풀이는 지금도 기억이 생생하여 적을 수 있습니다.

그 뜻의 내용은 "버드나무 장작 얘기를 하지 말라."였습니다.

선생님은 이렇게 뜻을 저희들에게 얘기해 주시고 난 후, 이 말이 있기까지에 관한 이야기를 계속해서 말씀해 주셨습니다.

이 이야기의 내용은 이렇습니다.

어느 한 마을에 효성이 지극한 아들이 병들어 홀로 계시는 어머니와 함께 살고 있었습니다.

이 아들의 효심은 이 마을 전체는 물론이고 이웃 마을과 저 멀리 다른 이웃 마을까지 소문이 퍼질 정도로 대단한 효자로 칭송받고 있었습니다.

이 효자 아들은 어머니의 모든 시중은 물론이고, 어머니를 위해서라면 모든 것을 바쳐서라도 꼭 기쁘게 해드리는 진정한 효자였습니다.

그런데 어느 날부터인지 어머니의 병환이 점점 심해지면서 이 효자 아들은 커다란 근심에 쌓이게 되었습니다.

'어떻게 하면 어머니의 병환을 낫게 해드릴까?'

이 효자 아들은 어머니의 병환을 고쳐 보려고 날마다 분주하게 이리 뛰고 저리 뛰며 방방곡곡을 찾아다니면서 의원들이 좋다고 하는 약을 구하여 지성으로 어머니께 달여드렸습니다.

그러나 어머니의 병환은 차도가 보이지 않고 점점 심해져 갔습니다. 이 효자 아들의 마음은 어머니를 볼 때마다 가슴이 아팠습니다. 그리고 어머니의 병환을 치료해 보려고 온갖 방법을 다 시도해 보았으나 뜻을 이루지 못하였습니다.

그러던 어느 날, 어젯밤에도 어머니 병환 때문에 뜬 눈으로 밤을 새웠기 때문에 낮에 졸음이 와서 마루에 쪼그려 앉아 잠깐 눈을 붙이고 있을 때였습니다.

그때 꿈속에서 흰 머리에 하얀 수염을 기른 신령님이 나타났습니다. 그리고 이 효자 아들에게 알려주는 것이었습니다.

"너의 효성이 지극하여 내가 너의 어머니 병을 낫게 하는 방법을 알려주마. 너의 어머니는 이 세상에 좋다는 약, 어느 것을 써도 나을 수는 없다. 그러나 꼭 나을 수 있는 방법이 한 가지가 있는데 이 방법은 100년 묵은 거북이를 잡아 솥에 고아서 그 물을 어머니께 드려 마시게 하면 너의 어머니 병은 나을 것이다."

이 말을 마치고 그 신령님은 사라졌습니다.

효자 아들이 정신을 차려 낮잠에서 깨어보니 꿈이었습니다.

그런데 꿈이 너무 뚜렷하고 선명하여 효자 아들은 그렇게 해보리라고 결심한 뒤, 곧바로 어머니께 문안을 드리고 집을 떠나 100년 묵은 거북이를 구하러 전국 방방곡곡으로 돌아 다녔습니다.

때는 추운 겨울이 었습니다.

그러니 보통 거북이도 구하기 힘든 철인데 어디 가서 100년이나 묵은 거북이를 구하겠습니까?

그러나 이 효자 아들은 손과 발이 퉁퉁 얼어붙는 상황에서도 어머니의 병환을 고쳐 보겠다는 굳은 의지로 밤낮으로 이곳저곳을 찾아 헤맸습니다.

그렇게 오랜 날을 헤매고 다니던 어느 날, 지성이면 감천이라 할까? 하늘의 도우심인지 바닷가 언저리에 올라와 있는 100년 묵은 거북이를 구할 수가 있었습니다.

효자 아들은 너무 기쁜 나머지 이 거북이를 잡아서 곧바로 집으로 가지고 왔습니다. 그리고 부엌에서 커다란 가마솥에 물을 가득 붓고 100년 묵은 거북이를 넣은 다음 아궁이에 불을 지폈습니다.

효자 아들은 '이제 100년 묵은 거북이를 고아서 생긴 물을 어머니께 마시도록 드리면 어머니의 병환은 낫겠지.' 이렇게 생각하면서 기쁜 마음을 감추지 못했습니다.

아궁이의 불은 활활 타올랐습니다.

그리고 물은 팔팔 끓고 있었습니다.

몇 시간쯤 정성껏 불을 땐 뒤 효자 아들은

'이제 거북이도 다 고아졌겠지.' 하며 솥뚜껑을 열어보았습니다.

그러나 이게 웬일입니까? 솥에서 물은 진한 수증기를 내뿜으며 팔팔 끓고 있는데 그 끓는 물 속에 있는 100년 묵은 거북이는 몸뚱이 하나 변함없이 눈을 말똥말똥 뜨고 효자 아들을 빤히 쳐다보고 있는 것 아닙니까? 효자 아들은 깜짝 놀랐습니다. 그리고 솥뚜껑을 바로 닫았습니다.

'내가 불을 적게 땠나? 왜 아직 거북이가 고아지질 않았을까?'

효자 아들은 아직 불을 적게 땠다고 생각하고 다시 불을 더 때기 시작하였습니다.

또 몇 시간이 흘렀습니다. 여전히 솥에서는 물이 팔팔 계속 끓고 있었습니다.

그리고 또, 다시 몇 시간이 지난 뒤 효자 아들은 다시 솥뚜껑을 열어보았습니다. 이번에도 역시 끓는 물 속에서 거북이는 눈을 말똥말똥 뜨고 효자 아들을 쳐다보는 것이었습니다.

효자 아들은 다시 솥뚜껑을 닫고 불을 더 때기 시작하였습니다.

하루 종일 불을 땐 후, 다시 보아도 거북이는 역시 끓는 물에서 죽지 않고 눈을 말똥말똥 뜨고 있었습니다.

이렇게 불을 때기 시작한 지 하루가 지나고, 이틀이 지나 며칠 동안 아궁이에 불을 때다 보니 효자 아들은 겨우내 겨우살이를 위하여 담장 옆에 차곡차곡 쌓아 두었던 장작을 거의 모두 땔 지경에 이르렀습니다.

이제 겨우살이로 준비한 장작도 거의 다 때 갈 무렵, 효자 아들은 다시 솥뚜껑을 열어보았습니다.

역시 마찬가지였습니다. 거북이는 눈을 부릅뜨고 효자 아들을 뻔히 쳐다보는 것이었습니다.

이렇게 되자 효자 아들은 이제 이 거북이가 무섭게 느껴졌습니다. 그리고 두려운 마음으로 고민하기 시작하였습니다.

그러면서 효자 아들은 '저 거북이를 고을 수 있는 무슨 방법이 없을까?' 하고 생각에 잠겨, 부엌문 밖 기둥 언저리에 걸터앉아 깊은 시름에 빠져있었습니다.

그때였습니다. 이상한 소리가 들리는 것 같아 귀를 쫑긋 세웠습니다. 그 소리는 가마솥 속에서 100년 묵은 거북이가 혼자말로 중얼거리는 소리였습니다.

　"야, 이 녀석아. 이 나라에 있는 장작을 모두 가져다가 아궁이에 넣고 불을 때 봐라, 내가 죽나. 나는 버드나무 장작 아니면 죽지 않는다. 이 녀석아!"

　효자 아들이 부엌문 밖에서 가만히 들어보니 거북이가 혼자서 중얼거리며 내뱉는 소리였습니다.

　"아, 그렇구나. 이 100년 묵은 거북이는 버드나무 장작으로 불을 때야 고아지는구나."

　효자 아들은 무릎을 탁 치면서 환하게 웃었습니다.

　그리고 나서 여유 있게 마당 저편을 봤습니다. 저편에는 버드나무 한 그루가 쭉 뻗어 곧게 서 있었습니다.

　효자 아들은 얼른 그 버드나무를 베어 장작을 만들었습니다. 그리고 그 버드나무 장작을 아궁이에 넣고 불을 때기 시작하였습니다. 얼마 후 솥뚜껑을 열어보니 100년 묵은 거북이는 죽어서 뽀얗게 고아져 있었습니다.

　효자 아들은 정성껏 거북이 고은 물을 다려 어머니께 갖다 드렸습니다. 어머니는 아들이 고생 끝에 마련한 거북이 고은 약물을 드시고 병환이 말끔히 치료됐습니다. 효자 아들은 어머니의 병환이 나은 것을 보고 너무너무 기뻐했습니다.

선생님께서는 이야기를 여기까지 하시고 일단 말씀을 멈추셨습니다. 그리고 힘을 주시면서 이야기를 계속하셨습니다.

"이야기는 여기까지이다. 그런데 이 한자의 뜻은 '버드나무 장작 얘기를 하지 말라.'이다.

우리가 이야기 내용에서 보듯이, 만약에 거북이가 그때 가마솥 속에서 '나는 버드나무 장작 아니면 죽지 않는다.'라는 얘기를 하지 않았더라면, 거북이는 죽지 않았을 것이다. 아마도 효자 아들도 죽지 않는 거북이가 두려워 다시 바닷가로 돌려 보냈을 것이다. 그런데 거북이는 그것을 참지 못하고 아무도 듣지 않는 줄 알고 자랑삼아 자신이 죽을 수 있는 이야기를 자신의 입으로 내뱉었다. 그래서 부엌문 밖에서 효자 아들이 이 얘기를 듣고, 즉시 버드나무 장작을 만들어 이 거북이를 고아서 어머니 병환의 약으로 쓸 수 있었던 것이다.

어느 한쪽은 희생당하고 그 결과로 어느 한쪽은 득을 보는 것이다.

이 사회의 모든 일이 이와 비슷하다.

그러면 이 한자의 뜻을 다시 한번 보아라. '버드나무 장작 얘기를 하지 마라.'이다. 이 뜻은, 내가 죽을 얘기는 스스로 내 입에서 나오는 것이니, 그런 말은 하지 말라는 뜻이다.

다시 말하면, 내가 죽을 얘기를 내가 말하고 다닌다는 뜻이다. 그러니 너희들은 앞으로 사회생활을 하면서 아무리 뽐내고 싶어도 상대편이 알면, 내게 치명적인 약점이 될 수 있는 얘기는 절대로 내 입으로 말하고 다니지 말라는 교훈인 것이다.

사람들은 이 이야기의 거북이와 같이 어느 때는 기분이 우쭐해서, 또 자랑하고 싶어서, 그리고 자신을 과시하고 싶거나 자만심으로 가득 차서, 자기 자신이 자신의 입으로 내가 죽을 수도 있는 얘기를 곧잘 하는데 이러지 말라는 이야기이다.

이렇게 되면 나는 이 한마디 말로 인하여 구렁텅이에 빠지고 이 말을 이용한 상대방은 나를 디디고 올라선다는 뜻이다."

이렇게 선생님께서는 한 가지 이야기를 마치셨습니다.

그리고 두 번째 이야기를 말씀하셨습니다.

선생님께서는 이 이야기 역시 한자로 약 10자 정도 칠판에 쓰시고 음으로 읽어주시면서 뜻을 말씀해 주셨습니다. 이 한자 역시 그 당시에는 제가 노트에 적었습니다만, 지금은 아쉽게도 없어졌고 뜻의 내용만 기억이 남았습니다.

뜻의 내용은 "나뭇잎을 물지 말라."였습니다.

둘째 이야기의 내용은 이렇습니다.

어느 나라에 활을 정말 잘 쏘는 사냥꾼 두 명이 살고 있었습니다. 두 사람은 각각 자신이 나라에서 활을 제일 잘 쏘는 사냥꾼이라고 생각하고 있었습니다. 그러나 한편으로는 항시 상대방이 마음에 걸려 진정 나라에서 제일 활 잘 쏘는 사냥꾼이 누구인가를 가리기를 원했습니다.

그러던 어느 날, 두 사람은 서로 만나 진정한 활 사냥꾼의 일인자가 누구인가를 가리기 위해 시합을 갖기로 하고 날짜와 시합을 겨눌 사냥터를 약속한 후 헤어졌습니다.

약속한 날이 되어 두 사냥꾼은 각각 활을 가지고 약속한 사냥터에 나왔습니다. 두 사람은 마주 서서 승부를 가릴 수 있는 표적이 되는 사냥감을 찾았습니다. 그러나 표적이 될만한 사냥감은 쉽게 발견되지 않았습니다.

그래서 두 사냥꾼은 두리번거리며 사냥감을 찾고 있는데 때마침 저쪽 하늘에서 한 줄기 무리를 지어서 기러기 떼가 날아오고 있었습니다.

한 사냥꾼이 말했습니다.

"아, 저 기러기 떼를 표적으로 삼아 승부를 가려봅시다."

"좋습니다. 그런데 기러기가 여러 마리인데 어느 것으로 표적을 삼을까요?"

"마침 기러기 떼 중에 맨 앞에서 날고 있는 기러기가 나뭇잎을 물고 있군요. 그 나뭇잎을 물고 있는 기러기를 표적으로 합시다."

"좋습니다."

이 말이 떨어지자마자 두 사냥꾼은 나뭇잎을 물고 맨 앞에서 날아가고 있는 기러기 한 마리를 향해 동시에 화살을 쏘았습니다. 나라에서 가장 활을 잘 쏘는 사냥꾼의 표적이 된 나뭇잎을 물고 가던 기러기는 두 사냥꾼이 쏜 화살 두 방을 모두 맞고 떨어져 죽었습니다.

선생님께서는 약간 상기되신 듯 말씀을 계속하셨습니다.

왜, 다른 기러기는 모두 그냥 날아 가는데 혼자서 나뭇잎을 물고 표시를 내면서 날아 가느냐는 것입니다.

그냥, 다른 기러기처럼 날아갔다면 사냥꾼의 표적을 피할 수도 있었지 않았겠냐는 말씀입니다.

그 많은 기러기 중에서 유독 이 기러기가 나뭇잎을 물고서 표시를 냈기 때문에 표적이 됐다는 것입니다. 표적이 된 이상 이 두 사냥꾼의 화살은 피할 수가 없다는 것입니다. 그래서 이 기러기는 죽을 수밖에 없었다는 것입니다.

선생님께서는 이 이야기의 교훈은 "나뭇잎을 물지 말라."라는 얘기로, 나뭇잎을 물지 말라는 구절에 힘을 주시면서 말씀하셨습니다. 그리고 말씀을 계속 이어가셨습니다.

"이 이야기는 너희들이 앞으로 사회생활을 하게 됨에 따라 여러 경우에서 이와 같은 일에 부딪히게 될 수 있다.

물론 역사적으로 볼 때, 나폴레옹이나 우리나라의 이성계와 같이 나뭇잎을 물어서 빛을 본 사람도 있다. 그러나 그런 일은 정말 성공할 확률이 없는 일이다. 이 글의 기러기에서 보듯이 나뭇잎을 물고 날게 되니 곧 죽음이 있을 뿐이다. 내가 너희 스승의 입장으로서 제자들에게 충고의 말을 주는 것이니 어느 경우에도 남의 눈에 톡 띄는 행동은 삼가라. 표적이 될 수 있는 것이다. 그저 보통의 기러기가 되는 것이 좋은 것이다."

선생님께서 이 말씀을 마치자마자 수업종료를 알리는 벨소리가 났습니다. 선생님께서는 마지막으로 저희에게 말씀하셨습니다.

"지금 내가 말한 두 가지 이야기를 깊이 새겨 간직하거라. 그리고 너희들이 자라서 어른이 되어 사회에 나가면 성실하고 정직하게 살아야 한다." 덧붙이시고 수업을 마치셨습니다.

수업이 끝나자, 학급 아이들은 왁자지껄 교실 밖으로 나갔습니다. 저는 제자리에 혼자 앉아 선생님의 말씀을 되새겨 보았습니다.

생각해보면, 그 당시 아직 어린 나이의 저에게는 언뜻 실감이 안 나는 듯했습니다.

　그러나 재미있는 옛날이야기로 듣기엔 제가 존경하는 한자 선생님께서 해 주신 이야기이기 때문에 깊은 뜻이 담긴 교훈의 말씀일 것이라고 생각했습니다. 그러면서 저는 이 말씀을 마음속 깊이 간직해야겠다고 생각했습니다.

　그리고 그 후, 한 해, 두 해씩 세월이 흘러가고 나이가 들어감에 따라, 저는 선생님께서 끝 수업시간에 해주신 이 두 이야기의 교훈이 제가 겪은 많은 경우마다, 저의 행동을 결정짓곤 했습니다.

　그래서인지 제가 살아온 인생은 극히 소시민적인 생활이었지만, 그 나름대로 "나뭇잎을 물지 마라."라는 교훈에서와같이 어느 경우에도 앞장서서 일을 벌이지 않았고, 무슨 일을 선동하여 다른 사람을 부추기지도 못하였습니다.

　또한, "버드나무 장작 얘기를 하지 말라."라는 교훈에서와같이 쓸데없이 남의 얘기나 저 자신의 얘기를 이리저리 하고 다니지도 않았습니다.

　이렇게 지내다 보니, 저는 제 주위 모든 일의 중심에서는 항시 밀려나 있었습니다. 그러나 오히려 그런 것들이 제가 이것저것 깊이 생각하지 않고 아내를 사랑하며 가족과 함께 늘 평온하게 보통 사람으로 지낼 수 있는 바탕이 된 것이라고 생각합니다.

몇 년 전 고등학교 동창회 때의 일입니다.

저는 고등학교 1학년 시절 같은 반이면서 친하게 지내던 친구와 옆자리에 앉아있었습니다.

그 친구는 학급에서 1, 2등을 다투던 친구였는데 저는 그 친구와 이 얘기 저 얘기를 하던 중 한자 선생님 이야기를 하였습니다. 그 친구도 한자 선생님에 대하여는 잘 알고 있었습니다.

그때 저는, 마지막 한자 시간 끝 수업이 기억이 나서 이 이야기를 간단히 말하며, 그 얘기 기억이 나느냐고 물었습니다. 그 친구는 기억이 없다는 것이었습니다. 그리고 그때가 언제 시절인데 지금 기억이 나겠느냐는 것이었습니다. 그러면서 그 친구는 곧바로 화제를 재미있는 다른 것으로 돌려버렸습니다. 저는 잠시 멍하니 있다가 옆자리 다른 친구에게 똑같이 물었습니다. 그 친구도 비슷한 대답이었습니다.

저는 좀 실망하였습니다.

그리고 궁금했습니다.

당시 선생님께서 두 가지 이야기 말씀을 하시기 전에 미리 예언처럼 하신 말씀이 떠올랐기 때문입니다.

그래서 조금 시간이 지난 뒤 자리를 옮겨 다른 친구들에게도 물어봤습니다. 역시 기억이 없다는 것이었습니다.

이런 식으로 그 당시 같은 반에 있던 몇 명의 친구에게 물어봤으나, 대답 중 당시 한자 선생님은 인격적으로 존경할 만한 분이셨다는 공통점 이외에 마지막 수업시간의 두 가지 이야기를 기억하는 친구는 아무도 없었습니다.

집에 돌아오는 길에 저는 혼자서 쓸쓸히 웃었습니다.

그리고 이미 20여 년 전에 고인이 되셨지만, 선생님의 얼굴을 기억해보고 또, 제가 살아온 저의 인생을 힐끗 되새겨보며, 이 이야기를 해주신 선생님께 따뜻한 고마움을 느꼈습니다.

사람의 마음속엔 온가지 소원, 어머님의 마음속엔 오직 한가지

– 양주동 박사의 "어머니 마음"중에서

제 4 부

엄마, 고맙습니다
그리고 영원히 사랑합니다

엄마, 칠순 축하연에서 가족과 함께, 그리고 걷고 싶은 산책로

1. Y 대학교 진학 후 두 아이의 생활

입학한 시기는 차이가 있지만 두 아이가 똑같은 Y 대학교에 입학한 후, 생활하는 모습은 비슷하였습니다.

공부하느라 못 해본 젊은이들의 행진 대열에 끼어 친구들도 사귀고, 여행도 하고, 모임에도 참석하고, 대학 전공 공부도 해가면서, 이리저리 분주하게 만족한 대학 시절을 보내는 모습을 볼 수 있었습니다.

그런 와중에도 저녁에 집에서 식구들이 모일 때면 아이들과 함께 이야기를 많이 했는데, 대화의 주제가 무엇이든 열띤 토론도 해가면서 본인의 생각을 이야기하곤 하였습니다.

이때마다 저는 아이들 말을 경청하면서 이야기 중에 나오는 미래의 세계, 즉 과학 문명의 발달로 변해갈 세상, 그리고 빠르게 바뀌는 경제 인식의 변화, 의학 발달과 수명의 연장, 격동하는 세계의 역사 흐름 등, 주제마다 새롭게 나오는 새로운 지식에 대하여 많은 것을 배울 수 있었고, 이런 지식이 저에게는 큰 도움이 되었습니다.

이 시절, 저는 본업인 세무사업을 하면서 집안 식구들과 어울려 평온한 가정생활을 보냈습니다.

그러면서도 평소에 꼭 하고 싶었던 대학원 공부를 해보려고 이리저리 알아보고 있었습니다. "뜻이 있는 곳에 길이 있다."라는 말이 있듯이 고맙게도 저는 입학하기 어렵다던 Y 대학교 대학원에 입학할 수 있었습니다.

2. 장래의 진로, 목표, 취업의 방향, 그리고 관심의 중요성

아이들이 점점 성인으로 성장하면서, 대학 졸업을 2년쯤 앞두고는 다가올 장래에 대한 진로나 목표, 또는 취업 등에 관하여 이리저리 생각하고 고민하는 모습을 보였습니다.

어느 때는 형제 둘이서 토론도 하고, 엄마 아빠와도 상담하고, 자신들이 나아갈 수 있는 방향에 관한 서적을 수없이 읽어 나아가는 모습을 볼 수 있었습니다.

누군가가 "세상은 넓고 할 일은 많다."라고 했다는데 아이들에게는 선뜻 그 말이 실감이 안 나는 듯하였을 것입니다.

꿈도 많고, 하고 싶은 일도 많겠지만, 부딪치는 현실은 마냥 녹록하지는 않았을 것이고, 이건 저래서 안 되고, 저건 이래서 어렵고, 생각하는 일마다 뭐 하나 제대로 성취될 만한 것이 보이지 않았을 것입니다.

이런 상황에서도 아이들 스스로가 자신의 장래 목표를 자신 스스로 정할 수 있도록 엄마나 아빠와 상담하거나 의견을 얘기할 때면 당연히 모든 질문에 대하여 제가 알고 있는 한 자세히 말해주었고, 이런 상황이 여러 차례 반복되었습니다.

제가 아이들에게 설명한 내용은 특별한 것이 아니고 조금만 경험이 있는 분이면 다 아시는 내용입니다.

예를 들면, 직업별 특성과 장단점, 장래의 전망(계속성), 연간 수입 예상액, 사회적 인기도, 어느 정도 성공하는 데까지 걸리는 노력의 정도와 걸리는 기간(약 몇 년?), 목표 분야에 첫발을 드려놓을 때 각오, 자본이 필요한 경우 자본력의 뒷받침, 공부를 해야 성취하는 직업인 경우 공부할 수 있는 여건 및 환경, 성공하려는 의지와 끈기, 이 밖에 다양한 직업의 종류를 말해주고, 각 분야에서 열심히 노력한 결과 성공했을 때는 각각 어떻게 될 수 있고, 중간 정도 성공했을 때는 각각 어떻게 될 수 있으며, 실패했을 때는 어떻게 될 수 있다는 내용으로 이야기해주었습니다.

여러 종류의 직업에 대하여 제가 아는 대로 설명한다고 해도 제가 세무사이기 때문에 아이들에게 세무사라는 직업에 대하여 좀 더 자세히 설명할 수가 있었습니다. 이런 일이 있은 후, 시간이 지나면서 제가 눈치로 느낀 것은 아이들이 보이지 않게 아빠의 직업에 관심이 있는 것 같았습니다.

그러나, 저는 이러한 눈치를 밖으로 전혀 내색하지 않았고 심지어 아내에게도 한마디 말도 하지 않았습니다.

왜냐하면, 아이들은 자신이 생각하고 있는 목표를 스스로 선택하는 것이 가장 바람직하다고 생각되었으므로 부모가 이래라저래라 일절 간섭하지 않고 아이들이 스스로 할 수 있는 환경을 만들어주려고 노력하는 것이 부모로서 더 중요하다고 생각되었기 때문입니다.

3. 집안 환경의 변화

이렇게 아무리 생각은 좋을지라도 대학생이 된 아이 둘과 부모, 네 명이 한 집에서 함께 거주한다는 것은 참으로 참을성이 요구되는 생활의 연속입니다.

집은 종일 고요함 그 자체로 유지해야 하며, TV 시청은 거의 안하지만 혹시 시청할 경우는 묵음으로 시청하고, 집에 손님 초대 안 하고, 애완동물 등 안 기르고, 집안에 장식 안 하고, 고급 옷 안 입고, 고가 음식 안 먹고 술. 담배 안 하는 등, 번잡하고 눈에 띄는 행동은 하지 않기로 아내와 저는 약속하였습니다. 그 후 이런 조심스러운 가족생활은 계속되었습니다.

이러한 환경 속에서도 아이들은 저와 엄마에게 자신들이 저마다 하고 있는 일에 대하여 상담도 하고 결과도 알려 주며, 어느 때는 웃고, 어느 때는 실망하고, 어느 때는 기뻐하고 또 어느 때는 풀이 죽어 힘없이 집에 들어오는 모습을 볼 수 있었습니다.

저는 아이들이 자신의 목표를 정하기 위하여 학원을 다니든, 독서실을 가서 책을 보든, 친구나 선배를 만나 토론을 하든, 모임에 가서 흥겹게 실컷 소리쳐 보든, 국내여행을 며칠 가보든, 장래 자신의 진로를 결정하는 데 도움이 된다면 다양하게 경험해 보는 것도 괜찮을 거라 생각하고, 아이들이 스스로 판단하여 하는 일에 반대하지 않았으며, 언젠가는 성패의 결과물이 나오리라고 생각했습니다.

4. 대학원 입학 후 『사교육비 안 들이고 자녀 영어 회화 공부 성공하기』 책을 출판하다

한편 저는 이 시기에 뒤늦게 입학한 대학원을 다니면서, 새로운 학문을 배운다는 기대와 호기심 때문에 대학원의 학교생활을 무척 진지하게 보낼 수 있었습니다. 또 새로운 영역에서 배우는 학문의 깨달음이 지금도 저의 생활에 많은 영향을 주고 있음을 느낍니다.

그러면서 이 기간에 저는 제 아이들을 처음으로 영어 공부를 시키면서부터 아이 둘 모두를 Y 대학교에 입학시킬 때까지, 생각날 때마다 틈틈이 일기장에 메모해 두었던 쪽지 일기장을 모아서 『사교육비 안 들이고 자녀 영어 회화 공부 성공하기』라는 책을 출판하였습니다.

이 책이 발행되자 조선일보(맛있는 공부), 동아 여성 등, 여러 곳에서 인터뷰 신청이 왔고, EBS 방송 출연, 교육 1번지 동네, 강남교육청(소속은 기억이 안 납니다.)에서 강의 요청이 와서 현장 강의도 해주는 등 갑자기 제가 바빠졌습니다. 이 책으로 인하여 저의 이름이 매스컴에 나오기 시작한 것입니다. 갑자기 저는 본업보다도 이 일 때문에 더 분주해지는 것 같았습니다.

5. 아내의 권유로 이 책을 출판 40여 일 만에 절판하다

그러던 어느 날, 이런 모습을 보고 있던 아내가 저를 보고 잠깐 할 말이 있다고 하면서 조용히 말을 꺼내는 것이었습니다.

"여보, 당신이 쓴 저 책 절판해 주세요. 당신이 너무 분주해 하시는 것을 보니 집안의 분위기가 차분하지 못한 것 같고, 특히 아직도 공부하고 있는 아이들의 마음도 덩달아 안정되지 않는 것 같아요. 만약에 책을 절판하지 않으면…, 당신, 저는 당신과 이혼하겠습니다."

"옛!?"

저는 할 말을 잊고 멍하니 있다가 물었습니다.

"정말이요?"

"예."

아내의 대답은 단호했습니다.

"왜 그런 생각을 했어요?"

"아이들이 아직 졸업도 못 하고 공부를 하고 있는데 당신이 집안 분위기를 안정시키지 못하면 아이들 마음이 들뜰 수 있어요. 그러면 아이들 장래를 예측하기가 어려워져요."

"절판해 주세요."

자식의 장래를 걱정하는 엄마의 굳은 의지의 얼굴에는 눈물이 글썽거렸습니다.

저는 아무 말도 잇지 못하고 그날은 그냥 그렇게 보냈습니다.

다음날, 저는 사무실에 출근하여 이것저것 곰곰이 생각해보았습니다. 아내가 이런 결단을 내릴 때까지 며칠이고 또 며칠이고 수많은 고심을 했을 것입니다.

그러나 저는 이러한 상황도 인식하지 못하고 그저 제가 하는 일만 생각했던 것입니다.

'내가 정말 두 아이의 아버지가 맞나?'

'왜, 나는 아내의 깊은 생각에 미치지도 못하고 이런 말이 나올 때까지 미련스럽게 상황 파악도 못 하고 있었을까?'

이런 자책감에 휩싸이자, 아내에게 부끄러운 마음이 울컥 들었습니다.

아내가 이런 말을 할 때까지는 아내는 저의 행동을 쭉 관찰해오면서 이대로는 안 되겠다고 생각하고, 저에게 이혼이라는 극한의 카드를 사용하면서 호소한 것입니다.

이런저런 생각에 잠겨 저는 마음을 정리한 뒤,

그날 오후, 출판사에 연락하여 이 책의 절판을 통지했습니다.

그리고 오후에 집에 돌아온 저는 아내에게 절판한 뜻을 말해주었습니다.

아내는 "정말 고맙습니다."라고 말하며,

저의 손을 꼭 잡아 주었습니다. 이 일이 있고 나서 우리 부부는 서로의 의견을 좀 더 친밀하게 주고받게 되었습니다.

그 후, 교보문고, 영풍문고 등, 서점 여러 곳에서 걸려오는 전화에 책이 절판되었다고 답변해 드렸습니다.

6. 고시생 부모가 되다

저는 아내에게서 두 아이가 엄마에게 자신들의 장래 목표에 대하여 한 말들을 어느 정도는 들은 상황이었습니다.

일이 이쯤 되자, 저는 두 아이를 위하여 전열을 가다듬어야겠다고 생각했습니다.

다시 한번 마음을 조이고 생각을 고쳐 보고 정신을 차려야겠다는 생각도 했습니다.

그러던 어느 날 큰아이는 저에게 아버지처럼 세무사가 되고 싶다고 말했습니다.

그리고 세무사 고시(考試) 준비를 본격적으로 하겠다고 말했습니다.

저는 "그래, 함께 노력해 보자."라고 말했습니다.

이와 비슷한 시기에, 작은아이도 저에게 세무사 고시에 마음이 있다고 말했습니다. 저는 마음속으로 걱정하면서도

"알았다, 좀 더 생각해 봐라."라고 말했습니다.

저는 아이들이 장래에 어떤 직업을 선택하든 자신이 관심 있는 곳이면 응원할 각오가 되어 있었습니다.

그러나, 두 아이 모두 아빠와 같은 세무사업을 목표로 선택할 것이라고는 미처 생각하지 못했습니다.

실로 어렵고 힘든 과정이라고만 생각되었기 때문입니다.

두 아이가 스스로 고시공부를 하겠다고 결심한 것은 굳은 의지의 표현인 것을 저도 잘 압니다만, 이는 끝이 보이지 않는 도전이고 지루하고 괴로운 가시밭길을 걷는 것과 같다는 것을 저 자신의 경험을 통해 누구보다도 잘 알고 있기 때문입니다.

여기서 잠깐 저의 생각을 말씀드려볼까 합니다.

제 생각으로는 전문직 고시시험은 시험의 범위가 넓고 어려워서 적어도 수년간은 열심히 공부해야 합격할 수 있다고 생각합니다. 이 기간도 사람에 따라 능력의 차이는 있겠지만, 3년 미만 걸리는 사람은 거의 희귀하고, 5년 이상 걸리신 분도 많습니다.

이렇듯 세무사고시 역시 시험이 3차까지 있는데 1차는 객관식시험, 2차는 주관식시험, 3차는 6개월의 실무수습입니다. 그런데 2차까지만 합격하면 3차 실무수습은 평이하므로 2차 시험을 통과하면 실제 합격자가 되는 것입니다.

우리 주위에 사회적으로 덕망이 있고 존경받는 분들 중에는 고시 공부를 오래 하여 합격하신 분이 많이 계시다는 것을 잘 알고 계시리라 생각됩니다. 저는 그 오랜 기간이라는 이 기간이 3년이 초과되든, 5년이 초과되든 길다고 생각하지 않습니다. 그런 기간이라면 고시 시험 합격까지 걸리는 보편적인 기간입니다. 오히려 이 기간에 전문 지식을 보고 또 보아 깊이 있는 진정한 실력을 쌓을 수 있다고 생각합니다.

제가 **제1부**에서 말씀드린 저의 세무사 고시 합격도 제가 손에 책을 끼고 다닌 지 10년 넘게 걸려 합격한 것입니다. 그런 상황을 잘 알고 있는 저로서 두 아이가 정식으로 세무사 고시 공부를 하겠다고 의사표시를 했을 때 선뜻 "잘 생각했다."라는 말이 나오지 않았습니다.

제 주위에서 세무사 고시 공부를 한다고 말하고 공부를 시작한 지 몇 년을 채우지 못하고 중도에 포기하시는 분을 수없이 많이 보아왔기 때문입니다.

그렇지만 아빠인 저는 속으로 '앞으로 고생길이 험난한데…'라고 생각하면서도 "그래, 잘 생각했다. 열심히 노력해 보자."라고 두 아이를 격려해 주었습니다.

7. 고시생이 함께 있는 집안 분위기

고시생이 있는 집안의 분위기는 엄숙합니다. 작은아이는 매일 아침에 학교에 가고, 공부가 끝나면 다시 학교 도서관으로 가서 공부하고 밤 10시 넘어 힘이 쭉 빠진 모습으로 집에 옵니다. 기도드리시며 기다리던 엄마가 늦게 집에 오는 아이를 반갑게 맞이합니다.

"배고프지?"

"식사 준비했으니 손 씻고 식사하거라."

"예."

짤막한 대화가 오갑니다.

저도 "수고했다."라고 말한 뒤

"많이 먹거라."라는 말을 하고 방에 들어갑니다.

"예."

식사 후 작은아이는 자기 방에 가서 책을 보거나 동영상 강의를 듣다가 잠을 잡니다.

큰아이도 1시간 정도 좀 더 늦게 집에 오는데, 작은아이와 마찬가지로 엄마가 반갑게 맞이하고 손을 씻고 식사한 뒤, 자기 방으로 들어가서 책을 보면서 좀 더 공부하다가 잠을 잡니다.

이렇게 되자 아내의 일은 더 많아지고 저 또한 은근히 바빠졌습니다. 그리고, 한동안 이런 일이 반복적으로 계속되었습니다.

8. 기도하시는 엄마의 보살핌은 보이는데 아빠는 어떤 일을 해야 아이들에게 도움이 되나?

저의 아내는 매일 교회에 갑니다.

아내는 두 아이를 서로 비교하지 않고, 아이들의 목표가 각각 성취되기를 매일 기도드리는 것으로 하루를 시작합니다.

그리고 교회에 다녀온 후에도 틈나는 대로 기도를 드립니다.

저의 집에는 가정도우미도 없고 집안일을 별도로 좀 도와주는 사람도 없습니다.

아이들은 집안일을 엄마가 혼자서 도맡아서 하시는 것이 힘들면서도 엄마는 매일 한 번씩은 교회에 가신다는 사실을 어릴 때부터 보아 왔기 때문에 잘 알고 있습니다.

그리고 조그만 기도방에서 엄마가 저녁마다 기도를 드린다는 것도 잘 알고 있습니다. 그래서 그런지 두 아이는 엄마 말을 참 잘 듣습니다.

아이들이 어릴 때, 한번은 이런 일이 있었습니다.

엄마가 물었습니다.

"너희들도 이제부터 교회에 갈래?"

"아뇨, 저희들은 교회에 갈 필요가 없어요. 엄마가 교회에 가셔서 저희들 몫까지 다 기도하시니 저희들은 안 가도 됩니다."

뜻밖에 이런 말을 해서 집안 식구들이 한바탕 웃은 적이 있습니다. 사실, 이렇게 아이들은 엄마, 아빠의 모든 행동을 꿰뚫어 보고 있다고 생각합니다.

그러면 아내는 아이들을 위하여 기도를 열심히 드리는데 아빠인 저는 무엇을 해야 하나?

저도 아빠로서 지속적으로 할 수 있는 일을 찾아보려 이리저리 궁리해 보았습니다.

저의 집안에서는 오래전부터, 그러니까 아이들이 초등학교 다닐 때부터 1주일에 한 번씩 일요일(또는 토요일)에 가격대가 저렴한 보통의 메뉴로 근처 외식집을 이곳저곳 번갈아 바꿔 가며 외식을 하였습니다.

아내도 1주일에 한 번 정도는 집안 부엌에서 나와 바깥세상을 구경할 겸, 분위기를 바꿔 볼 겸, 겸사겸사 외식하러 외출한 것입니다.

아이들이 어릴 때, 같이 했던 외식 모임을 생각해보면, 아이들은 학교에서 친구들과 또는 선생님과 있었던 일을 주로 말했었습니다.

그런데 점점 성장하고 성인이 되면서부터는 집안 모임의 대화 내용도 달라져 각자의 주위에 있던 좋은 일, 재미있는 일, 기쁜 일 등을 얘기하는 즐거운 자리가 됐고, 간혹 생기는 집안일도 함께 상의하는 자리도 됐습니다.

'아! 그렇다. 가족모임을 계속해 나아가야겠다.' 이렇게 생각하고 앞으로 가족모임을 더 흥미 있게 해보려고 생각했습니다.

가족끼리, 서로 얼굴을 맞대고 외식하면서 이야기하는 일은 가족의 친목을 위해서도 좋고, 이런저런 이야기하는 중에 가족들의 생각을 파악해 보는 의미에서도 좋고, 1주일에 한 번 스트레스 해소에도 좋다고 생각되었습니다.

그러나 무엇보다 좋다고 생각된 것은 외식을 하게 되면 아내가 상차림이나 설거지를 하지 않아도 되기 때문에 아내도 아이들과 처음부터 함께 어울려 끝까지 대화를 이어갈 수 있는 좋은 점이 있어 바람직하다고 생각했습니다.

이렇게 이어온 가족모임은 저의 집안에 정착되어 지금까지 계속해 오고 있습니다.

성인이 다 된 자녀들과 같은 집에서 지내면서 아빠가 식구들의 의견을 골고루 살피지 않고 저의 의견을 내세워가며 가정생활을 한다면 이는 식구들을 배려하지 못하는 못난 아빠라고 저는 생각했습니다.

그래서 그렇게 되지 않으려고 집안의 모든 사항을 아내에게 맡기고 아내가 하자는 대로 하면서 저 자신은 다만 아내를 도와 집안일을 함께해주기만 하였습니다.

이렇게 집안일을 도와주다 보니 아내에게 "고맙습니다."라는 말을 자주 듣고 있습니다.

9. 아내는 고시 전투생 2명의 엄마

세무사가 되고자 하는 자신의 목표가 설정된 뒤, 두 아이는 각
각 자신의 목표를 위하여 열심히 노력했습니다.

아내 역시 집안을 조용히 유지하기 위하여 노력했고, 친구 모임
이나 학교 동창회, 해외 여행 헬스장 등 눈에 띄는 외부 출입은 거
의 자제하였습니다.

정말로 헌신적으로 두 아이의 뒷바라지에 자신의 역량을 다하
는 것이었습니다.

이런 상황의 기간은 서로의 일을 격려하며 노력하는 기간이었
고, 이 기간에 아이들은 매일 저녁 11시가 넘어서 집에 왔으며, 어
느 때는 얼굴이 헬쑥하고 어깨는 축 처져 비실비실 쓰러질 듯한 모
습도 볼 수 있었습니다. 이럴 때마다 아이를 기다리는 아내는 눈
물을 글썽거렸고, 저를 피해 기도방으로 들어가는 모습을 여러 번
보았습니다.

저는 아내가 아이들을 위하여 이렇게 간곡히 기도하는 모습을
수년째 수도 없이 보아왔습니다.

정말 아내는 자신의 일은 거의 못하고 아이 2명과 남편의 뒷바
라지에 종일 동동거리며 쉴 틈 없이 움직였습니다. 아내의 나이도

한 살, 두 살씩 늘어 가는데 이렇게 바삐 움직이면 건강에 안 좋다고 생각했습니다.

그래서 저는 좀 늦게 출근하면서 오히려 종전보다도 더 많이 집안일을 처리했습니다.

10. 세무사 고시, 독서실, 스터디 그룹, 학원가, 고시촌과 함께

아이들이 공부하려 아침 일찍 집을 나가는 것은 집(아파트 등)에서는 공부를 집중하여 오랜 기간 할 수 없으므로 독서실을 정해 놓고 계속 한 달씩 연장해가며 그곳에서 밤늦게까지 공부하는 것입니다.

두 아이도 아침 일찍 집을 나가는데, 작은아이는 대학교 도서관을 주로 이용하는 것 같고, 큰아이는 학원가 독서실을 이용하는 것 같았습니다. 이렇게 독서실이나 학원이나 스터디 그룹을 열심히 다녔고, 자신들의 동창회, 친구 모임, 친지 모임, 여행 등도 가지 않았습니다.

특히, 꼭 필요한 친인척 경조사에도 한사코 참석하지 않으면서까지 절제해가며 세무사 고시 공부에 온 힘을 집중하였습니다.

저는 다행히도 결혼 초부터 금연하고 음주도 하지 않았기 때문에 집에서 이런 일로 문제 되는 일은 없었으나, 자신의 목표를 성취하고자 아이들이 이토록 노력하는데, 조금이라도 도움이 되고자 집을 절간처럼 조용히 지켜나가야 한다는 사명감에 말소리도 낮추고, TV도 거의 안 보고 지냈습니다.

그리고 아무리 서운한 일이 있어도 부부끼리 의견 대립이 없어야 하며, 아이들에게 항시 엄마 아빠가 다정한 모습을 보여야 한다고 생각했습니다. 그리고 정말 그렇게 했습니다.

생각해보면, 고시생은 부모님이나 형제자매밖에는 어느 곳에도 발붙일 곳이 없습니다. 주위 사람에게는 뭔가 잘못하고 있는 사람처럼 보이고, 이웃의 시선을 피해 하루도 편할 날이 없이 눈치 보며, 숨죽이고 웅크리면서 버텨가고 있는 것입니다.

그래서 저는 아이들이 기나긴 시간, 합격의 보장도 없는 고시공부를 하면서 좌절하여 시험을 포기하거나 주저앉지 않도록, 용기를 북돋워 주는 아빠가 되어야 한다고 생각했습니다.

11. 두 아이가 고시촌과 학원가를 오가며 고시 공부에 집중하다, 그리고 아이들이 차례로 세무사 고시에 합격하다

이렇게 아이들이 공부하는 중에 대학도 졸업했으며, 자신의 목표를 성취하기 위해 스스로 고시촌, 학원가, 독서실, 스터디 그룹 등, 여러 경로를 부지런히 오가면서 세무사 고시 공부에 혼신의 힘을 다하는 것이었습니다.

하늘이 도왔다 할까요,

아이들은 자신들이 끈기있게 노력한 결과물로 차례로 세무사 고시에 합격하여 세무사가 되었습니다.

그리고는 학원가와 고시촌도 졸업하고, 그곳에서 나왔습니다.

이렇게 되니, 저 역시 세무사이기 때문에 우리 집안은 3부자 세무사 가족이 된 것입니다.

조용히 생각해보면,

저에게는 꿈같은 일이 현실로 이루어진 것입니다.

그러면서 저 자신을 돌이켜 보았습니다.

어떤 점이 우리 집안에 힘이 되어 돌봐 주셨을까요?

결혼 후, 보잘것없는 저와 아이들에게 보여준 아내의 헌신적인 정성스러움이 저에게는 현대판 평강공주로 생각되었고, 아이들에게는 현대판 한석봉의 어머니로 생각되는 때가 많았습니다.

저는 주일마다 빠짐없이 아내와 함께 교회에 갑니다.

그리고, 아내의 손을 꼭 잡고 모든 분들을 위하여 기도를 드립니다. 또, 저는 아내에게 배운 것이 참 많습니다.

아이들과 함께 가족생활을 하면서 아이들에게도 많은 것을 배웠습니다.

또, 교회에 나가면서 이분 저분께 배운 것이 많습니다.

특히, 성경을 읽으면서도 배운 것이 참으로 많습니다.

그리고 언제부터 인지 그때마다 느끼는 생각이 있으면 그냥 지나쳐 버리지 않고 노트에 간략히 적어놓는 버릇이 생겼습니다.

그런 후, 한 기간이 지나서 노트를 펴보면. 다시 새로워집니다.

그래서 잊었던 기억을 되살리고, 새로운 각오를 하고….

이런 생활은 모두 아내에게 배운 것입니다.

그래서 혹시 이런 배움의 덕이 아닐까 생각도 해 보았습니다.

저는 아내의 포근한 마음과 기도하는 모습을 보면서 성스러움을 느낍니다. 이런 마음이 통했는지 저의 아이들은 엄마를 무척 좋아합니다. 아내가 주위에서 부딪치는 모든 일을 말없이 참으며, 끊임없이 이끌어 가는 끈기가 우리 3부자를 세무사 고시에 합격자로 만들어낸 힘이 되지 않았나 생각합니다.

12. 칠순이 되신 엄마, 고맙습니다, 그리고 영원히 사랑합니다

얼마 전 아내가 칠순이 되었습니다.

남편과 아들 2명, 모두 3명을 세무사 고시에 합격시킨 엄마를 위해 아이들과 며느리가 칠순 생신 잔치를 한다고 머리를 맞대고 상의를 하고 있었습니다.

여러 가지 방법을 논의했으나 아내의 간곡한 부탁으로 여행은 한 달 후, 저와 아내 둘이서 국내여행을 예약하고, 생신 당일은 생일 케이크 한 개와 저와 아내, 며느리, 아들 2명, 합 5인이 서울 시내 한 호텔에서 점심 뷔페로 하기로 하였습니다.

그날 점심 뷔페 2시간 반의 식사시간 동안 우리 식구 5명이 엄마의 헌신적인 사랑 이야기로 지난 추억을 되새기며 서로 웃고, 박수치며, 고개를 숙이는 보람있는 날이었습니다.

저는 이 시간, 가족들이 모인 엄마 칠순 축하연에서 아내가 그렇게도 기쁘게 환히 웃는 모습을 처음 보는 것 같았습니다.

이야기가 무르익었을 때, 호텔에서 준비한 생신 케이크가 들어 왔습니다. 생신 케이크를 앞에 두고, 며느리와 아이들은 엄마의 손을 꼭 잡으며 힘주어 말했습니다.

"엄마, 고맙습니다."
"그리고, 영원히 사랑합니다."

참고 자료 : **인용되신 인물 소개**

• 평강공주

고구려 제25대 평원왕(재위 559~590년) 때, 온달이라는 사람이 있었다. 비록 가난하여 모습이 남루했으나, 속마음은 착하고 밝아 어머니를 봉양하며 살고 있었다.

한편, 평강공주는 어릴 때 자주 울어 아버지(평원왕)로부터 "이렇게 자꾸 울면 온달에게 시집 보낸다."라는 농담을 자주 듣고 자랐다. 그 후, 평강공주가 16세가 되던 때 아버지가 높은 지위(귀족)에 있는 고씨 집안에 시집보내려 하였으나 평강공주는 이를 거역하고, 예전에 평원왕에게 들었던 농담을 들먹이며 온달에게 시집가겠다고 고집을 부렸다. 왕은 기가 막혀 공주를 말렸지만, 오히려 공주는 "보통 사람도 거짓말을 하지 않으려 하는데 대왕에서 거짓말을 하신다면 누가 왕명을 따르오리까?" 하며 되려 왕의 말을 되받았다. 공주가 고집을 꺾지 않자. 화가 난 평원왕은 공주를 궁 밖으로 내쫓았는데, 이때 공주는 금팔찌 등 패물을 몸에 지니고 나와 가난하고 무식한 온달을 찾아가 부부가 되었다.

그 후 평강공주는 궁에서 나올 때 가져온 매물을 팔아서 집과 논밭을 마련하고 가난에 시달린 온달의 집안을 일으켜 세웠으며, 온달에게 학문과 무예를 가르쳐 일자무식했던 가난뱅이 온달을 고구려에서 가장 훌륭한 장군이 되게 하였다.

• 한석봉의 어머니(?~1575)

집안의 형편이 어려운 중에도 몸을 아끼지 않고 떡장수를 해가면서 자식 공부에 힘쓴 어머니는 어릴 때부터 한석봉(1543~1609)을 출가시켜 글씨 공부를 10년간 시킨다. 출가하여 절에서 공부하고 있던 한석봉은 3년이 되었을 때. 스승님이나 주위 사람들이 한석봉이 글씨를 보고 놀라며 무척 잘 쓴다고 칭찬이 자자했다. 이렇게 되자 한석봉은 이제는 어머니를 모시면서 효도를 해야겠다는 생각으로 집으로 돌아온다. 집에 돌아온 한석봉을 바라본 어머니는 아들에게 반갑다는 한마디 말씀도 안 하시고, 떡과 붓을 준비한 후, 어머니는 떡을 썰고, 한석봉은 글을 쓰기로 하고, 방안의 초롱불을 끈다. 시간이 지난 뒤, 불을 켜보니 어머니의 떡은 보기 좋게 썰려 있으나 한석봉의 글은 엉망이었다.

이를 본 한석봉은 자신의 부족함을 크게 깨닫고, 어머니에 자신의 부족함에 용서를 빌고, 약속한 10년간의 공부를 마치려 곧바로 다시 집을 떠나 절로 갔다. 결국, 석봉은 어머니의 지극한 정성에 힘입어 남은 7년을 채우고 10년간의 공부를 마친 뒤, 시험에 합격하여 사자관이 되었으며, 국가의 문서와 외교문서를 도맡아 썼을 뿐 아니라 중국에 사절로 갈 때는 사서관으로 파견되기도 하는 등 조선의 가장 훌륭한 명필이 되었다.

- **양주동**(1903~1977)

호는 무애. 경기도 개성 출생으로서 시인이자 국문학자이다.

1928년 일본 와세다대학교 영문과 졸업하였으며, 1945년 동국대학교 교수가 되고, 1954년 대한민국학술원 종신회원에 선임되었다.

1958년 연세대학교 교수로 취임하여 문학박사 학위를 수여 받았고, 1962년 다시 동국대학교 교수가 되어 동 대학원장을 역임하였다.

대한민국 학술원상을 수상하고 정부로부터 문화훈장, 국민훈장 무궁화훈장이 수여되었으며 신라 향가 등 한국 고가(古歌)를 연구하여 초기 국어 학제에 큰 업적을 남겼다.

시 작품에는 우리들에게 너무도 귀에 익은 「어머니의 마음」 등을 작시했다.

3부자 같은 길을 걷다

펴 낸 날   2023년 7월 5일

지 은 이   김종근
펴 낸 이   정태은
펴 낸 곳   (주) 홈스터디출판사
출판등록   제 2023-000082호
주   소   서울특별시 영등포구 국제금융로 7길 27,
            1동 1092호(여의도동)
전   화   010-9500-1846
팩   스   02-2603-3223
이 메 일   gunchong18@naver.com

ISBN 979-11-983613-0-1

값 14,000원